公認心理師 ベーシック講座

芝田征司［著］

心理学統計法

JN042288

講談社

以下のURLに，本書の正誤表や章末練習問題の
解答・解説等の情報を随時アップしています。
https://www.kspub.co.jp/book/detail/5174852.html

はじめに

　日本初の心理職国家資格である公認心理師は，2017年に関連法が施行され，翌2018年に国家試験がスタートしたばかりという，非常に新しい資格です。公認心理師は，保健医療や福祉，教育などの現場において，心理的支援を必要とする人への相談援助や心の健康に関する情報提供を行うことを業務とする心理専門家であり，心理臨床の実務家です。しかし，その教育課程では，心理検査や相談援助の方法などの心理臨床に直接的に関わる内容だけでなく，研究法や統計法などについても学んでいることが求められています。心理学専攻の学生の多くにとって，統計法は代表的な苦手科目の1つでしょう。本書は，そうした統計法を苦手とする人のための教科書としての位置づけです。

　公認心理師試験については，毎年の出題範囲基準およびブループリント（出題配分表）が日本心理研修センターから公開されています。このブループリント（令和元年版）によれば，心理統計が含まれる「5 心理学における研究」の出題配分は全体の2％程度で，必ずしも多くを占めているわけではありません。とはいえ，出題範囲基準に示された範囲は非常に広いものとなっています。とくに「(2) 心理学で用いられる統計手法」には，小項目（キーワードの例）として分散分析，因子分析，重回帰分析のほか，多変量データ解析，メタ分析，構造方程式モデリング，テスト理論が挙げられています。出題範囲基準は「省令に定められた科目」に1対1で対応するものではないので無理もないことかもしれませんが，これらはとても1冊の教科書でカバーできるようなものではありません。

　そこで本書では，日本心理学会が2018年に公表している「公認心理師大学カリキュラム標準シラバス」をもとに内容を構成することとしました。本書はこの標準シラバスの「心理学統計法」の内容を，「エクセル，R，SPSS入門」の部分を除いて網羅するものとなっていますので，カバーする内容としては十分すぎるくらいだといえるでしょう。

　なお，因子分析他の多変量解析については，日本心理学会の標準シラバスでは「心理学実験」の中に含められています。多変量解析は複数種類のデータをひとまとめに解析する手法の総称であり，当然ながらそのデータ

は種類，量ともに大きなものになります。そのため，分析には統計ソフトの利用がほぼ必須です。実際，ほとんどの大学では，多変量解析については統計ソフトを用いた演習の形で授業が進められているのではないでしょうか。

　そこで本書では，まず統計ソフトを使用しなくてもできる部分，「心理学で用いられる統計手法」の中核部分について，「なぜそうなるのか」という考え方の部分に重点を置いて説明するようにしました。考え方の部分に集中できるように，複雑な数式は使用せず，また，特別なソフトを使わなくて済むようにしてあります。本書で扱う例題データ（すべて架空データ）は極力単純で小規模なものにしてあるので，練習問題もスマートフォンの電卓アプリがあれば事足りるはずです。

　なお，巻末の数値表には，算出した統計量の有意確率をMicrosoft ExcelやGoogleスプレッドシート（Googleの表計算ソフト）で求められるように，関数の使用例も記載しておきました。これらも今やスマートフォンで利用可能ですので，数値表の代わりにこちらを使ってもよいかもしれません。

　要所のまとめ，重要な算出式の強調，練習問題など，理解度をあげるための工夫を随所に凝らしたつもりです。本書が心理学統計法に対する苦手意識を克服するための一助となれば幸いです。

2020年11月

芝田 征司

目次

第 1 章　1変数の要約記述

　実験や調査のデータを簡潔にまとめ，そのデータがもつ特徴をわかりやすく説明するための統計を記述統計とよびます。記述統計はさまざまな統計手法の基礎といえるものなので，その方法や考え方をしっかり理解しておきましょう。本章ではまず，1 つの変数を要約記述する際に重要な，測定値の中心的な位置（中心傾向）を示す代表値と，測定値のばらつきの幅を示す散布度について説明します[*1]。

　なお，変数とは，測定の際に一人一人測定値が**変わりうる数**のことで，例えば身体測定における「身長」や「体重」を指します。本書では，測定対象（「身長」や「体重」）を**変数**，その変数について実際に測定された 1 つ 1 つの値（「A さんの身長」や「B さんの体重」）のことを**測定値**と呼び分けることにします。また，測定値のまとまり（「10 人分の身長」や「全員の身長と体重」など）を**データ**とよびます。

1.1節 ‖ 代表値

　データの中心を示す代表値には，主に最頻値（モード），中央値（メディアン），平均値の 3 つがあります。これら 3 つの代表値はそれぞれ特徴が異なり，測定値の尺度水準や分布の特徴などによって使い分けられます。尺度水準とは測定に使用される基準（尺度）の性質のことで，一般に比率尺度，間隔尺度，順序尺度，名義尺度の 4 つに分類されます（**表1-1**）。尺度水準の詳細については心理学研究法の教科書などを参照してください。

[*1]　中心傾向はデータの中心を示す代表値ですが，散布度はデータのばらつきの程度を代表する値であり，いうなればこれは「ばらつきの代表値」です。つまり，中心傾向と散布度はそれぞれ中心とばらつきの代表値なのですが，一般に「代表値」とだけいう場合には中心傾向を指すことが多いようです。

表1-1　尺度水準

尺度水準	尺度の特徴	測定値間で可能な操作
比率尺度	測定値同士の**比率**が意味をなす	加減乗除（＋－×÷）のすべて
間隔尺度	測定値同士の**差（距離）**が意味をなす	加算・減算
順序尺度	測定値に決まった**順序**がある	大小比較
名義尺度	測定値の異・同で**分類**できる	異・同の判断

A. 最頻値

　3つの代表値の中で最もシンプルなものが最頻値（モード）です。同じ値の測定値をひとまとめにしたとき，「値が最も集中している部分」をデータの中心として示すのが最頻値です。

　たとえば，直近10日間の天気について調べたデータがあるとします。

> 曇　曇　雨　雨　曇　曇　曇　曇　雨　晴

　このデータの最頻値を求めるには，天気ごとに測定値の個数（度数）を集計して，その結果を表や図に示してみるのがよいでしょう。こうして度数を表にまとめたものを度数分布表（**表1-2**）といいます。また，度数を図で示す場合には棒グラフを使用します（**図1-1**）。

　この度数分布表や棒グラフで度数が最も大きな測定値（「曇」）が最頻値になります。なお，最頻値は変数値の「曇」であって，「6」ではないという点に注意してください。

　最頻値は，このデータのように値の区別が明確なもの（これを離散変数

表1-2　10日間の天気の度数分布表

天気	晴	曇	雨
度数	1	6	3

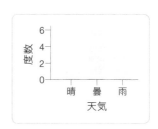

図1-1　10日間の天気の度数分布表

とよびます）だけでなく，身長や体重の測定値のように値が連続的に変化するもの（これを連続変数とよびます）でも算出可能です。ただし連続変数の場合，「まったく同じ値」をもつ測定値がないことがありうるため，最頻値を求めるには少しばかり工夫が必要になります。

たとえば，次の 10 人の体重から最頻値を求めたいとしましょう。

> 52.3　63.2　65.8　48.9　61.4　70.8　57.6　66.6　68.5　64.5

このデータでは 10 人の測定値すべてで値が異なっており，このままでは最頻値が求まりません。このような場合，たとえば「50 kg 以上 60 kg 未満」の度数，「60 kg 以上 70 kg 未満」の度数というように，ある「区間」に収まる測定値の度数を数えるようにします。このように，連続変数で度数を求める際に集計用に設けられる区間のことを階級とよびます。

階級ごとの度数を集計した場合，その結果は度数分布表（**表 1-3**）やヒストグラムとよばれる図に示されます（**図 1-2**）。ヒストグラムは，**階級**を横軸に，各階級に含まれる測定値の**度数**を縦軸に示したグラフです。見た目は棒グラフに似ていますが，棒グラフと違って横軸も数値軸であり，それぞれの棒の間には隙間がありません[*2]。

度数分布表とヒストグラムから，このデータで最も度数が大きい（人数が多い）のは「60 kg 以上 70 kg 未満」の階級であることがわかります。つまり，「60 kg 以上 70 kg 未満」が最頻値です。

表1-3　10人の体重測定値の度数分布表

階級	度数
70 kg 以上 80 kg 未満	1
60 kg 以上 70 kg 未満	6
50 kg 以上 60 kg 未満	2
40 kg 以上 50 kg 未満	1

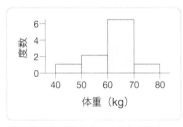

図1-2　体重測定値のヒストグラム

---

*2　厳密には「棒」ではなく「長方形」で，これはビンとよばれています。棒グラフが棒の長さで量を表すのに対し，ヒストグラムはビンの**面積**で量を表すグラフで，実はビンの高さだけでなく幅にも意味があるのですが，その部分の説明についてはここでは省略します。

> **Word** 最頻値
>
> 度数が最大の変数値または階級

B. 中央値

　中央値（メディアン）は，データに含まれる測定値を大きさの順に並べたとき，そのちょうど「真ん中」の位置にある値をデータの中心として示したものです。算出には測定値を大小順に並び替える必要があるため，中央値は測定値間に明白な大小関係がある**順序尺度**以上のデータでなければ使用できません。

　たとえば，大学生9人の通学時間のデータ（単位：分）があるとします。

> 45　　90　　60　　20　　30　　120　　15　　40　　20

　このデータを通学時間の短い順に並び替えます。

15　　20　　20　　30　　(40)　　45　　60　　90　　120

　そして，順番的にちょうど真ん中（**中央**）にある測定値（40）が中央値です。さて，先ほどのデータに後から1名分の測定値（5分）が追加されたとしましょう。その場合，中央値はいくつになるでしょうか。

5　　15　　20　　20　　30　｜　40　　45　　60　　90　　120

　この場合，ちょうど真ん中の位置（30と40の間）には測定値がありません。このように，測定値が偶数個のデータの場合，中央値が「～と～の間」にあるということを数値で示すために，中央をはさんだ両隣の値（30と40）を足して2で割った値（35）を中央値として用います[3]。

---

*3　中央をはさんで同順位の測定値が複数個ある場合，そのことをふまえてより厳密に中央値を算出すべきとする考え方もあります。その場合には，単純に2で割った値にはなりません。何をもって「中央」とするかは，実はなかなかにややこしい問題です。

> **Word** 中央値
>
> **測定値が奇数個の場合** 大きさ順で中央の順位に位置する値
> **測定値が偶数個の場合** 中央を挟んだ両隣の値を足して2で割った値

C. 平均値

　3つの代表値の中で最もよく知られているものが平均値でしょう。平均値は，測定値全体のバランス点（重心）をデータの中心として示す代表値です。**平**らに**均**した**値**という名が表す通り，平均値は測定値全体の合計を測定値の個数で「均等に分割する」ことによって求められます。

> **Word** 平均値
>
> $$平均値 = \frac{測定値の合計}{測定値の個数}$$

　平均値は測定値の合計を測定値の個数で割った値であるため，測定値の合計（足し算）が意味をもつ場合，つまり**間隔尺度**や**比率尺度**のデータにしか使用できません。

D. 代表値の選択

　これら3つの代表値がもつ特徴をまとめると**表1-4**のようになります。

　回答者の性別や出身地など測定値が名義尺度によるデータである場合，代表値として使用できるのは**最頻値**だけです。成績順位などの順序尺度

表1-4　3つの代表値とその特徴

代表値	意味	求め方	使用可能なデータ
最頻値	値が**集中して**いる点	度数が最大の値・階級を探す	どのようなデータでも使用可能
中央値	**順位の真ん中**に位置する点	順番に並べて真ん中の値を探す	**順序関係が明確**なデータ（順序尺度以上）で使用可能
平均値	**バランス**のとれる点	測定値全体の合計を個数で割る	**足し算が可能**なデータ（間隔尺度以上）で使用可能

データでは最頻値と中央値を使用できますが、この場合には一般に**中央値**が用いられます。また、間隔尺度や比率尺度のデータでは3つの代表値すべてを利用できますが、この場合には**平均値**が多く用いられます。つまり、一般的には、最頻値しか使えないなら最頻値、最頻値と中央値が使えるなら中央値、すべて利用可能なら平均値が用いられるということです。

　ただし、平均値はすべての測定値の「大きさ」を用いて算出されるため、極端に値の大きい（あるいは小さい）測定値があると、データの中心を適切に代表できなくなってしまいます。たとえば、次の例を見てください。これはある5世帯の貯蓄額（単位：百万円）のデータです。

3	0	8	500	9

　この5世帯の貯蓄額の平均値は104百万円（1億400万円）ですが、これが5世帯の貯蓄額を「代表」する値かといわれると、そうではないと感じる人がほとんどでしょう。億の単位で貯蓄があるのは500（5億円）と突出している1世帯のみで、残りの4世帯は数百万円以下しかないからです。このような「他の測定値とかけ離れた値」のことを外れ値といいますが、平均値はこのように外れ値の影響を受けやすい値なのです。

　これに対し、中央値や最頻値は測定値の「順位」や「度数」という情報しか用いていないため、外れ値の影響をそれほど強く受けません。このように、外れ値などがあっても安定した値が得られる性質のことを頑健性（ロバスト性）といいます[*4]。

　たとえば、先ほどのデータの中央値は8（800万円）で、これなら貯蓄額の「代表」としても納得がいくでしょう。このように、代表値を選ぶ際には、その測定値の尺度水準だけでなく、分布の特徴についてもよく見ておく必要があるのです。

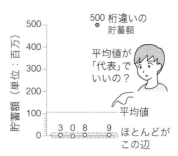

- 最頻値は度数が最も**集中**する値
- 中央値は順番的にちょうど**真ん中**に位置する値
- 平均値は全体の**バランス**がとれる位置にある値
- 一般に，**最頻値**より**中央値**，**中央値**より**平均値**が優先的に使用される
- 分布に偏りがある場合には，**平均値**でなく**中央値**や**最頻値**を用いた方がよい場合もある

1.2節 ‖ 散布度

　次の表は，ある2つのショップに対するユーザー9人の満足度評価（10点満点）をまとめたものです。

ユーザー	1	2	3	4	5	6	7	8	9	平均値	中央値
ショップA	5	4	4	6	6	4	5	6	5	5	5
ショップB	1	9	5	0	10	1	7	9	3	5	5

　結果を見ると，満足度の平均値はショップAもショップBも5点で同じ，中央値も5点で同じです。この結果からショップAとBでユーザー満足度は同じと考えてよいでしょうか。

　それぞれの評価値を見てみると，ショップAは満足度の評価が4点から6点で安定していますが，ショップBでは0点をつけるユーザーもいれば10点のユーザーもいるというように，ユーザーごとに評価が大きくばらついています。おそらく，ショップBは商品やサービスに当たり外れのあるお店なのでしょう。

総合 ☆☆☆☆☆

☆☆☆☆☆ なかなか良い
☆☆☆☆☆ こんなもんかな
☆☆☆☆☆ それなり
☆☆☆☆☆ 良いのでは
　⋮

買い物するなら
どっちのお店？

総合 ☆☆☆☆☆

☆☆☆☆☆ よかったです
☆☆☆☆☆ 最悪
☆☆☆☆☆ 対応悪すぎ
☆☆☆☆☆ グッドです
　⋮

　平均値や中央値を見ただけでは，2つのショップにおけるこうした違いはわかりません。平均点だけで判断してショップBで購入し，その

後に実は当たり外れの大きいショップだと気づいたとしたら，後悔する人も多いのではないでしょうか。このように，たとえ平均値や中央値が同じ値であっても，測定値のばらつきが大きく異なるデータの間では，その印象はかなり異なったものになります。そのため，データを要約記述する際には，測定値の中心とばらつき(散布度)の両方を示すことが重要なのです。

A. 範囲

散布度の中でおそらく最も単純なものが範囲（レンジ）です。範囲は測定値の最大値から最小値を引いて求められる値で，「すべての測定値が含まれる幅」を示す値です。

> **Word** 範囲
>
> $$範囲 = 最大値 - 最小値$$

先ほどのデータで範囲を求めると，ショップ A の評価は 6−4＝2，ショップ B の評価は 10−0＝10 で，ショップ B の評価の方がばらつきが大きいことがわかります。ただし，範囲は外れ値の影響を非常に受けやすい指標です。たとえば，先ほどのショップ B のデータに何らかの事情で100 という測定値 1 つが新たに追加されたとき，ショップ B の評価の範囲は 100−0＝100 となって，一気に 10 倍になってしまいます。

B. 四分位範囲

そうした外れ値の影響を受けにくい散布度の 1 つに四分位範囲があります。四分位範囲は名前も計算方法も「範囲」とよく似ているのですが，範囲が「最大値と最小値の差」であるのに対し，四分位範囲は「第 3 四分位数と第 1 四分位数の差」として求められる点が異なります。

> **Word** 四分位範囲
>
> $$四分位範囲 = 第3四分位数 - 第1四分位数$$

四分位数とは，測定値全体を小さい順に並べて 4 等分したとき，その

境目に位置する値のことです。このとき，下から4分の1に位置する値を第1四分位数（25%点），下から4分の2の位置にある値を第2四分位数（50%点），下から4分の3の位置にある値のことを第3四分位数（75%点）といいます（**図1-3**）。なお，第2四分位数（50%点）は**中央値**と同じものであるため，四分位範囲は中央値を用いる場合の散布度としてよく用いられます。

　では，先ほどのデータから四分位数と四分位範囲を求めてみましょう。四分位数を求めるには，まず中央値を求めて測定値全体を2分割し，さらにそれぞれの中央値を求めるというようにすると簡単です[*5]。そのようにして測定値全体を4等分し，その境目の値を小さい方から順にそれぞれ第1，第2，第3四分位数とします。

　ショップAの評価では，第1四分位は4，第3四分位は6で，四分位範囲は6−4＝2です。また，ショップBの第1四分位は1で第3四分位は9，四分位範囲は9−1＝8となり，やはりショップBの評価の方がばらつきが大きいことがわかります。

　この四分位範囲には，測定値の上位25%と下位25%を除いた範囲，つ

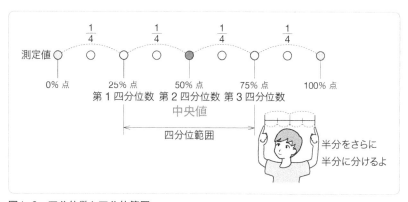

図1-3　四分位数と四分位範囲

[*5]　これも話はそんなに単純ではなく，中央値の場合と同様に「ちょうど1/4の位置」をどのように考えるかの違いによって，四分位数の求め方にもいろいろなものがあります。しかも，求め方によって四分位数の値が少しずつ異なるのです。ただ，そうした違いは測定値の個数が多い場合には無視できる程度のものなので，ここでは詳しく触れないことにします。

まり測定値全体の**半分**（50%）が含まれます。

C. 偏差と絶対偏差

　範囲や四分位範囲のように測定値の「位置」を利用してばらつきの幅を示すもののほかに，何らかの基準点からの「ずれ」を用いてばらつきの幅を示すものもあります。このような，ある基準点（通常は平均値）からのずれを数値化した値を偏差とよびます。偏差は，次のように測定値から平均値を引いて求められます[6]。

> **Word** 偏差
>
> 偏差 ＝ 測定値 － 平均値

　たとえば，平均値が10のデータに5という測定値があったとすると，その測定値の平均値からの偏差は5−10＝−5です。そしてこの値は，この測定値が基準値（平均値）よりも小さい方向に5だけずれている（5だけ小さい）ということを意味します。

　では，次の2種類のデータで各測定値の偏差を求めてみましょう。

A：1	4	7	9	9	平均値：6
B：4	5	5	5	6	平均値：5

偏差は測定値ごとに求められるので，測定値と同じ個数だけ求まります。

A：	1	4	7	9	9
偏差：	−5	−2	1	3	3

B：	4	5	5	5	6
偏差：	−1	0	0	0	1

　散布度として1つの値で測定値全体のばらつきを示すためには，何らかの方法でこれらを1つにまとめなければなりません。それにはどうすればよいでしょうか。真っ先に思いつくのが「偏差の平均値」を求めると

---

[6]　平均値以外を基準とした偏差もありえますが，本書ではとくに断りのない限り，「偏差」といえば「平均値からの偏差」を指すものとします。

いう方法だと思いますが，それぞれのデータで偏差の平均値を求めようとしても，どちらも平均値が0になってしまいます。平均値はデータの「バランスの中心」を示す値なので，このように平均値と各測定値のずれを合計すると必ず0になる（偏差の合計が0になる）のです。しかし，どんなデータでも0になってしまうのでは散布度としては役に立ちません。

ところで，偏差は測定値が基準値よりも大きい場合にはプラス，基準値よりも小さい場合にはマイナスの値というように，「ずれの向き」に関する情報をもっていますが，単に基準値からの「ずれの大きさ」を知りたいだけであれば，プラス（より大）かマイナス（より小）かという情報はなくてもかまわないはずです。そこで，「偏差の絶対値（|偏差|）」を求め，その平均値を求めてみることにしましょう。

A:	1	4	7	9	9	平均値：6
偏差：	−5	−2	1	3	3	平均値：0
|偏差|：	5	2	1	3	3	平均値：2.8

B:	4	5	5	5	6	平均値：5
偏差：	−1	0	0	0	1	平均値：0
|偏差|：	1	0	0	0	1	平均値：0.4

今度はデータごとに異なる値になりました。データAでは平均値は2.8，データBでは平均値は0.4で，Aの方がばらつきが大きいことを示しています。このように，偏差の絶対値（絶対偏差）を平均して求められる散布度は，平均絶対偏差や平均偏差とよばれます。平均絶対偏差は，各測定値と平均値の間の「平均的なずれの大きさ」を示す値です。

Word 平均絶対偏差

$$\text{平均絶対偏差} = |偏差|\text{の平均値} = \frac{|偏差|\text{の合計}}{\text{測定値の個数}}$$

D. 分散

偏差の絶対値を平均して1つにまとめるという方法は直感的に理解し

やすく思えるのですが，実は実際にはあまり使われていません。さまざまな理由から，偏差を 1 つにまとめるには「偏差の 2 乗」を平均するという方法が用いられています。偏差の 2 乗を平均して求められる散布度は分散とよばれ，これは統計法のいたるところで登場する非常に重要な値の 1 つとなっています。

Word 分散

$$\text{分散} = \frac{\text{偏差}^2\text{の合計}}{\text{測定値の個数}} = \frac{(\text{測定値} - \text{平均値})^2\text{の合計}}{\text{測定値の個数}}$$

　先ほどのデータについて A と B のそれぞれで分散を求めてみると，A の分散が 9.6，B の分散が 0.4 ですから，B のデータよりも A のデータの方がばらつきが大きいということがわかります。

$$\text{A の分散} = \frac{(-5)^2 + (-2)^2 + 1^2 + 3^2 + 3^2}{5} = 9.6$$

$$\text{B の分散} = \frac{(-1)^2 + 0^2 + 0^2 + 0^2 + 1^2}{5} = 0.4$$

E. 標準偏差

　分散は散布度を表す非常に重要な値であることは間違いないのですが，「解釈が難しい」という大きな欠点があります。たとえば，先ほどの分散の計算例では，B よりも A のデータの方がばらつきが大きいということはわかるのですが，分散の値から A や B のデータが実際にどれくらいの範囲にばらついているのかをイメージすることは簡単ではありません。分散が示すのは，「偏差 2 乗」の平均的な大きさだからです。

　そこで，「分散の正の平方根」を求め，ばらつきの幅をイメージしやすくした値が標準偏差です。分散と標準偏差の関係は，正方形の面積を「400 cm²」というより「20 cm 四方」という方がイメージしやすいのと似ています。標準偏差は，英語の **S**tandard **D**eviation の頭文字をとって，S.D. や SD と表記されることがよくあります。

> **Word** 標準偏差
>
> $$標準偏差 = \sqrt{分散}$$

先ほどのデータでは，Aの標準偏差は$\sqrt{9.6} = 3.09\cdots$，Bの分散は$\sqrt{0.4} = 0.63\cdots$となります。この標準偏差は**測定値と単位が同じ**なので，「平均値の前後どれだけの範囲に測定値が散らばっているか」という形で解釈できます。たとえば，Aのデータは平均値6の前後3.09の範囲（2.91～9.09）に，Bのデータは平均値5の前後0.63の範囲（4.37～5.63）に，測定値の大部分が散らばっているということがいえるのです。

ところで，測定値の「大部分」とは，一体どれくらいの割合なのでしょうか。ある条件のもとでは，平均値の前後に標準偏差1つ分の範囲に**測定値の70%弱**が収まることになります。なぜこのような数字になるのかについては，もう少し後で説明することにします。

F. 散布度の選択

ここまでにとりあげた散布度についてまとめたものが**表1-5**です。散布度は中心傾向の代表値以上にさまざまな種類がありますが，実際に使われるものは限られています。たとえば，中心の代表値に**平均値**を用いる場合の散布度には**標準偏差**，**中央値**の場合の散布度には**四分位範囲**を用いるのが一般的です。分散は非常に重要な値ですが，さまざまな計算の中で使用される場合が大半で，散布度として論文に記載されることは多くありません。

表1-5 代表的な散布度とその特徴

散布度	意味	特徴
範囲	**測定値全体**が収まる範囲	外れ値の影響を受けやすい
四分位範囲	**測定値の半数**が収まる範囲	中央値と組み合わせて用いられることが多い
平均絶対偏差	各測定値の**偏差**の平均的な大きさ	解釈はしやすいが実際に使われることは少ない
分散	**偏差2乗**の平均的な大きさ	さまざまな場面で用いられるが解釈は困難
標準偏差	**測定値の大部分**が収まる範囲	平均値と組み合わせて用いられる

1.3節 ‖ 標準得点

ある女子生徒（18歳）の 50 m 走の記録が 7.5 秒，立ち幅跳びの記録が 185 cm でした。文部科学省の資料によると，18 歳女子の 50 m 走の平均は約 9.2 秒，立ち幅跳びは約 168 cm です。さて，18 歳女子の平均を基準に考えたとき，この女子生徒の 50 m 走と立ち幅跳びの記録は，どちらがより良い成績だったといえるでしょうか？

まず，50 m 走と幅跳びのそれぞれの記録が平均値からどれくらい離れているか，つまり平均値からの偏差を求めてみましょう。

50 m 走の偏差 $= 7.5 - 9.2 = -1.7$　　幅跳びの偏差 $= 185 - 168 = 17$

すると，この生徒の 50 m 走の記録は平均値より 1.7 秒速く，幅跳びは平均値より 17 cm 長いことがわかります。では，幅跳びの偏差は 50 m 走の偏差の 10 倍だから，幅跳びの成績の方が 50 m 走より 10 倍成績が良いと考えてよいのでしょうか。しかし，幅跳びの記録をメートルで表したとしたら，この生徒の記録は 1.85 m，平均値は 1.68 m なので，偏差は 0.17 m です。そうすると，今度は 50 m 走の偏差（1.7）が幅跳びの偏差（0.17）の 10 倍の大きさということになります。

このように偏差の大きさの比較が難しいのは「ずれの大きさ」を比較判断するための基準がはっきりしていないためです。とくに，単位の異なる測定値同士で偏差の大

単位が違うと
比較できない

きさを比較する場合には，まずは単位を揃えないことにはどうにもなりません。このような場合，標準偏差を基準として，平均値からのずれの大きさを比較するということがよく行われます。

　話がそれますが，「一人暮らしの家賃は月収の 3 割」というのを聞いたことはないでしょうか。部屋を借りるとき，毎月の家賃にいくらまで払えるかは，その人の経済状態によって異なってくるので，毎月の収入を 1 つの「基準」と考えて，そこから適正な金額を判断しようというわけです。すると，たとえば月収 20 万円の人にとって，月 10 万円の家賃というのは月収の半分ですから高すぎることになりますが，月収 50 万円の人にとっては 10 万円は月収の 1/5 ですから，むしろ安いくらいといえます。このように，「月収」を基準として考えることで，その人にとって家賃が高いか安いかをわかりやすくしているわけです。

　同様にして，ある値の平均値からのずれ（偏差）についても，標準偏差を基準として考えれば，その差がどれだけ大きいものであるかを比較しやすくなります。このような考え方から，偏差（平均値と測定値のずれ）を標準偏差で割り，それが標準偏差の何倍の大きさであるかという形に変換した値を標準得点（z）といいます。また，このようにして測定値の基準を揃える操作のことを標準化といいます。

基準があれば
比較できるね

月収の○割
↕ 基準
標準偏差の△倍

> **Word** 標準得点（z）
>
> $$標準得点(z) = \frac{偏差}{標準偏差} = \frac{測定値 - 平均値}{標準偏差}$$

　さて，文部科学省の資料によれば，18 歳女子の 50 m 走の標準偏差は約 0.9 秒，幅跳びの標準偏差は約 24 cm だということです。これらの値を用いて先ほどの女子生徒の記録（平均値からの偏差）をそれぞれ標準得点に換算してみましょう。

$$50\,\text{m 走の } z = \frac{-1.7}{0.9} = -1.888...$$ $$\text{幅跳びの } z = \frac{17}{24} = 0.708...$$

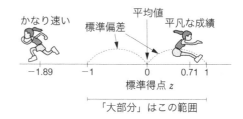

すると，50 m 走の 1.7 秒という差は標準偏差の 1.89 倍（値がマイナスなのは平均より速いということです），幅跳びの 17 cm という差は標準偏差の 0.71 倍で，標準偏差を基準にした場合には 50 m 走の方がずれが大きいことがわかります。また，標準偏差は測定値の「大部分」が収まる範囲ですから，50 m 走の z の値が -1.89（標準偏差の 1.89 倍速い）ということは，大部分の人よりも足が速い（かなり足が速い）ということです。これに対し，幅跳びの z の値は 0.71（標準偏差の 0.71 倍）ですから，平均値より記録が良いとはいえ，「大部分の人」の範囲内である（特別に成績が良いわけではない）ということになります。

　実は，受験場面でたびたび登場する**偏差値**も，この標準得点を用いて算出された値です。学力テストの平均点や標準偏差はテストごとに異なる可能性がありますし，教科によっても異なることがあります。そのため，たとえば「前回のテストと今回のテストではどちらの方が成績が良かったか」や「国語のテストと英語のテストではどちらの方が成績が良かったか」をテストの点数で単純には比較できません。そこで，異なるテストの間でも成績を比較しやすいようにした値が偏差値（学力偏差値）なのです。学力テストの偏差値は次のように計算されます。

$$\text{学力偏差値} = \text{標準得点} \times 10 + 50 = \frac{\text{得点} - \text{平均点}}{\text{標準偏差}} \times 10 + 50$$

　標準得点を 10 倍したり 50 を足したりするのは，学校のテストの多くが 100 点満点であり，標準得点の平均値がその中間点の 50 にあった方がわかりやすいという理由です。こうすることによって，平均点との差が 0（つまり平均点）の場合に偏差値が 50 となり，偏差値の「大部分」が

40 から 60 の間の値になります。

たとえば，ある全国模試で国語の平均点が 62 点，標準偏差が 12 だったとしましょう。このテストで生徒 X の点数が 71 点だった場合，生徒 X の得点の学力偏差値は次のように求められます。

$$学力偏差値 = \frac{71 - 62}{12} \times 10 + 50 = 0.75 \times 10 + 50 = 57.5$$

この生徒の全国模試の成績は，標準得点では 0.75，偏差値では 57.5 です。標準得点が 0.75 であるといわれるよりも，偏差値が 57.5 であるといわれたほうがずっとイメージしやす

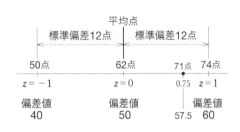

いのではないでしょうか。学力偏差値の場合，偏差値 60 というのは平均値より標準偏差 1 つ分だけ点数が高いことを，偏差値 40 だと標準偏差 1 つ分だけ平均値より点数が低いことを意味します。

心理学系の学生にとって身近なところでは，知能指数の算出にも標準得点が利用されています[7]。知能指数の算出式は検査によって異なる場合もありますが，基本的には基準となる集団（たとえば同年齢の集団など）の検査得点の平均値と標準偏差で対象者の検査得点を標準化し，次のような式を用いて知能指数に換算しています。

$$知能指数 = 標準得点 \times 15 + 100 = \frac{検査得点 - 平均点}{標準偏差} \times 15 + 100$$

ここで標準得点を 15 倍したり 100 を足したりしているのは学力偏差値の場合と同じ理由です。知能指数の場合，年齢相応の知的能力がある場合を 100 とすることが一般的ですので，検査得点が同年齢集団の平均値

---

*7 ここでいう知能指数は厳密には偏差 IQ とよばれるものです。ビネー式検査で用いられてきた旧来の知能指数（IQ）はこれとは異なる算出方法をとります。

と同じ場合に知能指数が 100 になるように，そして知能指数の大部分が
85〜115 の間に収まるようにしているのです。

1.4節 ｜｜ まとめ

項目	説明
代表値	データの中心（あるいは散らばり）を**代表する値**。
中心傾向	**データの中心**を示す値。値が**最も集中する場所**を中心とするのが最頻値，値を大きさの**順に並べたときに中央の位置**を示すのが中央値，すべての値のバランス点（**重心**）を中心として示すのが平均値。
散布度	**データの散らばり**を示す値。
四分位数	**データを4等分**する位置にある値。第1四分位数と第3四分位数の間の幅が四分位範囲。
偏差	基準となる値からの**ずれ**の方向と大きさを示す値。
分散・標準偏差	各測定値の**偏差を2乗して平均**した値が分散，**分散の正の平方根**が標準偏差。
標準化	単位やばらつきの異なるデータを同じ基準に揃えること。一般には偏差の大きさを**標準偏差 x 個分**の形に変換する。
標準得点	各測定値を標準化して得られる値。学力偏差値や知能指数なども標準得点をもとに算出されている。

次のデータは，大学生 10 名の心理学統計法の期末試験（100 点満点）の成績です。このデータを用いて以下の問いに答えてください。

学生	得点	学生	得点
A	70	F	40
B	95	G	50
C	45	H	80
D	45	I	25
E	90	J	60

1-1. このデータの最頻値はいくつですか。その値から，この 10 名の期末試験の成績についてどのようなことがわかりますか。

1-2. このデータの中央値と四分位数，四分位範囲はいくつですか。それらの値から，この 10 名の期末試験の成績についてどのようなことがわかりますか。

1-3. このデータの平均値と標準偏差はいくつですか。それらの値から，この 10 名の期末試験の成績についてどのようなことがわかりますか。

1-4. 各測定値を標準得点に変換するとそれぞれいくつになりますか。

1-5. 各学生の成績を学力偏差値で表すとそれぞれいくつになりますか。

Column　でも統計でわからないこともありますよね？

　心理学専攻の学生の大半はいわゆる「文系」で，「統計」に対してあまり良いイメージをもっていないことが多いようです。そのため，「心理学の勉強をしに来たのになんで統計なんかやらなきゃいけないんだ」と思っている人は少なからずいることでしょう。そしてときどき聞かれるのが，「でも統計でわからないこともありますよね？」という疑問の声です。

　これは，多くの場合「**統計法が嫌い**」を（かなり透明度の高い）オブラートに包んだ表現だったりするんでしょうが，「統計でわからないことがある」というのは間違いではないと思います。というか，統計ではわからないことなんて，心

理学ではそれこそ山ほどあるでしょう。でも，お金で解決できないことがあるからといって，お金なんて必要ないという人は少ないですよね。スマートフォンにできないことがあるからといって，スマートフォンなんて必要ないという人も少ないはずです。それと同じで，統計でわからないことがあるからといって，統計が心理学に必要ないということにはならないのです。

　確かに，お金で解決できないことはあるでしょう。しかし，お金があるおかげでできることもありますよね。スマートフォンではできないこともたくさんありますが，スマートフォンがあるおかげでできることもたくさんあります。同じように，統計でわからないことがあるのは確かですが，統計でわかることもたくさんあるわけです。

　そもそも心理学の研究対象である「心」というのは目に見える形があるようなものではなく，非常に抽象的なものなので，それを客観的に捉えるためにはいろいろな工夫が必要です。「性格（パーソナリティー）」や「知能」などを測定するためのさまざまな検査や尺度が心理学でたくさん作られているのはそのためです。形のないものをなんとかして数値で表現することで，捉えやすくしようとしているわけです。もちろん，うまく数値化できず，測定の困難な心理学的側面というのもありますが，さまざまなアイデアを用いてそうした部分の測定に挑戦するというのが心理学の面白さの１つでもあるわけです。

　ただ，心理学的側面が測定困難であるというのは，統計法の問題というよりは測定法の問題の部分の方が大きいかもしれません。だとすると，「統計で人の心はわかりませんよね」というのは，スマートフォンに対して「迷惑メッセージがたくさんきて困る」といっているようなものですね。

　実際のところ，心理学における統計法というのは，直接それで何かを探究するというものというよりは，測定した結果を整理したり，そこから何かを発見したりするために使われるツールなわけです。スマートフォンは非常に便利なツールですが，使い方を知らなければ有効に活用できませんし，使い方を間違えば犯罪や事故につながる危険性すらあります。それと同じで，統計法も使い方を知らなければ有効に活用できませんし，使い方によっては社会に害を及ぼす可能性だってありえます。

　ただ，スマートフォンなどの使い方と比べると，統計法の使い方には「わからない」部分や「直感に反する」部分が多いかもしれません。ですが，スマートフォンだって，最初は「いまいちよくわからない」ところから始まって，使っているうちにだんだんわかってきて，ある程度使い方がわかってくると「すごく便利」で「なくてはならない」ものになるわけです。統計法の場合，最初は「いまいち」じゃなくて「さっぱり」わからないかもしれませんが，統計だって使っているうちにだんだんとわかってくるものです。そしてある程度わかってくれば，「すごく便利」で「知らなきゃ損」な，「なくてはならない」ものになってくるかもしれません。

第 2 章 2変数関係の要約記述

「理科の好き嫌いと性別に関連はあるか」,「親が高身長なら子供も高身長か」など,日常ではさまざまな物事の間の**関係**に関心がもたれます。本章では,こうした2変数間の関係を記述するための値について説明します。1つの変数を要約記述する方法に平均値や中央値など複数のものがあったように,2変数間関係の要約記述にもいくつかの方法があります。

2.1節 | クロス表と散布図

測定値の分布の特徴を把握するために度数分布表やヒストグラムを作成してみることが有用であったように,変数間の関係を把握したい場合にも,まず表や図を作成してみるというのは非常に効果的であり重要なことです。

A. クロス表

測定値が**名義尺度**や**順序尺度**で得られたものである場合,2変数間の関係を視覚的に把握するために使用されるのが**クロス表**(分割表)です。クロス表は度数分布表の拡張版とでもいえるもので,「行方向」と「列方向」のそれぞれに別の変数をとって度数を数えた結果を示します。

たとえば,喫煙習慣の有無と呼吸器系の疾患の有無について関連があるかどうかを見たいとします。その場合,行方向に喫煙習慣の有無,列方向に呼吸器系疾患の有無をとり,次の**表 2-1** のように表を作成します。その際,行ごと,列ごとの度数の合計(周辺度数)も示すようにします。

このようにして表を作成すると,喫煙習慣ありでは呼吸器系疾患ありが70人,なしが30人なのに対し,喫煙習慣なしでは呼吸器系疾患ありが30人,疾患なしが70人というように,喫煙習慣ありの場合に呼吸器系疾患ありの率が高いという傾向を捉えるのが容易になります。

表2-1 クロス表の例

	呼吸器系疾患		
	あり	なし	計
喫煙習慣あり	70	30	100
なし	30	70	100
計	100	100	200

多いところと
少ないところが
わかりやすいね

B. 散布図

　測定値が**間隔尺度**や**比率尺度**で得られたものである場合には，2変数間の関係を視覚的に捉えるために散布図が用いられます。散布図は，横軸と縦軸のそれぞれ異なる変数値をとって，各測定値を「点」としてグラフに示したものです。散布図を作成することによって，2つの変数間にある関係の向きや強さを大まかに知ることができるだけでなく，測定値の中に「外れ値」といえるものが含まれているかどうかも知ることができます。

　たとえば，**図2-1**はある学級の男子生徒25人を対象に測定した身長と体重のデータ（架空データ）を散布図として示したものです。

　こうすると，身長が高いほど体重も重くなるという，身長と体重の一般的な関係を視覚的に捉えることができますね。また，このグラフでは他と

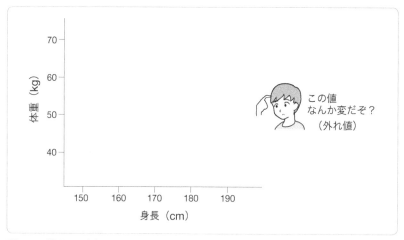

図2-1 散布図の例

離れたところに点が1つありますが，このような値は外れ値（あるいは入力ミスなど）である可能性が高い測定値です。

　平均値や中央値と同じく，2変数間の関係を示す統計量も変数間関係の特定の一面を代表するものであって，必ずしも全体的な関係をうまく代表できているとは限りません。そのため，記述統計量を算出する前に，まずはクロス表や散布図で変数間関係の全体的なイメージを把握しておくことが重要です。

ポイント

- 2つのデータのそれぞれを行と列にとって集計した表がクロス表
- 2つのデータのそれぞれを縦軸と横軸にとって測定値を点で示したものが散布図
- クロス表や散布図で**全体的な関係**を把握しておくことが大事

2.2節 ‖ 共分散と相関係数

　それでは，2変数間の関係を要約する指標について見ていくことにしましょう。次の例を見てください。

5組の親子を対象に父親の身長と子供（小4男児）の身長を測定したところ，次のような結果になりました。ここから，「親の身長」と「子の身長」の間にどのような関係があるといえるでしょうか？

	親子1	親子2	親子3	親子4	親子5	平均値
父	170	168	173	166	178	171
子	135	133	130	128	139	133

　比率・間隔尺度のデータで変数間の関係を要約記述する値として代表的なのは，共分散と相関係数です。ここではまず共分散について見ていきます。

A. 共分散

まず，散布図を作成してみましょう。各親子の身長の高さを判断する基準として，親子それぞれの平均身長もグラフの中に示しておきます。

図 2-2 を見ると，5 番目の親子は親も子も身長が高く，4 番目の親子はともに身長が低いことがわかります。また，全体的にデータ（各親子ペアの測定値）が右肩上がりに散らばっており，父親の身長が高いほど子供の身長も高いという傾向が見てとれます。

では，このデータについてもう少し詳しく見ていくことにしましょう。まず，この 5 組の親子の父親の平均身長は 171 cm，子供の平均身長は 133 cm です。そして，この平均身長を基準にして，この 5 組の親子の身長が平均値からどの程度高いか低いかを見てみます。たとえば，1 組目の親子では，父親の身長（170 cm）は父親の平均身長（171 cm）より 1 cm 低く（偏差−1 cm），子供の身長（135 cm）は子供の平均身長（133 cm）より 2 cm 高い（偏差＋2 cm）ということがわかります。

このようにして，5 組の親子それぞれで身長が平均よりどれくらい高いか低いかを計算した結果が**表 2-2** です。この表の偏差の値がマイナスの場合は平均値より身長が低いことを，偏差の値がプラスの場合は平均値より身長が高いことを意味します。

また，この表では平均身長より背が高い場合を青，低い場合を赤で示し

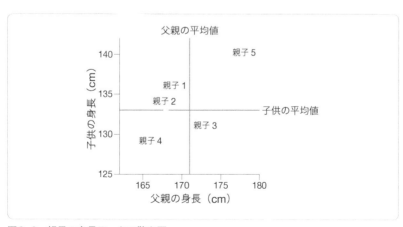

図2-2　親子の身長データの散布図

表2-2　平均身長からの偏差（単位：cm）

	親子1	親子2	親子3	親子4	親子5	平均値
父の身長	170	168	173	166	178	171
偏差（身長−平均値）	−1	−3	+2	−5	+7	
子の身長	135	133	130	128	139	133
偏差（身長−平均値）	+2	0	−3	−5	+6	

ました。こうすると，親子の身長が平均より高いか低いかが一目でわかりますね。親と子で偏差の色が同じ親子は，親子で身長の傾向が同じ（親子とも背が低い，あるいは親子とも背が高い）で，偏差が色違いの親子は身長の傾向が異なっている（父と子の一方は背が高いけれどももう一方は背が低い）ということです。

　さて，こうした関係を数値で表すにはどうすればよいのでしょうか。そこで登場するのが「かけ算」です。かけ算では，プラスの値同士，マイナスの値同士をかければ答えはプラスに，プラスとマイナスをかければ答えはマイナスの値になります。つまり，父と子で偏差のプラス・マイナスが一致していれば，親子の偏差をかけた値（積）はプラスに，偏差のプラス・マイナスが異なっていれば積がマイナスになるのです（**表2-3**）。

　また，平均値からのずれ幅が大きいほど，偏差の積の絶対値も大きな値になります。たとえば，親子ともに平均よりかなり背が高い5組目の親子では絶対値は42，どちらもそれほど平均値から離れていない1組目の親子の場合は絶対値は $|-2|=2$ です。つまり，この「偏差の積」は，「親子で身長の傾向が同じかどうか」という情報と，「平均値からどれだけ離れているか」という情報の両方の情報をもった非常に便利な値なのです。

　ただ，偏差の積は親子のペアの数だけ存在します。何百組，何千組と

表2-3　平均身長からの偏差とその積

	親子1	親子2	親子3	親子4	親子5
偏差（父）	−1	−3	2	−5	7
偏差（子）	2	0	−3	−5	6
偏差の積	−2	0	−6	25	42

なったらそのままでは理解不能になってしまいますので，これらの値を平均し，1つにまとめましょう。このようにして，ペアとなる測定値が同じ傾向をもっているかどうか，それらの測定値が平均値からどれだけ離れているかという情報を1つの値に集約したものが共分散です。

　共分散の求め方をまとめると次のようになります。式の中では，一方の変数値を x，もう一方の変数値を y として示すことにします。

Word 共分散

$$共分散 = \frac{(x の偏差 \times y の偏差) の合計}{測定値のペアの数}$$

$$= \frac{[(x - x の平均値) \times (y - y の平均値)] の合計}{測定値のペアの数}$$

　例題のデータをこの式にあてはめると次のようになります。

$$共分散 = \frac{(-1 \times 2) + (-3 \times 0) + (2 \times -3) + (-5 \times -5) + (7 \times 6)}{5}$$

$$= \frac{59}{5} = 11.8$$

　共分散がプラスの値の場合，それは全体的に親子の身長には似た傾向がある（親が高身長なら子供も高身長である）ということを意味します。それに対し，共分散がマイナスの値である場合は，親子の身長には反対の傾向（親が高身長なら子供は低身長）があるということを意味します。例題の計算結果はプラスの値でしたから，例題データでは親子の身長には似た傾向があるということがわかります。

　また，共分散の絶対値の大きさは，似た傾向や反対の傾向がどれくらい強いかを示しています。逆にいうと，共分散の絶対値が0に近ければ近いほど，2つの変数の間の関係は弱いということです。

　では，共分散の絶対値がどれくらい大きければ，2つの変数（父と子の身長）の間に強い関係があるとみなせるのでしょうか。例題データの11.8という共分散から「親子の身長は強く関係している」といってよいのでしょうか。残念ながら，共分散には「この値以上であれば関係が強

い」といえるような基準はありません。

　たとえば，例題データの場合，身長を「171 cm」とセンチメートルの単位で表しても「1.71 m」とメートルの単位で表しても，数値の見た目の大きさが変わるだけで身長そのものは同じです。しかし，共分散の値は，センチメートル単位で計算した場合とメートル単位で計算した場合とで大きさが変わってしまうのです[*1]。

B. ピアソンの積率相関係数
　そこで，このような問題を解消するために用いられるのが相関係数です。相関係数は，どんな場合にも必ず値が−1〜1の範囲に収まるように共分散の大きさを調整したものです。なお，相関係数にはいくつかの種類があり，一般に「相関係数」とよばれているものは，より正確にはピアソンの積率相関係数 (r) といいます。

　ここで，第1章の「1.3節　標準得点」の内容を思い出してください。データの単位やばらつきがまちまちで比較が困難なとき，平均値からのずれの大きさを標準偏差で割って基準を揃えることで比較しやすくなるのでした。ピアソンの積率相関係数も同様の考え方をとります。次のように，共分散の値を2つの変数の標準偏差の積で割ってやるのです。詳細は省きますが，こうすることによって共分散の値が−1から1の範囲に収まるようになります。

Word ピアソンの積率相関係数 (r)

$$r = \frac{x と y の共分散}{x の標準偏差 \times y の標準偏差}$$

　さて，共分散のところでとりあげた親子身長データの共分散は11.8でした。この値からピアソンの積率相関係数を求めてみましょう。そのためには親子それぞれの身長について標準偏差を求める必要があります。標準

[*1]　だからといって，共分散が役に立たない指標だというわけではありません。共分散は，第1章でとりあげた**分散**とともに，他のさまざまな分析の基礎となる非常に重要な値です。

偏差の算出方法は覚えているでしょうか。標準偏差は「偏差2乗の平均値（分散）」の平方根です。偏差（平均値からのずれ）についてはすでに表 2-2 に求めてありますので，ここではこれを利用して父親の身長の標準偏差を計算することにしましょう。

$$父親の身長の分散 = \frac{(-1)^2 + (-3)^2 + 2^2 + (-5)^2 + 7^2}{5} = \frac{88}{5} = 17.6$$

$$父親の身長の標準偏差 = \sqrt{父親の身長の分散} = \sqrt{17.6} = 4.1952\cdots \fallingdotseq 4.20$$

なぜこのようになるのかがわからない人は，もう一度第 1 章の「分散」と「標準偏差」の部分を読み返してください。同様にして子供の身長の標準偏差を計算すると，その値は 3.8470…≒3.85 になります。

ここから，親子の身長の相関係数は次のように求まります。

$$r = \frac{親子の身長の共分散}{父親の標準偏差 \times 子供の標準偏差} = \frac{11.8}{4.20 \times 3.85} = 0.7297\cdots \fallingdotseq 0.73$$

相関係数の解釈は共分散とよく似ており，値がプラスの場合には「親が高身長なら子供も高身長」というように，2 つの変数の間に同じ傾向があることを意味します。このように，2 つの変数の間に同じ傾向がある場合（相関係数が**プラス**の場合）を正の相関関係といいます。また，値がマイナスの場合は「親子のどちらかが高身長だともう一方は低身長」というように，2 つの変数の間に反対の傾向があることを意味します。このような，**マイナス**の場合の関係を負の相関関係といいます。

また，共分散と同様に，相関係数もその絶対値が大きいほど関係が強いということを意味します。ただし，共分散と違って相関係数はどんな場合も必ず「−1〜1」の範囲の値になります。そのため，相関係数が 1 の場合は 2 つの変数で傾向が完全に一致しているという意味に，相関係数が−1 の場合には 2 つの変数で傾向が完全に逆であるという意味になります。

相関係数をどのように解釈するかについては研究領域や研究対象によっても異なるのですが，一般に**表 2-4** の基準が目安としてよく用いられています。ただし，これらはあくまでも「目安」ですので，これらの数値に

表2-4　相関係数の大きさと解釈の目安

相関係数の絶対値	相関の強さ
0	相関なし
～0.2	ほとんど相関なし
～0.4	弱い相関あり
～0.7	中程度に相関あり
～1.0	強い相関あり

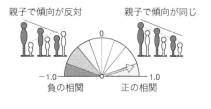

とらわれすぎないようにしてください。先ほど算出した相関係数は0.73でしたから，この基準を用いれば，親子の身長には「強い正の相関」があるということになります。

　次ページの**図2-3**は，相関係数がさまざまに異なるデータの散布図を示したものです。これらの散布図から，相関係数の絶対値が大きくなるほど右上がりまたは右下がりの傾向がよりくっきりしてくることがわかると思います。

ピアソンの積率相関係数に関する注意点

　ピアソンの積率相関係数は2変数間の関係を表すうえで非常に便利な指標ですが，すべての場合において変数間の関係をうまく要約できるわけではありません。

　まず，ピアソンの積率相関係数は平均値や分散などと同じく「外れ値の影響を受けやすい」値です。外れ値がある場合，ピアソンの積率相関係数は実際の相関関係をうまく表すことができません。データに外れ値がないかどうかを確認するためにも，相関係数の算出前に散布図を作成してみることは重要です。

　また，ピアソンの積率相関係数は，変数間の関係が直線的（線形）な場合には有効な指標ですが，**図2-4**のような直線的でない関係をうまく表現することはできません。このような場合には，たとえば次にとりあげる順位相関係数など，別の指標を利用することを考えた方がよいでしょう。

図2-3　さまざまな相関係数をもつデータの散布図

図2-4　直線的でない関係

- ペアになる測定値の**偏差の積を平均**したものが**共分散**
- 共分散を**標準偏差の積**で割ったものがピアソンの積率相関係数（相関係数）
- **一方が大ならばもう一方も大**というように，2つの変数に同じ傾向がある場合を正の相関という
- **一方が大ならばもう一方は小**というように，2つの変数に反対の傾向がある場合を負の相関という
- **正の相関**では共分散や相関係数は**プラスの値**，**負の相関**では共分散や相関係数は**マイナスの値**になる
- 相関係数は必ず－1～1の値になる

次の場面を想像してください。

あるアイドルグループのメンバー5人（A，B，C，D，E）について，誰が一番好きかで友達と議論になりました。この結果から，この2人の好みの順位はどの程度関連しているといえるでしょうか？

アイドルグループのメンバー5人に対する好みの順位

	メンバー				
	A	B	C	D	E
私	3	1	2	4	5
友人	2	1	4	5	3

このような「順位の関連」はどう表せばよいのでしょうか。

A. スピアマンの順位相関係数

順位の関連を示す指標としてよく用いられるものにスピアマンの順位相関係数（r_s）があります。この係数は，ペアとなる測定値の「順位の差」をもとにして算出されます。

まず，例題データで「私」と「友人」の各メンバーに対する好みの順位の差を求めてみましょう。すると，2人で順位が一致している場合には順位の差は0になり，順位

	メンバー				
	A	B	C	D	E
私	3	1	2	4	5
友人	2	1	4	5	3
順位差	1	0	-2	-1	2

が違うほど差が大きくなります。ということは，2人の順位のつけ方が全体的に似ていれば順位差の合計は小さくなり，そうでなければ大きくなるはずです。このような考え方でこれらの順位の差を1つにまとめたものが**スピアマンの順位相関係数**です。

ただし，順位の差を合計しようとしても，そのままではプラスの値とマイナスの値が打ち消しあって合計が0になってしまいます。そこで，分散を求める場合と同様に，順位の差を2乗してから合計します。

$$(順位の差)^2 の合計 = 1^2 + 0^2 + (-2)^2 + (-1)^2 + 2^2 = 10$$

忘れず「2乗」しよう

このままでは両者が似ているほど値が小さくなり，また，数値が「-1～1」の範囲に収まりませんので，次のようにして数値の調整を行います。

Word **スピアマンの順位相関係数（r_s）**

$$r_s = 1 - \frac{(順位の差)^2 の合計 \times 6}{測定値ペアの個数 \times (測定値ペアの個数^2 - 1)}$$

このように文字で式を書くとややこしく見えますが，実際の計算は難しくありません。例題データで順位相関係数を求めると次のようになります。

$$r_s = 1 - \frac{10 \times 6}{5 \times (5^2 - 1)} = 1 - \frac{60}{120} = 0.5$$

計算の結果，順位相関係数は$r_s = 0.5$と求まりました。スピアマンの順位相関係数の見方はピアソンの積率相関係数と同様です。つまり，相関係数が0.5ということは，2人がつけた順位の間には「中程度の正の相関」

がある（まあまあ似ている）ということです。

　なお，ここで用いた例には同順位（タイ）の測定値がありませんでしたが，同順位がある場合にはそれを調整するためにやや異なる計算方法が用いられます。ただし，本書では順位相関の基本的な考え方を説明するにとどめ，調整法については省略します。

B. ケンドールの順位相関係数

　順位相関係数には，スピアマンの順位相関係数のほかにケンドールの順位相関係数（τ）とよばれるものもあります。名前は似ていますが，ケンドールの順位相関係数はスピアマンの順位相関係数とはかなり異なる考え方で算出されます。

　先ほどと同じアイドルグループの順位データを用いて，ケンドールの順位相関係数を算出してみましょう。算出するには，まず測定値の中から2つを取り出す組み合わせを考えます。このデータでは測定値は5つ（メンバー5人分）なので，ここから2つずつ取り出す組み合わせは全部で10通りです。

　次に「私」と「友人」のそれぞれで，各組み合わせにおける「順位の大小関係」を調べます。そして，大小関係の向きが2人で「一致」した組み合わせと「不一致」の組み合わせの個数をそれぞれ数えます。例題データの場合，大小関係が2人で一致している組み合わせは7個，不一致の

	私						友人			
A	(3)	>	B	(1)	一致	A	(2)	>	B	(1)
A	(3)	>	C	(2)	不一致	A	(2)	<	C	(4)
A	(3)	<	D	(4)	一致	A	(2)	<	D	(5)
A	(3)	<	E	(5)	一致	A	(2)	<	E	(3)
B	(1)	<	C	(2)	一致	B	(1)	<	C	(4)
B	(1)	<	D	(4)	一致	B	(1)	<	D	(5)
B	(1)	<	E	(5)	一致	B	(1)	<	E	(3)
C	(2)	<	D	(4)	一致	C	(4)	<	D	(5)
C	(2)	<	E	(5)	不一致	C	(4)	>	E	(3)
D	(4)	<	E	(5)	不一致	D	(5)	>	E	(3)

組み合わせは 3 個です。

　この「一致」の個数（7 個）から「不一致」の個数（3 個）を引き，それを組み合わせの総数（10 個）で割った値が**ケンドールの順位相関係数**（τ）です。このように，ケンドールの順位相関係数では「順位の大小関係」のみを用いて相関係数を算出します。

Word　ケンドールの順位相関係数（τ）

$$\tau = \frac{P - Q}{\text{組み合わせの総数}}$$

- -

※測定値から 2 つずつ取り出すすべての組み合わせのうち，
　　P＝2 つのデータで大小関係が一致する組み合わせの個数
　　Q＝2 つのデータで大小関係が一致しない組み合わせの個数

　例題データでケンドールの順位相関係数を算出すると，τ＝0.4 となりました。ケンドールの順位相関係数の見方も，基本的にはピアソンの相関係数やスピアマンの相関係数と同じです。

$$\tau = \frac{7 - 3}{10} = \frac{4}{10} = 0.4$$

　スピアマンの順位相関係数とケンドールの順位相関係数は，どちらも「順位」を用いて算出されるため，外れ値の影響を受けにくい性質をもちます。また，順位情報しか扱わないために，**順序尺度**データに対しても使用可能です。

　なお，順位相関係数としてスピアマンとケンドールのどちらを使用すべきかについてはとくにルールのようなものはありませんが，一般にはスピアマンの順位相関係数の方がよく用いられているようです。

- 順位から算出される相関係数が順位相関係数
- 順位相関係数も−1〜1の範囲の値をとる
- **順位の差**を用いて算出されるのがスピアマンの順位相関係数
- **順位の大小関係**だけを用いて算出されるのがケンドールの順位相関係数

2.4節 連関係数

間隔・比率尺度データや順序尺度データだけでなく，**名義尺度**データの間でも関連の強さを求めることができます。名義尺度データ同士の関連を見る場合には，連関係数とよばれる指標が用いられます。

連関係数の説明に入る前に，名義尺度変数間の関係（これを連関といいます）というのがどのようなものかを少し単純な例で見ておきましょう。たとえば，ある家庭において，子供がお手伝いをしたかどうかと，その日におやつが出たかどうかを1ヶ月間記録したデータがあるとします。

日数	1	2	3	4	5	6	7	8	9	10
お手伝い	○	×	×	×	×	○	×	○	○	×
おやつ	○	×	×	×	×	○	×	○	○	×
日数	11	12	13	14	15	16	17	18	19	20
お手伝い	×	×	○	×	○	×	×	×	○	×
おやつ	×	×	○	×	○	×	×	×	○	×
日数	21	22	23	24	25	26	27	28	29	30
お手伝い	×	○	×	○	×	○	○	×	○	○
おやつ	×	○	×	○	×	○	○	×	○	○

○=お手伝い，おやつあり　×=お手伝い，おやつなし

この結果をクロス表にまとめると次のようになります。

		お手伝い		
		した	しなかった	計
おやつ	あり	13	0	13
	なし	0	17	17
	計	13	17	30

　クロス表にするまでもなかったかもしれませんが，この場合，お手伝いをした日にはおやつがあり，お手伝いをした日にはおやつがないという関係（連関）は明らかです。

　別の家庭でも同じことをしたとしましょう。その結果をクロス表にまとめたところ，次のような結果になりました。この場合，お手伝いをしたかどうかに関係なくおやつのありとなしの比率は 10：5（2：1）ですので，お手伝いとおやつの間に連関はないことになります。

		お手伝い		
		した	しなかった	計
おやつ	あり	10	10	20
	なし	5	5	10
	計	15	15	30

お手伝いしても
しなくても だいたい
おやつもらえるよ

　このように，名義尺度データ同士でクロス表を作成したとき，一方の変数（お手伝い）の値によってもう一方の変数（おやつ）の値も変わるようなら連関あり，そうでなければ連関なしということになるのです。そして，このような連関の程度を数値で表したものが連関係数です。

A. φ（ファイ）係数

　お手伝いとおやつの例のような 2 行 2 列のクロス表の場合，連関係数として φ 係数（または四分点相関係数）とよばれる値を用いることができます[*2]。φ 係数は次の式によって求められます。

---

*2　ギリシャ文字の「ファイ」の小文字には，ϕとφの2つの字体があります。最近はφの方を用いるのが一般的なようなので，本書でもこちらの字体を用いることにします。

$$\varphi = \frac{a \times d - b \times c}{\sqrt{(a+b) \times (c+d) \times (a+c) \times (b+d)}}$$

※式中のアルファベットはクロス表における次の各セルの値

	列1	列2
行1	a	b
行2	c	d

先ほどの2つの例でそれぞれ φ 係数を求めてみると次のようになります。

$$\varphi = \frac{13 \times 17 - 0 \times 0}{\sqrt{13 \times 17 \times 13 \times 17}} = \frac{221}{\sqrt{221^2}} = 1$$

$$\varphi = \frac{10 \times 5 - 10 \times 5}{\sqrt{20 \times 10 \times 15 \times 15}} = \frac{0}{\sqrt{45000}} = 0$$

お手伝いとおやつの有無が完全に一致している1つ目の例では φ 係数は1に，お手伝いに関係なくおやつがある2つ目の例では φ 係数は0になりました。

もう1つ別のパターンについても見ておきましょう。この例では，子供がお手伝いをした日にはおやつがなく，お手伝いをしなかった日にはおやつがあります。この場合の φ 係数は -1 です。

		お手伝い		
		した	しなかった	計
おやつ	あり	0	13	13
	なし	17	0	17
	計	17	13	30

$$\varphi係数 = \frac{0 \times 0 - 13 \times 17}{\sqrt{13 \times 17 \times 17 \times 13}} = \frac{-221}{\sqrt{221^2}} = -1$$

このように，φ 係数も相関係数と同じく「-1 から1まで」の値をとり，

2つの変数（「お手伝い」と「おやつ」）の間で「あり」と「なし」が完全に一致する場合に1，完全に逆転している場合に−1，無関係の場合には0となります。また，数値の見方も基本的に相関係数と同じで，φ係数の絶対値が1に近いほど連関が強く，0に近いほど連関が弱いと考えます。

　ただし，名義尺度データの場合，もともと測定値の間に順序関係がありませんので，φの値がプラスかマイナスかはほとんど意味をなしません。実際，3つ目の例は最初の家庭の1列目と2列目の数値を入れ替えただけです。お手伝いを「した」場合と「しなかった」場合を表の左右どちらに示すかで計算結果がプラスになったりマイナスになったりするわけですから，φ係数がプラスかマイナスかは重要でないことがわかると思います。

B. クラメールの連関係数 V

　φ係数が算出できるのは2行2列のクロス表の場合だけなので，次の**表2-5**のように2行3列のクロス表で表されるデータの場合にはφ係数は使用できません。このような行数あるいは列数が2より大きいクロス表の場合には，クラメールの連関係数（V）とよばれる値が使用されます。

表2-5　将来つきたい職業ジャンルのクロス表

	医療	スポーツ	教育	計
男子	5	40	5	50
女子	15	10	25	50
計	20	50	30	100

　クラメールの連関係数の算出方法は少しばかり複雑なので，第10章の「クロス表の検定」で説明することとして，ここでは簡単な紹介だけに留めておきます。

　クラメールの連関係数は「0〜1の範囲の値」をとり，「0に近いほど連関が弱く，1に近いほど連関が強い」ことを示します。なお，2行2列のクロス表について算出されたクラメールの連関係数は，同じクロス表についてのφ係数（の絶対値）と同じ値になります。ただ，クロス表の行数や列数が多い場合に小さな値になりやすいことが知られており，この値がどれくらいであれば連関が強いと考えるかについての明確な基準はありま

せん。一般には 0.2〜0.3 程度あれば連関があるとみなされることが多い
ようです。

ポイント

- 👉 名義尺度データの関連を連関といい，その強さを示す指標を連関係数という
- 👉 2行2列のクロス表では連関係数として φ 係数が利用できる
- 👉 行数や列数が2を超える場合にはクラメールの連関係数 V が利用できる

2.5節 まとめ

ここまでに出てきた用語や概念について整理しておきましょう。なお，本章でとりあげたものは基本的かつ代表的なものにすぎません。2変数間の関係を示す指標には，このほかにもさまざまなものがあります。

表2-6　2変数関係の要約記述まとめ

項目	説明
共分散	2変数の測定値間に似た傾向，反対の傾向がどの程度見られるかを示す値。
相関係数	変数間の関係の強さや向きを−1〜1の数値で示した値。
ピアソンの積率相関係数	共分散の値を−1〜1の範囲に収まるようにしたもの。
順位相関係数	**測定値の順位**の相関関係を−1〜1の数値で示したもの。順位の差を用いるスピアマンの順位相関係数と，大小関係の比較だけを用いるケンドールの順位相関係数がある。
連関係数	**名義尺度データ**における変数間の関連（連関）の強さを−1（または0）〜1の数値で示したもの。φ 係数やクラメールの連関係数 V がある。

1. 大学生 5 名を対象に，自己受容度の高さと他者への許容度を測定した結果があります（各 5 点～20 点満点）。このデータを用いて以下の練習を行ってみましょう。結果の数値は小数点以下 3 桁目を四捨五入して 2 桁目まで示してください。

	学生				
	1	2	3	4	5
自己受容度	14	12	8	10	16
他者許容度	15	18	12	16	19

1-1. この結果をもとに，自己受容度と他者への許容度との間のピアソンの積率相関係数を算出してください。

1-2. この結果をもとに，自己受容度と他者への許容度との間のスピアマンの順位相関係数を算出してください。

1-3. 以下の記述のうち，得られた結果についての解釈として適切なものを 1 つ選んでください。

　ア．他者許容度は自己受容度の約 0.7 倍の散らばりをもつ。

　イ．他者を許容できるようになるには自己を受容する必要がある。

　ウ．自分を受け入れている人ほど他者への許容度が高い。

　エ．自己受容度と他者許容度の相関は 1 未満であり非常に小さい。

2. 次の表は，小学校高学年男女各 100 名に理科の好き嫌いをたずねた結果をまとめたものです。

	理科		計
	好き	嫌い	
男子	80	20	100
女子	70	30	100
計	150	50	200

2-1. この結果から，理科の好き嫌いと性別の間の連関係数を算出してく

ださい（結果は小数点以下 2 桁目まで）。

2-2. 算出した連関係数から見たとき，理科の好き嫌いと性別にどの程度の連関があるといえるでしょうか。

 **Column** あやしい関係？

　2 変数間の関係について，相関係数や連関係数を適切に算出した場合でも，その値が実際の変数間関係を正しく表していないことがあります。いわゆる「見せかけの相関」や「疑似相関」とよばれる問題です。

　たとえば次のような例について考えてみましょう。あなたの所属する大学サークルでは，毎週末に交流会と称する飲み会が行われています。ふとしたことから，あなたは A 男と B 子の交流会への参加パターンに関連があることに気づきました。最近 10 回の交流会における 2 人の参加状況は次のようになっています。

	交流会									
	1	2	3	4	5	6	7	8	9	10
A男	○	×	×	○	○	×	○	○	×	○
B子	○	×	×	○	○	×	○	×	×	○

○＝参加，×＝不参加

このデータをクロス表にまとめるとこうなります。

		B子		
		参加	不参加	計
A男	参加	5	1	6
	不参加	0	4	4
	計	5	5	10

　かなりの一致度ですね。せっかくなので，このクロス表について φ 係数を求めてみましょう。統計法が大活躍です。

$$\varphi = \frac{5 \times 4 - 1 \times 0}{\sqrt{6 \times 4 \times 5 \times 5}} = \frac{20}{\sqrt{600}} = 0.8164\ldots$$

　このデータの φ 係数は 0.82 で，この結果からも 2 人の参加・不参加のパターンには強い連関がある（一致度が高い）ということがわかります。

さて，これを見て皆さんはどう思うでしょうか。「この2人，あやしい（付き合っているのでは？）」と感じた人は多いのではないでしょうか。でも，その感覚こそ「あやしい（不確かな）」ものなのです。確かにここまで参加のタイミングが一致している場合，「何かある」と考えるのは無理もないことなのですが，この結果だけで2人の関係について判断するのは早計です。

　ここで，もう1人のサークルメンバーについても見てみることにしましょう。

	交流会									
	1	2	3	4	5	6	7	8	9	10
A男	○	×	×	○	○	×	○	○	×	○
B子	○	×	×	○	○	×	○	×	×	○
C美	○	×	×	○	○	×	○	×	×	○

○＝参加，×＝不参加

　おや，C美の参加パターンはB子と完全に一致していますね。これはどういうことでしょうか。

　実は，C美は以前からA男のことが好きで，少しでもA男と親しくなりたくてA男が参加する回を狙って交流会に参加していたのでした。ただ，1人では心細いので，自分が参加するときはいつも仲良しのB子についてきてもらっていたというわけです。実際のところ，B子はA男のことをよく知らず，またB子はもともと飲み会が好きではないので，C美に誘われない限り交流会には参加しません。

　というわけで，一見するとあやしい関係があるかのように見えたA男とB子の参加・不参加のパターンですが，実際に関連があったのはA男とC美の参加状況で，この場合のA男とB子の関係は「見せかけ」にすぎなかったのです。

　これは作り話ですし，疑似相関を説明するためにちょっとこじつけがすぎたかもしれません。普通，こうした状況なら，飲み会の場や普段の言動でC美がA男に気があることなんて多分丸わかりでしょうし。でもデータ分析では，手元にあるのは数字だけということも多いですし，「その場の雰囲気」なんてわかりませんから，こうした関係が本物か見せかけかを判断するのはなかなか難しいのです。そして結局，最後にものをいうのは分析者の論理的思考能力だったり，常識的判断だったりするのです。

回帰

3.1節 相関と回帰

次の質問に答える場面を想像してみましょう。

目の前に小学 5 年生男児が 1 人います。小 5 男児の平均身長は 145 cm，標準偏差は 7 cm です。この児童の身長は何 cm でしょうか？

この子の身長は何cm？

　なんとも大雑把な質問ですが，統計法の考え方を用いれば，この場合の「最も無難な答え」は 145 cm です。なぜなら，145 cm という平均値は小 5 男児の身長を代表する値（代表値）だからです。

　さて，ここに父親（40 代）がこの男児を迎えにやってきました。40 代男性の平均身長は 171 cm，標準偏差は 5 cm ですが，この父親は 181 cm と高身長です。さらに，小 5 男児と父親の身長の相関係数が仮に 0.8 であることがわかっていたとしましょう。さて，これでもこの子の身長は 145 cm だと答えるのが無難といえるでしょうか。おそらく多くの人はそう思わないでしょう。この男児の身長は「145 cm より高い」と考えるはずです。

男児の父親　　40代男性の平均身長

小5男児の平均身長は145cm
父親は高身長（181cm）
父と子の身長の相関係数は0.8

　では，なぜこのような判断ができるのでしょうか。それは，男児の身長と父親の身長に「強い正の相関」があるからです。父と子の身長の間に 0.8 の相関があるということは，父親が高身長ならその子供も高身長である可能性が高いということです。ただ，強い相関があるということだけでは，実際に男児の身長がどれくらいかということまではわかりません。男児の身長をより具体的に推測するためには，一方の変数値からもう一方の

変数値を知ることができるような形で変数間の関係が記述されている必要
があります。

　たとえば，父親と男児の身長の関係が仮に「小5男児の身長は父親の
身長の約0.85倍である」という形で記述されていたとしましょう。その
場合，父親が181 cmなら男児は

$$181 \times 0.85 = 153.85 \, \text{cm}$$

というようにして，男児の身長をかなり具体的に計算することができます。
このように，一方の値（男児の身長）を別の値（父親の身長）で説明する
形にすることを回帰といいます。

　第2章でとりあげた相関係数と同じく，回帰も変数間の関係を記述す
る方法の1つです。回帰を使えば複数の変数間にある関係を分析するこ
とも可能ですが[*1]，本章ではその最も基本的な形について見ていきます。

ポイント

☞ ある変数の値を他の変数の値で**説明する**形で記述することを回帰と
いう

3.2節 ┃ 回帰式と最小2乗法

A. 回帰式

　先ほどの父親と男児の身長の例について，そのデータ例を散布図で表し
てみましょう。父親の身長と小5男児の身長に0.8の正の相関がある場合，
その散布図はだいたい**図3-1a**のような感じになります。この図の全体的
な「右上がりの傾向」をごく単純化して示すとすると，その中央を通るよ
うな**直線**で表すことになるでしょう。それを示したのが**図3-1b**です。

　すると，これは直線なわけですから，この関係は中学の数学に出てきた

---

*1　ある変数を複数の他の変数で説明する形にして変数間の影響関係を吟味する手法は回帰分
析とよばれます。

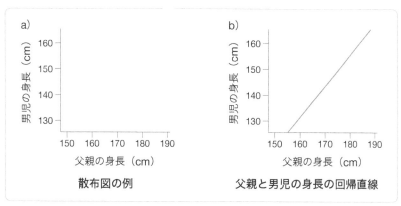

図3-1　父親の身長と男児の身長の散布図（a）とその関係の図示（b）

$y = ax + b$ という「直線の式」として表すことができます。ここでは「男児の身長」が y に，「父親の身長」が x に相当しますので，これらを式にあてはめると次のようになります。

$$男児の身長 = a \times 父親の身長 + b$$

　このように，父親と男児の身長に相関関係がある場合には，「男児の身長（y）は父親の身長（x）の a 倍に b を足したものになる」という形で記述できるわけです。そして男児と父親の身長の関係を記述したこの式，つまり男児の身長（y）を父親の身長（x）で説明した式を回帰式とよびます。また，回帰式によって示される直線を回帰直線とよびます。

　回帰式の左辺にある変数（男児の身長 y）は，この式で算出する**目的**となるものであることから目的変数とよばれ，式の右辺にある変数（父親の身長 x）は，男児の身長（y）を**説明**するために使用されているために説明変数とよばれます[2]。また，直線の式（$y = ax + b$）の「傾き」に相当する a の部分は，男児の身長（y）に対する父親の身長（x）の影響の強さを表しており，これは回帰係数とよばれます。直線の式の「切片」に相当する b の部分は回帰式でも切片とよばれます。

---

*2　「目的変数」は「基準変数」とよばれることもあります。また，回帰式の各変数のよび方には実にさまざまなものがあり，「目的変数（y）・説明変数（x）」というよび方のほかに，「結果変数（y）・予測変数（x）」，「従属変数（y）・独立変数（x）」といったよび方が用いられることもあります。

B. 最小2乗法

　このままではまだ，この回帰式で変数間の関係を記述したことになりません。なぜなら，回帰係数（a）や切片（b）の値が決まっていないからです。では，これらの値はどうやって求めたらよいのでしょうか。

　これが中学の数学の問題であれば話は単純です。なぜなら，「2点を通る直線の傾きと切片を求めよ」という問題では，その2つの点は必ず直線上にあり，それらの点の座標を用いて簡単に傾きや切片の値を求めることができるからです（**図 3-2 a**）。しかし，例題のような場合，回帰直線のもとになる点の数は2つどころではありません。しかも相関係数が 1.0 か -1.0 かでもない限り，すべての点がぴったり直線上に並ぶこともありません（**図 3-2 b**）。

　回帰係数（a）や切片（b）の求め方について考えるために，もう一度先ほどの身長の例を使うことにしましょう。まず，図 3-1b に示した回帰直線から，父親の身長が 181 cm の場合に男児の身長がどれくらいになるのかをみてみます。散布図で父親の身長が 181 cm のところに垂直に線を引き，その縦線と回帰直線の交わる高さがこの回帰直線が示す男児の身長です（**図 3-3**）。

　見た目から判断すると，男児の身長の予測値は 156 cm から 157 cm の間ぐらいというところでしょうか。ただ，この散布図には，父親の身長

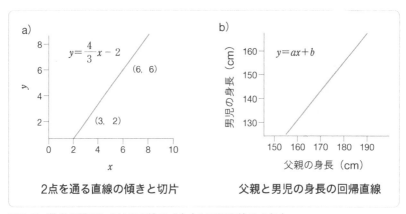

図3-2　数学の問題における直線の式（a）と回帰直線の式（b）

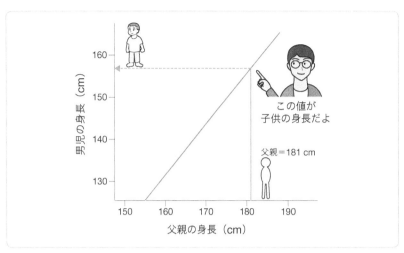

図3-3　父親の身長が181cmの場合の男児の身長

が181cm付近の点（測定値）がいくつかありますが，どの点も直線にぴったり重なっているわけではありません。また，そのずれ幅もすべての点でばらばらです。

　要するに，この「男児の身長＝a×父親の身長＋b」という回帰式で説明される男児の身長は，あくまでも男児の身長の「予測値」であって，実際の身長ではないのです。つまり，先ほどの式は厳密には次のようになります。

$$男児の身長の予測値 = a \times 父親の身長 + b$$

　そして，この式によって示される予測値と実際の値の間には，測定値ごとに大なり小なりのずれがあるのです。このような回帰直線と各測定値とのずれは，「回帰式で説明しきれない残りの部分」ということから残差あるいは誤差とよばれています。そして，この残差も考慮に入れて男児の実際の身長（実測値）を父親の身長から説明しようとする場合，その式は次のようになります。

$$男児の身長の実測値 = 男児の身長の予測値 + 残差$$
$$= a \times 父親の身長 + b + 残差$$

つまり，男児の身長の実際の値は，「a ×父親の身長＋b」という回帰式による予測値に残差を加えたものとして表せるのです。そして，この式で男児の身長をできるだけうまく説明できるようにしたければ，回帰式による予測値と実測値の差（残差）ができるだけ小さくなるように回帰係数（a）や切片（b）の値を求めればよいのです。

　ここで，残差について考えやすいように，先ほどの式を残差を中心に書き直してみましょう。

残差 ＝ 男児の身長の実測値 － 男児の身長の予測値

　この残差の値は男児の身長の実測値（測定値）ごとに存在しますので，100 人分の男児の身長の測定値があれば，残差の値も 100 人分あることになります。では，それらの残差を 1 つにまとめるにはどのような方法を用いればよいでしょうか。おそらく真っ先に頭に浮かぶのが**合計値**あるいは**平均値**でしょう。ただ，残念ながら残差にはプラスの場合とマイナスの場合が両方含まれているため，これを単純に合計しようとすると，偏差の合計が 0 になってしまうのと同様の問題が起こります。

　そこで，分散（偏差 2 乗の平均値）と同様の方法をとることにします。つまり，残差を 2 乗してマイナスの値をなくし，そのうえで合計するのです。そして，その「残差 2 乗の合計」が最小となるような回帰係数（a）と切片（b）の値を求めれば，残差が小さな回帰式を作ることができます。このような方法は，「残差 2 乗の合計が最小になる係数」を算出することから，最小 2 乗法とよばれています。

　最小 2 乗法の具体的な計算方法は複雑になるのでここでは省略しますが，この考え方に沿って求められる回帰係数と切片の値は，変数（x と y）の間の相関係数，両変数の平均値と標準偏差を用いて次のように表せることがわかっています。

> Word　回帰係数と切片
>
> 回帰係数（a）＝ x と y の相関係数 $\times \dfrac{y\text{の標準偏差}}{x\text{の標準偏差}}$
>
> 切片（b）＝ y の平均値 － 回帰係数 × x の平均値

この式を使って，男児の身長を父親の身長で説明する回帰式の係数を求めてみましょう。まず，父親と男児の身長の相関係数は 0.8 でした。それから，父親の身長の平均値は 171 cm で標準偏差は 5 cm，男児の身長の平均値は 145 cm，標準偏差は 7 cm なので，回帰係数と切片はそれぞれ次のようになります。

$$\text{回帰係数} = \text{身長の相関係数} \times \frac{\text{男児の身長の標準偏差}}{\text{父親の身長の標準偏差}}$$

$$= 0.8 \times \frac{7}{5} = 0.8 \times 1.4 = 1.12$$

$$\text{切片} = \text{男児の身長の平均値} - \text{回帰係数} \times \text{父親の身長の平均値}$$
$$= 145 - 1.12 \times 171 = 145 - 191.52 = -46.52$$

したがって，回帰式は次の通りとなります。

$$\text{男児の身長} = 1.12 \times \text{父親の身長} - 46.52$$

3.3節 ┃ 回帰係数と切片

回帰式の係数と切片が無事求まったところで，これらの値が具体的に何を意味しているのかについても見ておくことにしましょう。

A. 回帰係数

まず，**回帰係数**についてですが，これは男児の身長に対する父親の身長の影響力の「大きさ」と「方向」を示す値です。より具体的には，「父親の身長が 1 単位分変化した場合に男児の身長がどれだけ変化するか」を表しています。先ほどの回帰式では回帰係数は 1.12 でしたので，「父親の身長が 1 cm 高くなるにつれて男児の身長の予測値が 1.12 cm ずつ高くなる」ということになります。たとえば，父親の身長が 171 cm の場合，男児の身長の予測値は

$$1.12 \times 171 - 46.52 = 145 \text{ cm}$$

父親の身長が 172 cm の場合，男児の身長の予測値は

$$1.12 \times 172 - 46.52 = 146.12 \text{ cm}$$

となって，後者の男児の方が 1.12 cm 背が高いと予測されるわけです。

なお，この例では父親の身長と男児の身長の間には「正の相関」があり，回帰係数がプラスの値になりましたが，2 つの変数間の関係が「負の相関」の場合には，回帰係数はマイナスの値になります。その場合，説明変数の値が増加するほど目的変数の値は減少することになります。

B. 切片

切片は「説明変数の値が 0 の場合の目的変数の値」というのが式のうえでの意味となります。父親の身長が 0 cm というのは現実にはありえないことですが，仮にありえたとすると，その際の男児の身長は -46.52 cm（この値も現実にはありえませんが）だということです。なお，このように切片がマイナスの値や現実にはありえない値になるからといって，計算が間違っているというわけではありません。結局のところ，この切片の値は予測値を調整する役目をもつことがほとんどだからです。

たとえば，回帰係数が 1.12 の場合，切片がなければ男児の身長は単純に父親の身長の 1.12 倍ということになり，小 5 男児の方が父親よりも常に身長が高いという，おかしなことになってしまいます。そこで，切片の値を使って男児の身長を実際の値の範囲に引き下げるわけです。

回帰によって示される 2 変数間の関係はどの程度確かなものなのでしょうか。相関係数の場合，その絶対値がどれくらい大きいかを見れば，2 変数間の関係がどれだけ強いかを知ることができます。しかし，回帰係数の絶対値は関係の確からしさを示すものではなく，説明変数の変化が目的変数の変化に与える影響力を示すものなので，回帰式を見ただけではそれがどの程度うまく目的変数を説明できているのか（実際のデータがどの程度回帰直線の近くに集まっているのか）を知ることはできません（**図 3-4**）。

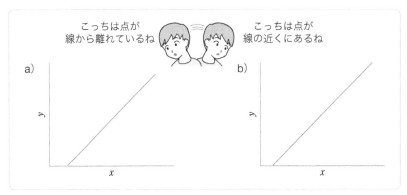

図3-4　aとbの散布図では，回帰式は同じでも残差の幅が大きく異なる

A. 重相関係数

それを確かめるための方法の1つは，回帰式による予測値と実測値の間の「一致度」を見ることです。そしてそのための指標に重相関係数（R）があります。重相関係数は，「回帰式による予測値と目的変数の実測値の相関係数」です。予測値と実測値が逆の傾向になることは通常考えられませんので，重相関係数にマイナスの値はなく，その範囲は「0〜1」です。重相関係数の値が1に近いほど予測値と実測値の一致度が高く，説明変数で目的変数をうまく説明できているということになります。

なお，説明変数が1種類しかない回帰[*3]では，重相関係数は説明変数と目的変数の間の相関係数の絶対値と同じ値になります。

B. 決定係数

回帰による説明の精度を見るためのもう1つの方法は，決定係数（R^2）とよばれる指標を用いることです[*4]。決定係数には複数の算出方法がありますが，一般的には次の式によって求められます。

＊3　このような場合をとくに単回帰とよぶことがあります。
＊4　決定係数は R^2 と表記されること，そして一般に重相関係数（R）の2乗は決定係数に一致することから，「決定係数は重相関係数を2乗したものである」と説明されることも多いのですが，必ずしもそういうわけではありません。決定係数の定義によっては，この2つが一致しない場合もあります。

決定係数 R^2

$$R^2 = \frac{\text{予測値の分散}}{\text{目的変数の分散}}$$

決定係数も「0〜1」の値をとり，この値が1に近いほど回帰式が目的変数をうまく説明できていることを示します。この式からわかるように，決定係数の値は回帰式による予測値の分散と目的変数の実測値の分散の比として求められるので，決定係数の値は「目的変数の分散の何パーセントを回帰式で説明できるか」と解釈することができます。たとえば，決定係数が0.5だったとすると，その回帰式では目的変数の分散のうち50%を説明できていると解釈できるのです。

3.5節 補間と補外

回帰式によって2変数間の関係が記述されていれば，説明変数に関して新たな測定値が得られたとき，その測定値に対応する目的変数の値を大まかに予測することも可能になります。

たとえば，**図3-5**のようなデータがあったとしましょう。このデータには5つの点（測定値）しかありませんが，これらのデータをもとに変数 x と y の関係を $y = 0.42 \times x + 1.38$ という回帰式で記述できたとすれば，たとえば x の値が20の場合には y の値はどれくらいになるのかとか，x の値が12の場合はどうかとか，さまざまな x の値についての予測

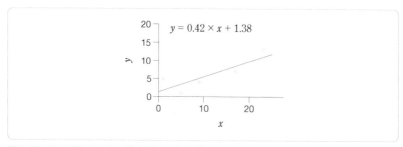

図3-5　サンプルデータの散布図と回帰直線

が可能になります。

　「相関」と「回帰」はどちらも変数間の関係を記述する方法ですが，相関が「関係の向きと強さを**値**で表す」のに対し，回帰は「関係そのものを**式**で表す」という点で異なっています。関係を式として記述することの強みは，このように未知の値についての予測が可能になるというところにあります。このとき，説明変数の「新たな値」が元の説明変数の「範囲内」にある場合を補間（内挿），「範囲外」にある場合を補外（外挿）とよびます。

　回帰式に十分な精度があれば，補間についてはほとんどの場合で妥当な予測値を得ることができます（**図3-6a**）。しかし，補外の場合は注意が必要です。なぜなら，元の説明変数の範囲外においても変数間の関係が同じであるという保証がないからです。もしかしたら，説明変数がある値以上の場合に目的変数の増加が頭打ちになったり，あるいは減少に転じたりするかもしれません（**図3-6b**）。こうしたことから，補外についてはできるだけ避けることが望ましいでしょう。とくに元のデータ範囲を大幅に超えるような補外は好ましくありません。

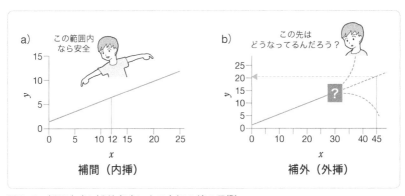

図3-6　補間（a）と補外（b）による未知の値の予測

項目	説明
回帰	ある変数を別の変数から説明する形で記述すること。
回帰式・回帰直線	変数間の関係を式の形で示したものが回帰式，その式で表される直線が回帰直線。
目的変数・説明変数	回帰式の左辺の変数（説明**される**側の変数）が目的変数，式の右辺に置かれ，説明式の一部として用いられる変数（説明**する**側の変数）が説明変数。
回帰係数	**目的変数**に対する**説明変数**の影響力を示す値。
残差	回帰式による目的変数の予測値と実測値のずれ。
最小2乗法	予測値と実測値の「残差2乗の合計が最小」となるように回帰式の係数や切片を決定する手法。
重相関係数 R	回帰式の精度に関する指標の1つ。回帰式による予測値と実測値の間の相関係数。
決定係数 R^2	回帰式の精度に関する指標の1つ。目的変数の分散全体のうち，回帰式で説明される割合。

練習問題

1. 第2章の練習問題と同じデータを用いて回帰式を作成してみましょう。

このデータは，大学生5名を対象に自己受容度の高さと他者への許容度を測定した結果です（各5点～20点満点）。なお，2変数間のピアソンの積率相関係数は0.75です。

	学生					平均値	標準偏差
	1	2	3	4	5		
自己受容度	14	12	8	10	16	12	2.83
他者許容度	15	18	12	16	19	16	2.45

※以下の問では結果の数値は小数点以下3桁目を四捨五入して2桁目までを示してください。計算途中は小数点以下4桁目までを使用し，そ

れ以下は切り捨ててかまいません。

1-1. 自己受容度を説明変数，他者への許容度を目的変数とする回帰式を
作成してください。

1-2. その回帰式の重相関係数，決定係数を算出してください。

1-3. 以下の記述のうち，回帰結果の解釈として適切なものを1つ選んで
ください。

　ア．自己受容度得点が1点高くなると，他者許容度得点は0.65点高く
　　　なる。

　イ．自己受容度得点の実測値と予測値の相関は0.56である。

　ウ．自己受容度得点から，他者許容度得点の75%が説明可能である。

　エ．自己受容度得点の予測値は，実測値よりも平均して8.2点低い。

 Column　ニワトリとタマゴ

　ニワトリはタマゴを産むが，タマゴはニワトリから産まれるものである。では，
この世に現れたのはタマゴとニワトリのどちらが先なのだろうか？　この「ニワ
トリが先か，タマゴが先か」という問題は，循環的な因果関係の例としてよく持
ち出されるものです。

　因果関係というのは原因と結果の関係のことで，結果は原因によって引き起こ
されるのですから，原因は結果よりも先に存在するはずです。しかしこの例では，
ニワトリ（原因）がタマゴ（結果）を産み，そのタマゴ（原因）からニワトリ
（結果）が産まれ……というように，原因と結果が互いに入れ替わりながら関係
が続くため，どちらが先かということを簡単には判断できません。

　このような関係は，心理学の研究でもしばしば遭遇します。たとえば，抑うつ
とネガティブ感情（否定的な感情）の関係がそうです。抑うつが強くなるとネガ
ティブな感情を経験することも多くなるでしょう。それと同時に，ネガティブ感
情の経験が増えることで抑うつが強まるということもあるはずです。つまり，抑
うつとネガティブ感情の間で原因と結果が循環していることになるわけです。

　そして，統計でこうした循環的な関係を扱う場合は注意が必要です。たとえば，
抑うつの強さを目的変数，ネガティブ感情を説明変数として回帰を行い，十分な
結果が得られたとしましょう。すると，ネガティブ感情（原因）が抑うつ（結
果）に影響するという関係にばかり注意がいってしまい，もう一方の関係（抑う
つがネガティブ感情に影響する）もあることをつい忘れてしまいがちになるので

す。もちろん，これは統計法の問題ではなくて人間の問題なわけですが，注意が必要だということには変わりありません。

　ところで，回帰では「xがこれだけ大きくなるとyはこれだけ大きくなる」という，x（原因）からy（結果）への影響関係を示せることから，**回帰は因果関係を示す**などといわれることもあります。おそらくこれは「相関関係とは違う」ということを強調したいのでしょうが，でもこの表現は少しばかり誤解を生むものでもあります。なぜなら，ここでいう「因果関係」というのは，単に「一方向の影響関係」のことであって，必ずしも一般的な意味での因果関係ではないからです。

　たとえば「アイスクリームの販売量」と「気温の上昇」に強い相関があったとします。そして，「気温が1℃高くなるごとにアイスの販売量はどれくらい変化するのか」を知りたい場合には回帰が役立ちます。この場合，回帰式の目的変数がアイスの販売量，説明変数は気温ですね。

$$\text{アイスの販売量} = a \times \text{気温} + b$$

　そして「気温が上昇するとアイスの販売量が増える」という結果だったとしましょう。この場合は確かに，気温（原因）とアイスの販売量（結果）の間の因果関係が示されたといってよいかもしれません。

　でも，たとえばある月の気温を紛失してしまったとします。幸いなことに，アイスの販売量についてはちゃんと記録がありましたので，アイスの販売量から気温を計算してごまかすことにしました。これは統計の偽装なわけですが，倫理的な問題は別として，このような場合にも回帰の出番です。この場合，気温と販売量の両方の記録が揃っている月のデータを用い，気温を目的変数，アイスの販売量を説明変数とする回帰式を作成します。そしてその式に気温を紛失した月のアイス販売量をあてはめて気温を算出すれば偽装完了です。

$$\text{気温} = a \times \text{アイスの販売量} + b$$

　ただ，この場合に十分な精度のある回帰式ができたからといって，これによって「アイスの販売量が増える（原因）と気温が上がる（結果）」という因果関係が示されるわけではありませんよね。これはあくまでも，アイスの販売量と気温の関係を利用して，一方の変数（アイスの販売量）からもう一方（気温）の値を得ているにすぎないわけですから。なので，必ずしも「回帰＝因果関係」ではないのです。くれぐれも，この回帰式から「アイスクリームは食べるな！　じゃないと夏がますます暑くなるぞ！」とか，おかしな主張をしないようにしなければなりません。

第4章 確率

　ここまでは記述統計について見てきました。収集したデータの特徴やデータ間の関係を簡潔に要約して記述することはとても重要なことですが，それだけでは十分とはいえません。たとえば，ある心理学的特性について男女の違いを調べたいとしましょう。しかし，世界中あるいは日本国内の男女全員からデータを集めることは到底不可能です。実際には，数千人あるいは数百人といった，より少数の人々からしかデータを得られません。

　その場合，記述統計で示すことができるのは，その数千人，数百人のデータにおける特徴や関係であって，男女全体の一般的特徴や関係ではありません。でも，それでは困ります。それら少数の人々についてしか明らかにできないのであれば，いつまでたっても男女全体，人間全体のことがわからないからです。そこで重要となってくるのが，より小規模なデータから集団全体の特徴を推測可能にする推測統計とよばれる統計です。

　この推測統計の手法には確率の考え方が深く関係しています。一部のデータから全体像を推測するということは，わずかに残る歴史資料から当時の様子を知ろうとするのに似ており，そこにはどうしても不確かさがつきまといます。そしてそうした不確かさを扱ううえで，確率の概念は切っても切り離せないものなのです。そこで，推測統計についての話に入る前に，本章でまず確率の基本的な考え方について見ておきたいと思います。

4.1節 ┃ 確率とは何か

　「確率」とは何なのでしょうか。**確率**と**統計**は何が違うのでしょうか。

　確率とは，ある出来事がさまざまな形で生じうるとき，そのうちの1つあるいは複数の生じる割合が，すべての可能性のうちのどれくらいを占めるかということを数値で示したものです。たとえば，サイコロは通常6つの面で構成されており，その目は1~6の6種類です。そしてすべての目の生じやすさが等しいならば，サイコロを投げたときに1の目が出る

という出来事が生じる割合は，6種類のうちの1種類なので1/6と表せます。

　この1/6というのが確率です。「ある可能性（1の目）」の生じる程度が「すべての可能性（6種類の目）」に占める割合を数値で表したものが確率なのです（**図4-1**）。そのため，確率は常に「0〜1」の範囲の値をとります。

図4-1　「ある可能性」と「すべての可能性」の割合（比率）が確率

　なお，「サイコロで1の目が出る確率は1/6である」というとき，この1/6という数字は「理論上の割合」を示すものであって，サイコロを6回振ればそのうち1回で必ず1が出るということではありません。

　これに対し，「サイコロを6回振ったらそのうち2回で1が出た」というように，確率的な出来事が「実際に起きた結果」を扱うのが**統計**です（**図4-2**）。さらに，「6回中2回で1が出た」という事実を記述するのが**記述統計**，その結果をもとに「このサイコロで1が出る確率は実際のところいくつなのだろうか」，「本当に1/6の確率なのだろうか」といったことを扱うのが，5章でとりあげる推測統計ということになります。

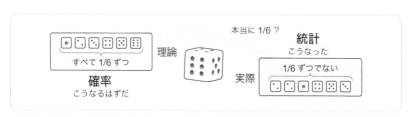

図4-2　確率（理論）と統計（実際）の関係

A. 大数の法則

　さて，「サイコロで 1 の目が出る確率は 1/6」というのが理論上の話で，実際の結果（統計）が必ずしも 1/6 になるわけではないなら，この 1/6 という確率が正しいかどうかはどう確かめればよいのでしょうか。

　難しいことは抜きにして，とりあえずサイコロを振ってみましょう。サイコロを振ったとき，1 の目が出る割合はいくつになるでしょうか……⚅。結果は 6 でした。1 の目の割合は 0/1 ＝ 0 になりましたが，さすがに 1 回だけ振ってぴったり 1/6 になるということはありえません。1/6 ということは 6 回に 1 回ということですから，最低でも 6 回は振る必要があります。そこで，あともう 5 回振ってみることにします。

1 回目 ｜ 2 回目　3 回目　4 回目　5 回目　6 回目
⚅　　　　⚁　　　⚂　　　⚃　　　⚄　　　⚄

　それでも 1 の目は出ませんでした。1 の目の割合は 0/6 ＝ 0 です。試しにあともう 6 回振ってみることにしましょう。

7 回目　　8 回目　　9 回目　　10 回目　11 回目　12 回目
⚅　　　　⚁　　　　⚄　　　　⚃　　　　⚅　　　　⚁

　まだ 1 の目が出ません。1 の目の割合は 0/12 ＝ 0 で依然として 0 のままです。もしかして，このサイコロには 1 が出ないような細工でもしてあるのでしょうか。こうなったら，思い切って 1000 回振ってみることにしましょう。サイコロを全部で 1000 回振り，1 回振るたびにそこまでの 1 の目の割合を計算した結果を図示したものが**図 4-3** です。図の中では 1/6 の位置を赤線で示してあります。

　図 4-3 を見ると，最初のうちは線がギザギザと大きく上下しているのに対し，500 回目ごろからは 1/6 のあたりをほとんど変化せずに推移しています。このように，確率的な出来事を繰り返したとき，「繰り返す数が多くなるほどその結果が理論上の値に近づく」ことを大数の法則とよびます。つまり，理論的な確率は，その出来事を無数に繰り返した場合の結果に一致するのです。

図4-3　サイコロを1000回振ったときの1の目の割合

B. 確率変数

　サイコロの目は6通りあり，次にどの目が出るかは実際にサイコロを振ってみるまでわかりません。このように，理論上では複数通りの可能性があり，実際に測定してみるまでその値が不確定であるもののことを確率変数とよびます。確率変数には，サイコロ以外にもさまざまなものが相当します。たとえば，次の例を考えてみましょう。

> ある高校で，3年生のクラスから男子生徒1人を選んで体重を測定することにしました。さて，その結果は何kgになるでしょうか？

　第3章の冒頭の例がそうだったように，もし18歳男子の平均体重が約62kgであることがわかっていれば，この質問には62kgぐらいと答えることになるでしょう。ただ，62kgぐらいである「可能性が高い」とはいえても，「実際の値」は測定してみないことにはわかりません。したがって，この場合の体重の測定値も確率変数ということになります。

　なお，サイコロの場合には出る目のパターンは「1，2，3，4，5，6」の6つだけで，「1.5」や「4.75」といった中間の値は存在しません。このサイコロの目のように，確率変数のとりうる値に中間点が存在しないものは離散型確率変数とよばれます。これに対し，体重の場合には，仮に

50 kg から 60 kg の間に限定したとしても，52 kg，57.2 kg，59.85 kg …と中間の値が無数に存在します。このように中間点が無数に存在する確率変数は連続型確率変数とよばれます。

C. 期待値

　確率変数の実際の値は測定してみるまでわかりませんが，「おそらくこれくらい」という形でなら測定前でも答えることができます。その際，確率的にみて最も無難な回答方法は，どんな結果の場合にもできるだけずれが小さくなるような値を選んで回答しておくことです。

　そのような値のことを期待値とよびます。期待値は，その確率変数がとりうる値とその確率の積を合計して求められます。たとえばサイコロの例でいうと，サイコロの目という確率変数がとりうる値は 1，2，3，4，5，6 の 6 種類で，それぞれ確率は 1/6 ずつですので，期待値の値は次のようになります。

$$期待値 = 1 \times \frac{1}{6} + 2 \times \frac{1}{6} + 3 \times \frac{1}{6} + 4 \times \frac{1}{6} + 5 \times \frac{1}{6} + 6 \times \frac{1}{6}$$

$$= \frac{1}{6}(1 + 2 + 3 + 4 + 5 + 6) = 3.5$$

　なお，仮にこのサイコロに 4 の目がなく，代わりに 1 の目が 2 つあったとすると，そのサイコロを振ったときに出る目の期待値は次のようになります。

$$期待値 = 1 \times \frac{1}{6} + 1 \times \frac{1}{6} + 2 \times \frac{1}{6} + 3 \times \frac{1}{6} + 5 \times \frac{1}{6} + 6 \times \frac{1}{6}$$

$$= \frac{1}{6}(1 + 1 + 2 + 3 + 5 + 6) = 3$$

　どちらの場合も，サイコロの目（確率変数）の期待値は，その確率変数がとりうる値の**平均値**と同じになりました。実は確率変数の期待値は，その確率変数の平均値なのです[1]。

　ところで，サイコロの目のような離散型確率変数であれば，それぞれの

---

*1　より厳密には，期待値はそれぞれの値に**確率で重みづけをして求めた平均値**です。

目が何回出たかを数え，確率を求めることができます。しかし，体重のような連続型確率変数の場合はそう単純にはいきません。連続型確率変数には中間の値が「無数」に存在するため，「それぞれの場合」というのをすべて数え上げることができないからです。その場合の計算手順については本書では触れませんが，先ほどの体重の例で「最も無難な答え」として平均値を用いたように，連続型確率変数であっても確率変数の平均値が期待値なのは同じです。

ポイント

- すべての可能性の中でのある可能性の割合が確率
- 理論上の割合を扱うのが確率，実現した結果を扱うのが統計
- 確率的な出来事を無数に繰り返すと，得られる結果は理論上の割合に近づく（大数の法則）
- 測ってみるまで実際の値がわからないのが確率変数
- 確率変数の結果として確率的（理論的）に見込まれる値が期待値
- 確率変数の期待値は確率変数がとりうる値の平均値

4.2節 ‖ 確率分布

　サイコロを 2 つ投げたときに，出る目の合計とその確率はどうなるでしょうか。1 つ目のサイコロ（サイコロ 1）の目を列，2 つ目（サイコロ 2）の目を行におくと，それぞれの場合の目の合計は**表 4-1** のようになります。ここから，各合計値の生じる確率は**表 4-2** の通りとなります。

　この表 4-2 のように，確率変数がとりうるすべての値について確率を示したものを確率分布とよびます。確率分布は**図 4-4** のように示すこともできます。推測統計においては，この確率分布が非常に重要な役割を担っています。なぜなら，ある確率変数がどのような確率分布をもっているのかということがわかれば，少数のデータからでも全体像を簡単に推測できるようになるからです。そこで，代表的な確率分布のいくつかについて，ここで簡単に見ておくことにしたいと思います。

表4-1　サイコロの目の全組み合わせと目の合計

サイコロ2	サイコロ1					
	1	2	3	4	5	6
1	2	3	4	5	6	7
2	3	4	5	6	7	8
3	4	5	6	7	8	9
4	5	6	7	8	9	10
5	6	7	8	9	10	11
6	7	8	9	10	11	12

表4-2　サイコロの目の合計の出現確率

目の合計	2	3	4	5	6	7	8	9	10	11	12
出現確率	$\frac{1}{36}$	$\frac{2}{36}$	$\frac{3}{36}$	$\frac{4}{36}$	$\frac{5}{36}$	$\frac{6}{36}$	$\frac{5}{36}$	$\frac{4}{36}$	$\frac{3}{36}$	$\frac{2}{36}$	$\frac{1}{36}$

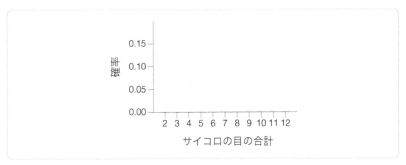

図4-4　サイコロ2個の目の合計についての確率分布

A. 二項分布

次の問題を考えてみてください。

> ここに1枚のコインがあり，そのコインを投げたときに表が出る確率と裏が出る確率は1/2ずつであるとします。このコインを2回繰り返して投げた時，表が0回である確率，1回である確率，2回である確率はそれぞれいくつになるでしょうか？

コインを2回投げた時の結果としてありうるのは，「表・表」，「表・裏」，

「裏・表」，「裏・裏」の４通りですから，表が０回の確率は$1/4 = 0.25$，１回の確率は$2/4 = 0.5$，２回の確率は$1/4 = 0.25$となります。

　では，同じコインを３回投げたときに表の回数が０回，１回，２回，３回である確率はそれぞれいくつになるでしょうか。表と裏がわかりやすいように，表を１，裏を０として結果の組み合わせを表にまとめたものが**表4-3**です。

表4-3　コインを３回投げたときの結果の組み合わせ

1投目	1	0	1	0	1	0	1	0
2投目	1	1	0	0	1	1	0	0
3投目	1	1	1	1	0	0	0	0
表の数	3	2	2	1	2	1	1	0

　コインを３回投げたときの結果の組み合わせは全部で８通り（2^3通り）あり，そのうち表が０回になる確率は$1/8 = 0.125$，１回は$3/8 = 0.375$，２回は$3/8 = 0.375$，３回は$1/8 = 0.125$となります。

　では，コインを10回投げたときや50回，100回投げたとき，表の回数が１回，２回，３回……となる確率はどうでしょうか。さすがにこれについてはすべての組み合わせを書き出すようなことはしませんが，このようにして「コインをn回投げたときに表の回数がx回になる場合」の確率を計算した結果を図に示すと，**図4-5**のようになります。

　図4-5から，コインを投げる回数（n）が多くなるほど確率分布のグラフが右側に移動していくのがわかりますね。また，どの確率分布のグラフ

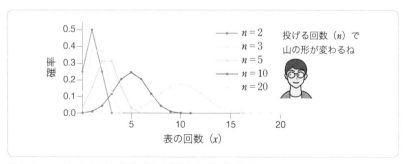

図4-5　n回のコイン投げで表がx回になる確率の分布

でも確率が最大（ピーク）になるのは表の回数がコインを投げる回数（n）の半分，つまり「回数×表の確率（1/2）」の場合です。

この場合の「コイン投げ1回分」のことを**試行**とよびますが，このように「2種類（表か裏かのいずれか）の結果しかない試行[*2]」をn回繰り返したときに「表の回数がxになる場合」の確率分布を**二項分布**といいます[*3]。そしてここで見たように，二項分布の形は「試行回数（n）」によって変化します。

今度は別のコインを使うことにしましょう。これから投げるコインは表の出方が異なるように細工がしてあります。表の出る確率（p）が1/3，1/5，1/10，1/20である場合，このコインをそれぞれ$n = 50$回投げて表がx回出る確率はどのようになるでしょうか。それぞれのコインにおける確率分布を通常のコイン（$p = 1/2$）の確率分布と合わせて示したのが**図4-6**です。

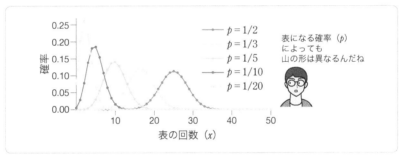

図4-6　表の出る確率（p）が異なるコインで表がx回出る確率の分布

今度は，表の出る確率（p）が小さくなるほど，グラフが全体に左側に寄っていくのがわかります。このように，二項分布の形はコインを投げる回数（n）だけでなく「1試行あたりの表が出る確率（p）」によっても変化するのです。

---

*2　コイン投げのように，2種類のうちのいずれかの結果にしかならない試行のことをベルヌーイ試行といいます。
*3　サイコロの目（全部で6通り）のように1試行あたりの結果のパターンが2を超える場合の確率分布は多項分布とよばれます。

この,「表の確率(成功確率)が p のコインを n 回投げたときに表が x 回出る確率」は次の式によって求められます[*4]。

> **Word** 成功確率 p の二項分布で対象事象が n 試行中 x 回生じる確率
>
> ある事象が n 回中 x 回生じる確率 ＝ n 回中 x 回の場合の組み合わせ数
> $$\times 成功確率^x \times (1-成功確率)^{(n-x)}$$
>
> -
>
> n 回中 x 回生じる場合の組み合わせ数 ＝ $\dfrac{n!}{x! \times (n-x)!}$

たとえば,表の確率が $1/2$ のコインを $n=5$ 回投げてそのうち $x=3$ 回が表になる組み合わせの数は,次のように求められます。

$$5回中3回が表の組み合わせ = \frac{5!}{3! \times (5-3)!} = \frac{5 \times 4 \times 3 \times 2 \times 1}{(3 \times 2 \times 1) \times (2 \times 1)}$$

$$= \frac{120}{6 \times 2} = 10$$

$$5回中3回が表の確率 = 10 \times 0.5^3 \times (1-0.5)^{(5-3)}$$

$$= 10 \times 0.125 \times 0.25 = 0.3125$$

ここで重要なのは,二項分布の形が「試行回数 (n)」と「成功確率(表の出る確率,p)」の2つによって変化し,さらにその変化を数式で表せるということです。この場合の試行数や成功確率のように,「確率分布の形を決める値」のことを**パラメータ**とよびます。

試行回数と成功確率という2つのパラメータがわかっていれば,次の式によって二項分布で特定の事象が生じる回数の平均値(つまり**期待値**)とその**分散**を求めることもできます。

[*4] n 回中 x 回が表になる組み合わせ数を求める式の中にある「!」は**階乗**です。階乗とは,その値から1まで1つずつ小さい値を順にかけ合わせた値のことです。たとえば,5の階乗は5！＝5×4×3×2×1となります。

> **Word** 成功確率p, 試行回数nにおける二項分布の期待値と分散
>
> 期待値 ＝ 試行回数(n) × 成功確率(p)
> 分散 ＝ 試行回数(n) × 成功確率(p) × $(1-$成功確率$(p))$

　たとえば，表の出る確率が0.1のコインを50回投げたとき，表が出る回数の期待値と分散は次のようになります。

$$期待値 ＝ 試行回数 × 表になる確率 ＝ 50 × 0.1 ＝ 5$$

$$分散 ＝ 試行回数 × 表になる確率 × (1-表になる確率)$$
$$＝ 50 × 0.1 × (1-0.1) ＝ 5 × 0.9 ＝ 4.5$$

　つまり，0.1の確率で表が出るコインを50回投げれば，平均して5回は表が出るということです。また，このときの分散が4.5であるということは，分散の平方根（$\sqrt{4.5} = 2.1213\cdots$）が標準偏差ですから，多くの場合，表の回数はその前後2.12回（つまり3回〜7回程度）になると考えられるのです。

B. 超幾何分布

　コイン投げでは，試行ごとの成功・失敗（表・裏）の比率は常に一定です。しかし，日常場面では1試行ごとに比率が変化することもあります。たとえば次の場面について考えてみましょう。

> あんまん2個と肉まん8個が同じ皿に盛りつけられています。パーティーには5名の参加者があり，1人1個ずつお皿の中華まんを食べます。さてこのとき，5人中2人があんまんを食べる確率はどれくらいあるでしょうか。なお，あんまんと肉まんはどちらも同程度に好まれているものとします。

　中華まんが全部で10個あり，そのうち2個があんまんですので，中華まん全体に占めるあんまんの割合は20％（0.2）です。ここから1人1

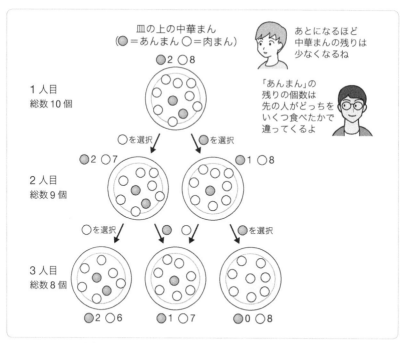

図4-7　10個の中華まんを1人1個ずつ選択していく場合の状態遷移

個ずつ中華まんを食べたとき，最初の人は10個の中から1個を選ぶことになるので，最初の人の食べる中華まんがあんまんである確率は0.2です。

　ここまでは単純ですが，問題はそれ以降です。次の人は残りの9個の中から1個を選ぶことになります。また，最初の人があんまんを食べたか肉まんを食べたかによって，残りのあんまんの数が異なります。さらにその次の人は8個の中から1個を選ぶことになり，その中にあんまんがいくつ含まれているかは最初の2人がそれぞれどちらを食べたかによって異なります（**図4-7**）。

　このように，全体の中から一部を取り出し，取り出した分を「元に戻さずに」次の試行を行うということを繰り返した場合に，n 回の試行で x 回の成功（例の場合はあんまん）が得られる確率の分布を超幾何分布といいます[5]。なお，（かなり行儀が悪いですが）もしも各参加者が中華まん

---

*5　これとよく似た名前で幾何分布という分布もあります。幾何分布は，ある一定の成功率をもった試行を複数回繰り返したとき，n 回目に初めて「成功」が出る確率についての分布です。

を一口かじり，そうとわからないようにこっそりとお皿に戻して行ったなら，全員が 10 個の中から 1 個を選ぶことになります。そしてその場合の確率分布は**二項分布**です。つまり，二項分布と超幾何分布の違いは，取り出した要素を「元に戻すかどうか」の違いということになります。

　さて，この場合の確率はどのように求めればよいのでしょうか。この場合，まず 10 個の中華まんを 5 人が 1 つずつ食べる場合の組み合わせ（全体の組み合わせ）が全部で何通りあるかを考えます。ここでは，あんまんと肉まんを区別する必要はありません。詳細は省きますが，10 個から 5 個を選択する組み合わせの数は，10 の階乗（10!）を 5 の階乗（5!）と（10 − 5）の階乗（(10 − 5)!）の積で割れば求めることができます。この場合の組み合わせの数は，全部で 252 通りです。

$$10 \text{ 個中 } 5 \text{ 個の組み合わせ} = \frac{10!}{5! \times (10 - 5)!} = 252$$

　次に，「5 人のうち 2 人があんまん」である組み合わせについて考えてみましょう。5 人のうち 2 人があんまん，つまり「あんまん 2 人，肉まん 3 人」となる組み合わせです。あんまんは全部で 2 個しかありませんので，その中から 2 個を取り出す組み合わせ（あんまんの組み合わせ）は，1 通りしかありません。肉まんは全部で 8 個ですので，そこから 3 個取り出す組み合わせ（肉まんの組み合わせ）は全体の組み合わせと同じ計算方法で 56 通りと求まります。

$$8 \text{ 個中 } 3 \text{ 個の組み合わせ} = \frac{8!}{3! \times (8 - 3)!} = 56$$

　ここから，「5 人のうち 2 人があんまん」になる組み合わせは，あんまんの組み合わせ×肉まんの組み合わせ ＝1 × 56 ＝ 56 通りであることがわかります。ここまで来れば，あとは単純です。組み合わせ全体が 252 通りで，そのうち「5 人のうち 2 人があんまん」の場合が 56 通りなので，56/252 ＝ 0.2222…というのがこの場合の確率です。

　ここまでの計算をより一般的な形でまとめると次のようになります。ここでは，あんまんの個数を「成功数」，肉まんの個数を「失敗数」として

表しています。

また，あんまん率が 2/10 のお皿から 5 人が 1 人 1 個ずつ中華まんを食べたとき，その中身があんまんである人数の期待値と分散は，パーティー参加人数と中華まん総数，あんまんの個数から次のように求められます。

$$\text{あんまん率} = \frac{\text{あんまんの個数}}{\text{中華まん総数}} = \frac{2}{10} = 0.2$$

$$\text{期待値} = \text{人数} \times \text{あんまん率} = 5 \times 0.2 = 1$$

$$\text{分散} = \text{人数} \times \text{あんまん率} \times (1-\text{あんまん率}) \times \frac{\text{中華まん総数} - \text{人数}}{\text{中華まん総数} - 1}$$

$$= 5 \times 0.2 \times (1 - 0.2) \times \frac{10 - 5}{10 - 1} = 1 \times 0.8 \times \frac{5}{9} = 0.444\ldots$$

Word　総数 N, 成功数 A の超幾何分布の試行数 n における期待値と分散

$$\text{期待値} = n \times \text{成功率} \qquad ※\text{成功率} = \frac{A}{N}$$

$$\text{分散} = n \times \text{成功率} \times (1 - \text{成功率}) \times \frac{N-n}{N-1}$$

このように，超幾何分布の期待値は二項分布の場合と同じ値になります

が，分散は二項分布より小さくなります。ただし，要素の総数が大きくなるにつれ，超幾何分布の分散も二項分布に近づいていきます。

C. ポアソン分布

代表的な確率分布をもう1つ見ておきましょう。

> 目の前に畳約2枚分の広さのクローバーの茂みがあります。地面がクローバーで覆われている場合，四つ葉のクローバーは畳1枚分の面積（約 $1.62\,\mathrm{m}^2$）に平均1本程度の頻度で見つかるそうです。ここで四つ葉のクローバーを探したとき，四つ葉のクローバーが1本見つかる確率，5本見つかる確率はそれぞれどのくらいでしょうか？

この例は，クローバーを取り出したときの結果が「四つ葉」か「四つ葉でない」かのいずれか一方になると考えれば，コイン投げと同じ二項分布で解決できそうな問題に思えます。しかし，コイン投げの場合とは違い，そこに何本のクローバーがあるのかはわかりません。そのため，「ある1本のクローバーが四つ葉である確率（p）」がわからないのです。

ただ，四つ葉のクローバーが「畳1枚分あたり平均1本」の頻度で見つかることはわかっています。このように，ある事象（四つ葉のクローバー）についての「単位あたりの頻度（畳1枚分あたりの平均本数）」がわかっている場合に「その現象が単位内で x 回生じる確率」の分布をポアソン分布とよびます。

ポアソン分布では，「単位あたりの頻度」はしばしば $\overset{\text{ラムダ}}{\lambda}$ というギリシャ文字を使って示されます。そして，単位あたりの頻度が λ の現象がその単位内で x 回生じる確率は次の式によって求められます。

> **Word** 単位あたりの頻度 λ の現象が単位内で x 回生じる確率
>
> $$\text{その現象が}x\text{回生じる確率} = \frac{\lambda^x}{x!}e^{-\lambda}$$

短い式ですが，よく意味がわからないという人も多いと思いますので，

この式の各要素について簡単に説明しておきます。

まず，分数の分母にある「$x!$（x の階乗）」は，先ほども見たように「$1 \times 2 \times 3 \times \cdots$」と 1 から x までの値をすべてかけ合わせることを意味します。式の右側にある「e」はネイピア数とよばれるもので[*6]，その値は $2.7182\cdots$ と円周率（π）のようにどこまでも続いていく数学的な定数です。また，この式では「$e^{-\lambda}$（e のマイナスλ乗）」というように値をマイナス乗する計算が出てきますが，「x^{-1}」は「$1/x$」と同じ意味で，したがって「$e^{-\lambda} = 1/e^{\lambda}$」となります。

ということで，畳 2 枚分の広さの茂みで四つ葉のクローバーを 1 本見つけられる確率と 5 本見つけられる確率はそれぞれ次のようになります。

$$\lambda = 畳 1 枚の面積に 1 本 \times 畳 2 枚分の茂み = 1 \times 2 = 2$$

$$1 本見つかる確率[x=1] = \frac{\lambda^x}{x!}e^{-\lambda} = \frac{2^1}{1!}e^{-2} = \frac{2}{1} \times 2.72^{-2}$$

$$= 2 \times \frac{1}{2.72^2} = 0.2703\ldots$$

$$5 本見つかる確率[x=5] = \frac{\lambda^x}{x!}e^{-\lambda} = \frac{2^5}{5!}e^{-2} = \frac{2 \times 2 \times 2 \times 2 \times 2}{5 \times 4 \times 3 \times 2 \times 1} \times 2.72^{-2}$$

$$= 0.2666\cdots \times \frac{1}{2.72^2} = 0.0360\ldots$$

この結果から，1 本の場合には 0.27（27%），5 本の場合は 0.036（3.6%）の確率で見つかることがわかりました。5 本見つかる確率は 1 本の場合に比べてだいぶ低いですね。では他の本数の場合はどうなるでしょうか。また，単位あたりのクローバーの数がもっと多い場合にはどうなるでしょうか。その場合の計算結果を示したものが**図 4-8** です。このように，ポアソン分布の形はλによって変化します。つまり，λはポアソン分布のパラメータです。

[*6]　欧米ではオイラー数とよばれることも多いようです。

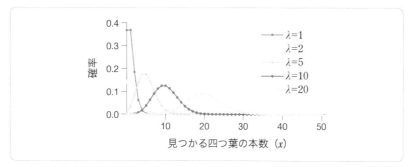

図4-8　単位あたりの四つ葉の数が λ である場合に x 本の四つ葉が見つかる確率の分布

　ところで，調べてみたところ，クローバーが四つ葉である確率というのはおよそ 1 万分の 1 なのだそうです。ということは，この例のように「畳1 枚分の広さで四つ葉が 1 本見つかる」ことが期待されるのであれば，その広さに 1 万本のクローバーがあることになります。なぜなら，10000 × 1/10000 ＝ 1 だからです。この「10000 × 1/10000 ＝ 1」という形に見覚えはないでしょうか。そう，これは「試行回数×成功率」として求められる二項分布の期待値と同じ形です。実は，ポアソン分布というのは「二項分布の期待値だけがわかっていて試行回数や確率がわからない場合」の確率分布といえるのです。

　このような関係から，たくさんの繰り返しでわずかな回数しか生じない出来事（つまり滅多に起きない出来事）の確率を計算する場合には，組み合わせの計算が膨大になる二項分布の代わりにポアソン分布が用いられます[7]。

　なお，この例では畳 1 枚分の広さに平均 1 本の頻度で四つ葉が見つかるという前提でした。この「1 本」というのは，「畳 1 枚分の広さで見つかる四つ葉の本数」という確率変数の平均値（期待値）です。ということで，λ はポアソン分布の期待値でもあるのです。面白いことに，ポアソン分布では期待値だけでなく分散も λ になります。

---

[7]　これは超幾何分布についても同様です。要素全体の総数が大きく，また総数に比べて「あたり」の数が少ない場合には，超幾何分布をポアソン分布で近似することができます。

4.3節 | 正規分布

　ここまでに見てきた確率分布は，どれも「あり・なし」のような**離散型確率変数**についてのものでした。次に，身長や体重のような**連続型確率変数**における確率分布についても見ておきましょう。連続型確率変数における代表的な，そして心理統計においておそらく最も重要な確率分布に正規分布とよばれる分布があります。正規分布は心理統計法の中核といえるほどに重要なものなので，ここではこの正規分布に関するさまざまな事項についても合わせて説明していくことにします。

A. 中心極限定理

　連続型確率変数の確率分布について見ていくといいましたが，説明のためにまずは離散型確率変数を例に用いることにします。

　サイコロを振って出た目を記録するということを 1 万回繰り返したとき，1〜6 のそれぞれの目の割合は**図 4-9** のようになりました。どの目も

1/6 = 0.1666…に近い割合でほぼ均等に出現しているので、理論的な確率（1/6）の通りです。

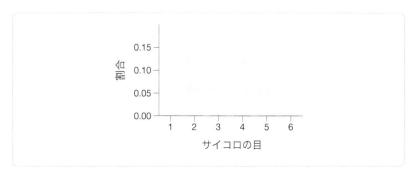

図4-9　サイコロを10000回振った場合の各目の出現率

　では、今度はサイコロ2つを同時に投げて、出た目の平均値を記録するということを1万回行ってみましょう。すると図4-4で見た確率分布とよく似た形になりました（**図4-10**）。3.5付近の割合が高くなり、両端になるほど低くなっています。なお、サイコロの目の平均値（期待値）はそれぞれ3.5ですので、「サイコロ2個の平均値」の期待値は（3.5 + 3.5)/2 = 3.5です。

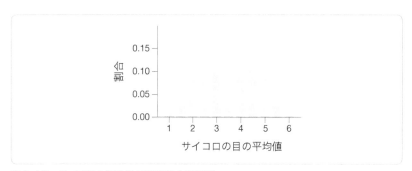

図4-10　サイコロ2個の目の平均値の出現率

　さらにサイコロの数を増やしてみましょう。サイコロ4個で同じことを行った場合、8個で同じことを行った場合についても図にしてみます。なお、「サイコロ4個の平均値」も「サイコロ8個の平均値」も期待値は

いずれも 3.5 で同じです。

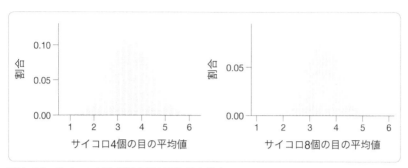

図4-11　サイコロ4個，8個の目の平均値の分布

　図4-11のように，一度に振るサイコロの数が増えるほど3.5という期待値（平均値）周辺に値が集中するようになるのは，「大数の法則」のところでも見た通りです。このようにサイコロの数（n）をどんどん増やしていったとき，この「サイコロ n 個の平均値」の分布は，元の確率変数（サイコロの目）と同じ期待値（平均値）をもち，元の分散の $1/n$ の大きさの分散をもつ正規分布とよばれる分布に近づいていくことが知られています。しかも驚くことに，元の確率分布がどのようなものであっても，期待値と分散が決まっていればこの法則が成り立つのです。つまり，サイコロの目の場合だけでなく，コイン（二項分布）やあんまん（超幾何分布），四つ葉のクローバー（ポアソン分布）の場合にも同じ法則があてはまるのです。このことは中心極限定理とよばれ[8]，大数の法則と並んで推測統計における重要な法則の1つとなっています。

　たとえば，二項分布やポアソン分布は繰り返し数 n や単位あたりの頻度 λ が大きくなると計算が大変になってしまいますが，この中心極限定理のおかげで，その場合には二項分布やポアソン分布の代わりに正規分布を用いて計算するといったこともできます。このように，直接の計算が困難な場合に正規分布で代用して近似値を求めることを正規近似といいます。

---

*8　さまざまな「極限定理」の中でも中心的なものであることから，こうよばれるようです。

　先ほどサイコロの例で見たのは正規分布そのものではなく，その「そっくりさん」でした。では，本物の正規分布は一体どんな形をしていて，どんな特徴をもっているのでしょうか。平均値が 0，かつ分散が 1 で正規分布する確率変数 X の分布の形を示したものが**図 4-12** です。このような，**平均値が 0 で分散が 1 の正規分布**をとくに標準正規分布とよびます。

　このように，正規分布はしばしば「釣鐘型」と表現される左右対称の形をしています。なお，二項分布などではその分布のパラメータ（形を決める値）から平均値や分散が決まりましたが，先ほど「平均値が 0 で分散が 1 の〜」といったように，正規分布では平均値と分散がパラメータとなります。

　では，正規分布で平均値や分散が異なるとどうなるかについて図で見てみることにしましょう。まずは，平均値をいろいろ変えてみます。標準正規分布に平均値が − 2 の正規分布，平均値 1 の正規分布を重ねたものが**図 4-13** です。このように，平均値が変わると正規分布は形はそのままに全体的に右や左に移動します。

　今度は平均値は 0 のままで分散を変化させてみましょう。すると，山の裾の広がり方が大きく変わりました。分散が小さい場合は非常に尖った形になるのに対し，分散が大きい場合には全体に平たい形になるのがわかります（**図 4-14**）。

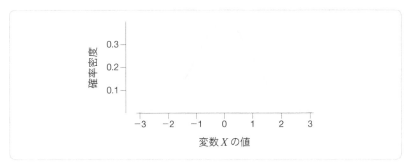

図4-12　平均値0，分散1（標準偏差1）の正規分布（標準正規分布）

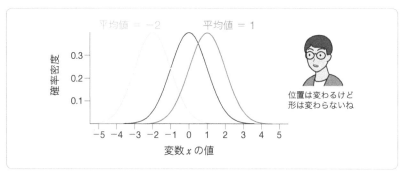

図4-13 平均値0，分散1の正規分布（標準正規分布）

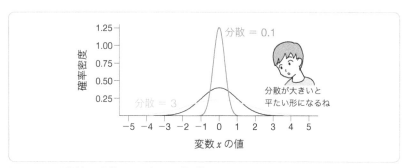

図4-14 平均値0，分散1の正規分布（標準正規分布）

ポイント

- ■☞ **連続型確率変数**の最も代表的な確率分布が正規分布
- ■☞ 正規分布は**釣鐘型で左右対称**の形
- ■☞ 正規分布のパラメータは**平均値**と**分散**

4.4節 ‖ 連続型確率変数と確率

　すでに気づいている人もいるかもしれませんが，二項分布やポアソン分布など，離散型確率変数のグラフでは縦軸に**確率**と書かれていたのに正規分布のグラフでは確率密度となっています。これは一体何でしょうか。

A. 確率密度

　二項分布やポアソン分布のグラフの縦軸には，そのタイトル通り確率が示されており，同じ色で描かれたグラフ上の点の値をすべて合計すると1になります。しかし，正規分布のグラフの場合，たとえば図4-14では縦軸の数値が1を超えていて，明らかにこれは確率ではありません。

　これは，正規分布が**連続型確率変数**の分布であるということと関係があります。**離散型確率変数**の場合，「サイコロの目の組み合わせ」のように，考えうる結果のすべてのパターンを数えあげ，「それぞれの値が全体に占める割合」という形で確率を求めることができます。しかし，確率変数の期待値のところで説明したように，連続型確率変数の場合には「中間点」が無数に考えられるため，理論上の組み合わせをすべて数えあげるということができません。

　また，仮にそのようなことが可能であったとしても，その中で「ある特定の値とぴったり一致する場合の確率」というのはほぼゼロになってしまいます。なぜなら，たとえば「0.9」と「1」の間には，「0.99」や「0.9999」，さらには「0.99999999……」と理論上無限（∞）に中間点があり，そうした中で値がぴったり「1」である割合というのは$1/\infty$となって，限りなく0に近くなってしまうのです。

　そこで，連続型確率変数で確率を求める際には，「値がaである確率」という形ではなく，「値がaからbの範囲にある確率」というように，値が一定の範囲（区間）にある確率を算出します。たとえば，標準正規分布（つまり平均値0，分散1の正規分布）に従う確率変数Xにおいて，「その値が0から1の範囲になる確率はいくらか」というような形で確率を算出するわけです。

　先ほどからいくつか見てきた正規分布のグラフは，グラフの線と横軸で囲まれた部分の面積が1になるようになっています。そして，たとえば「Xの値が0から1までの確率」というのは，そのグラフで「Xの値が0から1までの部分の面積」という形で求められるのです。ただし，こうしてグラフの曲線で囲まれた部分の面積を正確に求めるには，この曲線の形が（関数として）数式で記述されている必要があります。

　この，連続型確率変数の分布の形を定義する式は確率密度関数とよばれ

ています。そして，正規分布のグラフで縦軸に示されているのは，この確率密度関数に $X = 1$ や $X = 2$ などを代入したときの値であって，確率そのものではないのです。それらの値は長方形の面積を求めるときの高さに相当するもので，面積（確率）を求めるためにはそれに加えて幅（X が1～2までの区間，など）が必要になります。

　正規分布の確率密度関数は非常に複雑ですので，ここではとりあげません。重要なのは，連続型確率変数における確率というのは，確率密度関数で示されるグラフにおける**指定範囲の面積**として表されるということです。

B. 正規分布と標準偏差

　ところで，第1章 p.13で，「平均値の前後に標準偏差1つ分の範囲に測定値の70%弱が収まる」と説明したのを覚えているでしょうか。実はこの「70%弱」というのは，この「正規分布における確率」に基づくものなのです。

　たとえば，正規分布しているとされる代表的な値である「身長」で見てみることにしましょう。日本人の20代男性の身長は平均171cm，標準偏差は5.5cmぐらいです。そこで，確率密度関数を使って平均値171，標準偏差5.5（分散は $5.5^2 = 30.25$）の正規分布を図にすると**図4-15**のようになります。平均値は赤い線で，標準偏差1つ分の範囲は青色で示してあります。

　そしてこの正規分布で値が171の前後5.5の範囲にある割合（つまり青色の領域の面積）を求めると0.68268…となるのです。ここから，「平

図4-15　平均値171，標準偏差5.5の正規分布

均値の前後に標準偏差 1 つ分の範囲には（確率的に）70％ 弱（68.27％）の値が含まれる」という説明が出てくるわけです。

確率密度関数から確率を求めるのは統計ソフトなどを使えば難しいことではありませんが，複雑な式を自分で積分して計算するのは大変です。そこで，本書を含めて統計の教科書の多くでは，（標準）正規分布表といって正規分布における確率をあらかじめ統計ソフトなどで計算した結果を一覧表にしたものが巻末につけられています。

なお，正規分布は平均値と分散によって形が決まりますが，平均値と分散の組み合わせはそれこそ無数にありますので，一覧表には平均値 0，分散 1 の**標準正規分布**における確率が記載されています。標準正規分布は標準得点 z（第 1 章 1.3 節）の分布であり，どんな測定値でも標準化すればこの分布で確率を求められるようになるからです。

ここで，標準正規分布表を使って確率を求める方法について簡単に見ておきましょう。たとえば，あなたが身長 182 cm の 20 代男性だったとして，同年代の男性であなたより身長の高い人がどれくらいの確率でいるかを知りたいとします。20 代男性の平均身長は 171 cm，標準偏差は 5.5 cm ということなので，身長 182 cm を標準得点に直すと $z =$（182 − 171)/5.5 = 2 となります[*9]。

巻末（p.259）の付表 1・標準正規分布表から，$z = 2$ に対応する確率は 0.023 と求まります。

この数値は「z がそれより大きな値である確率」（これを上側確率といいます）を意味しているので，182 cm のあなたよりも身長が高い人は，同年代では 0.023 = 2.3％ しかいないということになります（**図 4-16**）。

では，あなたより身長が低い人の割合（これを下側確率といいます）は何％ ぐらいでしょうか。あなたより背が高い人が 2.3％ なら，あなたより低い人は 100 − 2.3 = 97.7％（0.977）ですね。このように，上側確率がわかれば下側確率も簡単に求められます。

今度は身長が 167 cm だった場合についてみてみましょう。同年代（20

[*9] この標準得点を偏差値として表せば 2×10＋50＝70 で，あなたの「身長偏差値」は 70 ということになります。

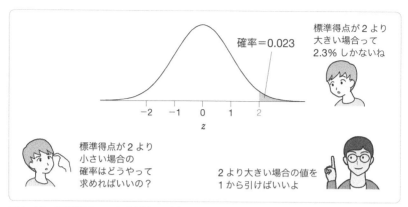

図4-16 標準得点 z ＝2.0以上の確率

代）の男性があなたより身長が高い確率はどれくらいでしょうか。まず，あなたの身長の標準得点は以下のようになります[10]。

$$z = (167 - 171)/5.5 = -0.7272\cdots \fallingdotseq -0.73$$

さて，z がマイナスの値になりました。この場合はどうすればよいのでしょうか。ありがたいことに，正規分布は左右対称の形をしているので，マイナスをとって $z = 0.73$ で値を探せばよいのです。ただし，この場合には左右裏返しの状態で確率を求めていることになるので，$z = 0.73$ のところにある 0.233 という値は，z がそれより小さい場合の確率（**下側確率**）を示していることになります。ここで知りたいのはあなたより背が高い人の割合ですから，表で求めた値を1から引いて，$1 - 0.233 = 0.767$（76.7%）がその答えです。

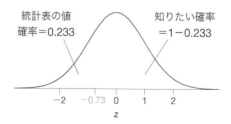

---

*10 偏差値にすれば $-0.73 \times 10 + 50 = 42.7$ です。

最後に，20代の男性で身長が 167 cm から 182 cm である人は何割くらいでしょうか。最初の例では 182 cm より高い人の割合は 0.023 でした。また，2つ目の例では，167 cm より低い人の割合は 0.233 でした。身長が 167 cm から 182 cm である場合というのは，全体から 167 cm より低い人と 182 cm より高い人を除いた場合ということですので，この場合の割合は 1 − 0.023 − 0.233 = 0.744（74.4%）となります。

ポイント

- 連続型確率変数の**確率を表す**場合，**確率密度**とよばれる値を用いる
- **連続型確率変数**では，確率密度関数の特定範囲における**面積が確率**になる
- ある値よりも**上になる場合の確率**を上側確率，**下になる場合の確率**を下側確率という
- **正規分布**では，「平均値−標準偏差」～「平均値＋標準偏差」の範囲の面積が全体の 68.26% になる

表4-4 は確率に関する用語のまとめ，**表4-5** はさまざまな確率分布についてのまとめです。

表4-4 確率に関する用語のまとめ

用語	説明
確率	すべての可能性のうちで，ある結果になる場合の割合（比率）。**必ず0〜1の範囲**の値をとる。
確率変数	理論上の値はわかっているが，実際に測定してみるまでは**どんな値になるかがわからない**もののこと。
確率分布	考えうるすべての場合についての確率を表したもの。確率分布に示されている確率を**すべて合計すると1**になる。
確率密度	連続型確率変数の確率を求めるために使用される値。連続型確率変数の確率は，確率密度を定義する確率密度関数で囲まれた領域の**面積**として求められる。
期待値	さまざまな確率変数において，**理論上（確率的に）見込まれる値**のこと。確率変数の期待値は確率変数の平均値に等しい。
パラメータ	さまざまな確率分布において，その**具体的な形を決定する値**のこと。
大数の法則	確率試行において，繰り返す回数が多くなるほど，実際の結果が理論上想定される確率に近づくこと。
中心極限定理	複数回の試行における結果を平均（あるいは合計）することを繰り返したとき，平均（合計）する結果の個数が多くなるほどその分布が**正規分布**に近づくこと。

表4-5 確率分布のまとめ

分布	パラメータ	説明
二項分布	試行数（n） 成功率（p）	結果が成功・失敗のいずれかで成功の確率がpである試行をn回繰り返してx回成功する場合についての確率分布。 例）コインを10回投げて表が3回出る確率は？
超幾何分布	要素の総数（N） 当たりの数（A） 試行数（n）	総数N個のうちA個が当たりである集団から要素を1つずつ取り出していったとき，取り出したn個の要素の中にx個の当たりが含まれている場合についての確率分布。 例）20個のうち5個があんまんであるお皿から1

		人1個ずつ中華まんをとって食べたとき，10人中2人があんまんである確率は？
ポアソン分布	単位あたりの頻度(λ)	1単位あたりλ回の頻度で生じる現象がn回生じる場合についての確率分布。 例）畳1枚の面積あたり1本の確率で見つかる四つ葉のクローバーが，畳2枚分の広さの茂みの中で3本見つかる確率は？
正規分布	平均値と分散	さまざまな場面において観察される代表的な連続型確率分布。平均値（期待値）周辺では確率が高く，平均値から離れるにつれて急激に確率が低くなるという，左右対称な山型の形をもつ。
標準正規分布	平均値と分散（0と1で固定）	平均値0，分散の正規分布（標準得点zの分布）。平均値と分散が固定されていて，常に同じ形になる。

練習問題

1. 左利きの人は平均10人に1人（10%）の割合でいるといわれています。両手利きの人はいない（右利きか左利きかのいずれかである）ものとして，以下の問いに答えてください。なお，確率については小数点以下4桁目を四捨五入して3桁目まで求めてください。

1-1. あるクラス（生徒数20人）において，左利きの人数は平均何人程度いると考えられますか。この場合の平均値と分散，標準偏差を求めてください。

1-2. 生徒数20人のクラスにおいて，左利きの人が3人いる確率はどれくらいですか。

2. ある全国模試を受けたところ，あなたの偏差値は58.2でした。この場合，あなたより成績が上位の人はどれくらいの割合でいると考えられますか。また，受験者の総数が20万人であるとき，あなたより成績が上位の人は何人くらいいると考えられますか。

 Column　作為的な無作為

　本章では「ランダム」や「無作為」という言葉をほとんど使いませんでしたが，確率の話ではそれらが頻繁に出てきます。日常の会話の中でも「ランダムに選ぶ」というのは比較的よく聞かれる表現ですが，この「ランダム（無作為）」というのは，実はなかなか厄介なものなのです。

　言葉の定義としては「ランダム（無作為）」は「作為がない」というわけですから，「意図的でなく，法則性もないこと」，あるいはもっと大雑把に「デタラメなこと」といってよいかもしれません。

　簡単なことじゃないかと思うかもしれませんが，この「デタラメなこと」というのが曲者なのです。それがデタラメかどうかなんて，どうやって確かめたらいいんでしょう。「法則性がないことを示せ」なんて，「『ない』ということを証明せよ」という，いわゆる「悪魔の証明」です。

　「そんなの見ればわかるでしょ」と思う人かもしれませんが，この「見ればわかる」というのがあてになりません。次の例を見てください。これは，2人のプレーヤーがサイコロを10回ずつ投げた結果です。この2人のうち，サイコロを「ランダム」に投げたのはどちらでしょうか？

　　プレーヤー1　⚁ ⚅ ⚄ ⚀ ⚂ ⚅ ⚀ ⚄ ⚃ ⚂

　　プレーヤー2　⚄ ⚃ ⚄ ⚁ ⚄ ⚄ ⚀ ⚄ ⚄ ⚅

　この2つのうち，ランダムに投げられたのはプレーヤー2の方です。プレーヤー1の目は，最初の6回の間に同じ目が重ならないように，そして順番もランダムっぽく見えるように作成したもので，要するに「ものすごく作為的」な結果なのです。

　え?!　プレーヤー2は4の目が多すぎでしょ？　と思う人もいると思いますが，でも，サイコロで同じ目が何度も続けて出るなんて割とよくあることですし，そもそも「ランダム」は「均等」という意味ではありません。「ランダム（無作為）な結果」というと，多くの人が「ほどよくバラバラ」な結果を期待しますが，そうではないのです。

　なお，実はこのプレーヤー2の結果も統計ソフトで作成した「擬似的な」ランダムであって，本物のランダムではありません。しかも，ランダム・シード（乱数の種）とよばれる数値を設定して発生させているので，毎回同じ結果が得られます。毎回同じになるランダムな数…なんとも盛大な自己矛盾ですが，実はコンピューターでは基本的には「擬似的なランダム」しか作り出せないのです。

第 5 章　推測統計

前章の冒頭でも触れたように，「日本人全員」や「大学生全員」など，関心がある対象の「全員」からデータを集めるということは実質的に不可能です[*1]。時間的，費用的な面から，現実には多くの場合で数千人から数百人程度，場合によっては数十人程度からしかデータが得られません。

　そのような場合に，**確率**の考え方を応用し，限られた量のデータから全体の特徴を推測しようとするのが推測統計です。推測統計は記述統計と並んで（あるいはそれ以上に）心理学の研究にとって欠かせない，非常に重要なツールです。

5.1節　母集団と標本

ここで，次の例について考えてみましょう。

25 m プールが野球ボール大のボールでいっぱいになっています。大部分は白いボールですが，一部に赤いボールが交じっています。このボール全体のうち，赤いボールが占める割合がどれくらいかを調べるにはどうしたらよいでしょうか？

　赤いボールは全体の何割？

　赤いボールの割合を調べる確実な方法はすべてのボールを確認することですが，全部でいくつあるかもわからない大量のボールを1つ1つ確認するのはとんでもなく大変な作業です。そこでその代わりに，近くにあったバケツを使い，このプールのあちこちから少しずつボールを集めてきて，

[*1]　調査対象が比較的少数に限定されている場合には，対象となるすべての人からデータが集められる場合もあります。そのような調査は全数調査や悉皆調査とよばれます。

その中に含まれる赤いボールの割合を調べることにしました。

　その結果，バケツの中には 100 個のボールが入っており，そのうち 2 個が赤だったとしましょう。赤いボールの割合は 0.02（2%）です。するとこの結果から，おそらく多くの人は「プール全体のボール」における赤ボールの割合も「2%程度」だと考えるのではないでしょうか。この例では，「プール全体」の赤ボールの割合を直接知ることができないため，そのうちの一部をバケツで取り出し，そこから全体についての推測を行っています。非常に大雑把ですが，これが「推測統計」の基本的な考え方です。

　このときの「プール全体」のボールのことを，推測統計では母集団とよびます。また，「バケツの中」のボールのことを標本（サンプル）といいます。つまり，実際に関心のある対象全体が「母集団」，そこから取り出した一部が「標本」です。また，プール全体（母集団）の赤ボールの割合など，母集団に関する統計量を母数といい[*2]，バケツの中（標本）のボールに関する統計量を標本統計量といいます。

　一般的な統計の教科書にはギリシャ文字がたくさん出てきますが，それは標本統計量と母数を表記上区別するためです。一般に，「標本統計量はラテンアルファベット（abc）」で，「母数はギリシャ文字のアルファベット（$\alpha\beta\gamma$）」で表記されます。

A. 標本抽出

　なお，先ほどの例ではプールの中のボール（母集団）をすべて数え上げることもできなくはありませんが，通常の研究場面では母集団すべてを調査することはできません。つまりほとんどの場合，母数は正確に知ることはできず，あくまでも標本統計量をもとに推測するしかないのです。このとき，その推定の正確さは，大部分が母集団からの標本抽出の方法にかかっています。

　まず，標本から正確に母数を推測するためには，その標本が「母集団を適切に代表」したものでなくてはなりません。たとえば次の例を考えてみましょう。実は赤色のボールはプールの表面付近ではまばらで，プールの

[*2]　母集団パラメータや母集団統計量とよばれることもあります。

底の方に多く固まっていたとし
ましょう。そして先ほどバケツ
で取り出した「標本」は，実は
プールの表面部分からだけ集め

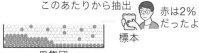
母集団

たものだったのです。さて，この場合でも「標本の赤ボールの割合が2%」
であったからといってプール全体（母集団）の赤ボールの割合も2%だと
いえるでしょうか。

　おそらくほとんどの人は，ここから全体の割合を推測することは無理だ
と考えるのではないでしょうか。このように，標本が偏っていては母集団
について正確に知ることはできません。正確な推定のためには，標本が母
集団から**無作為**に選ばれたもの（無作為抽出されたもの）でなければなら
ないのです。

　また，いくらプールの中から無作為に標本を取り出したとしても，その
標本にボールが2つしか含まれていなかったとすると，標本の赤ボール
の割合は0%，50%，100%の3通りのいずれかの結果にしかなりません。
母集団について正確に推定するためには，標本の中に十分な数のボールが
含まれている必要があるのです。この標本の大きさ，つまり標本に含まれ
るボールの数のことを**標本サイズ**といいます[*3]。

　標本抽出の方法については心理学研究法で学ぶのでここでは詳しく触れ
ませんが，以後の説明では「標本が母集団から**無作為抽出**されている」こ
とが前提になっているということは忘れないようにしてください。

ポイント

- ▶ 関心のある集団全体が母集団，そこから取り出した一部が標本
- ▶ 母集団のもつ値が母数，標本についての値が標本統計量

[*3]　**標本サイズ**とよく似た言葉に標本数がありますが，**標本数**は標本そのものの個数（例でいえば
「バケツの数」）を指します。これに対し，**標本サイズ**というのは標本の規模（バケツの中の「ボールの
数」）を意味します。この2つはまったく意味が異なるので，混同しないように注意してください。

　ほとんどの場合，母集団がもつ値（母数）について確かなことはわかりません。しかし，前章で見てきた確率分布の考え方を応用すれば，手元にある標本データから母数を推測することは可能です。このように，標本から母数について推測することを母数の推定とよびます。母数の推定方法には，「この値」というようにピンポイントで母数を推定する点推定と，「この範囲」という形で母数が含まれていると考えられる範囲を推定する区間推定の大きく2種類があります。

A. 点推定

　まず，より単純な点推定の考え方について見ていくことにしましょう。ここでは，母集団の平均値，比率，分散など，母集団がもつさまざまな値を点推定する方法について説明します。

i）母平均の推定

　母集団の平均値（母平均）はどのように推定すればよいのでしょうか。ここで早速，前章の確率の考え方が役立ちます。「正規分布」のところで，「サイコロ n 個の平均値」は，元の確率変数（サイコロの目）と同じ期待値（平均値）をもつ正規分布になるという**中心極限定理**について説明したのを覚えているでしょうか。たとえば，4個のサイコロを振って出た目の平均値を算出するということを何度も何度も繰り返すと，その平均値の分布は**図 5-1** のようになるのでした[*4]。

　このとき，この「4個のサイコロ」がとりうる目の組み合わせ，つまり「1・1・1・1」から「6・6・6・6」までのすべてを「母集団」と考えると，この母集団の平均値はサイコロの目の期待値である「3.5」になり，「4個のサイコロ」を1回振って出る目が「標本」，そしてその平均値が「標本平均」ということになります。そして，先ほど触れた中心極限定理によれば，このときの標本（4個のサイコロの目）の平均値は，サイコロ

[*4] このような標本統計量の分布（ここでは標本平均の分布）のことを標本分布といいます。

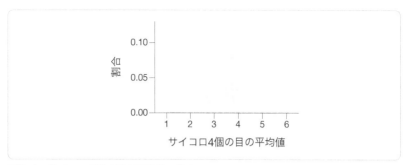

図5-1　サイコロ4個の目の平均値の分布

　の目全体（つまり母集団）の平均値と同じであると期待されるのです。
　このように，標本の平均値は理論上は母平均と同じになるため，標本で
平均値を求めれば，それを母平均の推定値として扱えます。

> **Word**　母平均の点推定値
>
> 　　　　母平均の点推定値＝標本平均値

　たとえば，大きな袋の中に数
字の書かれたボールが大量に
入っているとしましょう。そし
て，このボール全体の平均値を
知りたいとします。この場合，
「袋の中のボール全体」が母集
団に相当し，そのボール全体の

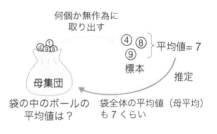

平均値が母平均です。そして母平均（袋の中のボールすべての平均値）を
推定するには，袋の中から無作為にボールをいくつか取り出し（これが
「標本」です），そして取り出したボールの平均値を求めればよいのです。
このとき，たとえば取り出した標本の平均値が「7」であれば，母平均の
推定値も「7」です。
　ただし，「標本の平均値と母平均が同じ」というのは「サイコロで1の
目が出る確率は1/6である」というのと同じで，あくまでも「理論上」
のことであるという点には注意が必要です。実際，図5-1に示したサイ

コロの目の平均値は，「1」から「6」までの範囲でさまざまな値をとっていました。再び中心極限定理によれば，「サイコロ n 個の平均値（標本平均）」の分布は，サイコロの目全体の分散（母分散）の $1/n$ の大きさの分散をもつのです。この場合，一度に振るサイコロの個数（n）は標本の大きさ，つまり「標本サイズ」に相当しますので，標本平均は母分散の「1/標本サイズ」の大きさの分散をもつことになります。

$$標本平均の分散 = \frac{母分散}{標本サイズ}$$

そしてこの「標本平均の分散」の平方根，つまり「標本平均の標準偏差」を標準誤差とよびます。

> **Word** 標準誤差
>
> $$標準誤差 = \sqrt{\frac{母分散}{標本サイズ}}$$

ここで，「標本平均の標準偏差」というのはどういうことかと思った人も多いのではないでしょうか。実際の実験や調査では，ほとんどの場合，手元にある標本（データ）は1つであり，標本の平均値も1つしかありません。つまりそこに「ばらつき」はないわけです。しかし推測統計では，先ほどのサイコロの例のように「母集団から標本を抽出して平均値を求める」といった手続きを無数に繰り返した場合を想定してさまざまな推定を行います。

つまり，現実に手元にある標本（データ）というのは，その無数に標本抽出を繰り返した場合における「可能性の1つ」にすぎないのです。「ある母集団から抽出された標本の平均値」というのは，理屈のうえでは無数にあることになり，そしてそれらはさまざまに異なった値をとりうるので，そこに「ばらつき」が生じることになります。そして，その「無数に想定される標本平均値」のばらつきの幅の指標が**標準誤差**というわけです。

この標準誤差は，推定精度についての指標と解釈することができます。標準誤差が小さいということは，標本平均のばらつきが小さい，つまり

「標本平均が母平均に近い値になる可能性が高い」ということだからです。また，式の分母に「標本サイズ」があることからわかるように，標本サイズが大きくなれば，それだけ標準誤差は小さ

く（推定の精度が高く）なります。標本抽出のところで「正確な推定のためには十分なサイズの標本が必要」だと説明しましたが，それはこの標準誤差の式からもいえるのです。

ii）母比率の推定

　次に，母集団における比率（母比率）について見てみましょう。テレビの視聴率や世論調査における内閣支持率などの値は，「視聴者や有権者全員」（母集団）を調査した結果ではなく，「一部の人々」（標本）を選んで行われた調査の結果をもとにしています。したがって，これらの調査結果から全体の視聴率や得票率を知りたければ，標本の値を用いて母比率を推定する必要があります。

　そして実は，母比率についても母平均の場合と同じことが成り立ちます。すなわち，「標本における比率（標本比率）」がそのまま母比率の点推定値になるのです。つまり，調査対象者（標本）における視聴率が「15％」であったなら，視聴者全体（母集団）における視聴率の推定値も「15％」となります。なお，母比率の点推定値についても標準誤差が存在しますが，これについてはこの後の区間推定のところで説明することにします。

> **Word** 母比率の点推定値
>
> 　　　　母比率の点推定値＝標本比率

iii）母分散の推定

　平均値や比率は標本統計量がそのまま母数の推定値になりました。では，

分散の場合も標本の分散（標本分散）が母集団の分散（母分散）の推定値としてそのまま利用できるのでしょうか。残念ながらそうはいきません。数学的な詳細は省きますが，標本分散は母分散よりも「常に一定の割合だけ小さくなる」傾向にあるのです。そのため，母分散の推定値は次のようにして求められます。

$$母分散推定値（不偏分散）＝ \frac{標本サイズ}{標本サイズ－1} × 標本分散$$

このようにして求められる母分散の推定値は不偏分散とよばれます[*5]。なお，一般に統計ソフトで「分散」を求めた場合，「分散」として算出されるのはこの「不偏分散」の値です。

ところで，（標本）分散は「偏差2乗の合計」を測定値の個数（標本サイズ）で割ったものですから，この不偏分散の式はさらに次のように変形できます。

$$
\begin{aligned}
不偏分散 &= \frac{標本サイズ}{標本サイズ－1} × 標本分散 \\
&= \frac{標本サイズ}{標本サイズ－1} × \frac{偏差^2の合計}{標本サイズ} \\
&= \frac{偏差^2の合計}{標本サイズ－1}
\end{aligned}
$$

すると，標本分散と不偏分散は，偏差2乗の合計を「標本サイズ」で割るか「標本サイズ－1」で割るかが違うだけということになります。また，分母の大きさが1違うだけですから，標本サイズが大きくなればなるほど不偏分散と標本分散の差は小さくなります。

---

*5　不偏分散の「不偏」というのは，母数（ここでは母分散）との間に「ずれがない（偏りがない）」という意味です。標本分散は母分散より「やや小さくなる」（小さい方向に偏る）性質がありますが，不偏分散にはそうした偏りはなく，不偏分散の理論上の値は母分散と同じになります。

母分散の推定値（不偏分散）

$$不偏分散 = \frac{偏差^2の合計}{標本サイズ-1} = \frac{(測定値-平均値)^2の合計}{標本サイズ-1}$$

iv）標準偏差の推定

　母集団の標準偏差はどうでしょうか。標準偏差は「分散の平方根」なので，母分散の推定値である不偏分散の平方根を求めれば，それが母集団の標準偏差の推定値になると考えた人も多いのではないでしょうか。基本的にはその通りで，「母集団標準偏差の推定値」には「不偏分散の平方根」が使用されています。統計ソフトで標準偏差として算出される値は不偏分散の平方根ですし，研究論文でも標準偏差として示されているのは不偏分散の平方根であることがほとんどです。

　ただし，不偏分散は理論上の値が母分散と同じになる「不偏」な値なのですが，標準偏差についてはそうではありません。「不偏分散の平方根」は母集団の標準偏差と完全には一致しないのです。ですが，ずれがあるといってもその程度はわずかであることや，そのずれを調整するのは単純ではないことから，一般には「不偏分散の平方根」がそのまま母集団標準偏差の推定値として使用されています。

母集団標準偏差の推定値
$$母集団標準偏差の推定値 = \sqrt{不偏分散}$$

　なお，分散の場合には標本データの分散を「標本分散」，母分散の推定値を「不偏分散」とよんで区別することが多いのですが，標準偏差についてはそのようなよび分け方がなく，ややこしいことにどちらも単に「標準偏差」とよばれています。そのため，その標準偏差が標本についてのものなのか母数の推定値なのかは文脈で判断するしかありません。

v）共分散・相関係数の推定

　平均値や分散だけでなく，母集団における共分散についても標本統計量

から推定することができます。分散の場合と同様に共分散の不偏推定値（不偏共分散）も，「標本サイズ（ペアの数）」の代わりに「標本サイズー1」で偏差の積の合計を割って求めます。統計ソフトで算出される共分散は，一般にこちらの「標本サイズー1」で割った方の値です。

Word 母集団共分散の推定値（不偏共分散）

$$不偏共分散 = \frac{（xの偏差 \times yの偏差）の合計}{標本サイズー1}$$

ピアソンの積率相関係数（r）については，標本の相関係数がそのまま母集団相関係数の推定値として用いられます。ですが，母集団標準偏差の推定値と同様に，相関係数の推定値にはわずかですが偏り（ずれ）があり，標本の相関係数は母集団の相関係数と完全には一致しません。

Word 母集団相関係数の推定値
母集団相関係数の推定値＝標本の相関係数

B. 区間推定

　ここまで見てきたのは，母集団の平均値や分散を「1つの値」（点）として推定する方法でした。しかし，最初に母平均の推定のところで見たように，標本平均が母平均と同じになるというのはあくまでも理論上のことであって，実際の標本平均は，母平均を中心としたある程度の範囲に散らばるわけです。

　このように，標本平均という不確かな証拠をもとに母平均をある1つの値（点）として推定するのは，不確かな手がかりをもとにごく狭い範囲をピンポイントで掘り起こして宝を見つけようとするよ

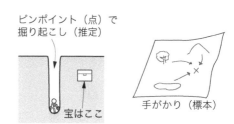

ピンポイント（点）で
掘り起こし（推定）

宝はここ

手がかり（標本）

うなもので，「ぴったり当てる」というのは現実的にはほぼ不可能です。では，標本平均にばらつきがあることを考慮しつつ，より確実に母平均を推定する（宝を掘り当てる）にはどうすればよいのでしょうか。そこで登場するのが区間推定という考え方です。

i）母平均の区間推定

母平均の推定のところで見たように，標本から母平均を推定する場合，母平均の推定値には標準誤差とよばれるばらつきが生じます。ということは，推定値の前後に誤差の分だけ余裕を見ておけば，より確実に母平

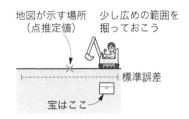

均を捉えることができるはずです。先ほどの宝探しの例でいえば，地図や手がかりの精度を考慮して，候補地の周辺一帯を少し広めに掘るようなものです。そうすれば，予測が少しくらいずれていたとしても宝を掘り当てることができます。このような考え方に基づいて，「母数を捉えていると考えられる範囲」を区間として示したものを信頼区間といいます。信頼区間は，英語の Confidence Interval の頭文字をとって，CI と略されることもよくあります。

信頼区間は標準誤差を基準に算出されますが，標準誤差というのは「標本平均の標準偏差」のことなので，平均値の前後に標準誤差1つ分（平均値±標準誤差）の範囲を設けた場合，そこに収まるのは分布全体の68.27% ということになります（4.4 節 B 参照）。この 68.27% というのはなんとも中途半端な数字ですし，確率的に決して高い値ではありません。そのため，実際の信頼区間では，もう少し幅を広げて 95%（95%信頼区間）や 99%（99%信頼区間）の区間が用いられます。

では，分布の 95% を含む区間を算出するためには，標準誤差をどれくらい広げればいいのでしょうか。ここで**標準正規分布表**の出番です。本書の標準正規分布表（付表 1）には，標準正規分布におけるさまざまな z の値とその片側確率が示されています。標準正規分布というのは，平均値が 0，分散が 1（標準偏差＝$\sqrt{1} = 1$）の正規分布のことです。

たとえば，この表で z の値が 1.0 の場合の片側確率を見ると，その値は 0.159 です。これは，z が 1 より大きな場合，− 1 より小さな場合のそれぞれが，分布全体の 15.9％ずつであるということです。つまり，z の値が− 1〜1 の範囲にある場合（つまり値が平均値±標準偏差の範囲にある場合）の割合が「1 −（0.159 ＋ 0.159）＝ 0.682」で 68.2％ということになるというわけです。

　ここでは分布の 95％を含む区間を求めたいので，これより広い範囲を設定する必要があります。より具体的には，求める範囲より小さな値あるいは大きな値になる割合がそれぞれ 2.5％になるような z の値を求めることになるわけです。標準正規分布表を見てみると，片側確率が 0.025 になる場合の z の値は 1.96 です。つまり，標準誤差を 1.96 倍した範囲を設定すれば，その範囲に分布全体の 95％ が含まれることになります。

　そして，母平均の推定値（つまり標本平均）の前後にこれと同じだけの幅を設けたものが 95％信頼区間です。なお，この信頼区間のうち，値の大きな方を信頼区間の上限，値の小さな方を下限とよびます。また，これらの上限，下限の値を信頼限界とよぶこともあります。信頼区間の上限と下限の求め方を式にすると次のようになります。

Word　母平均の95％信頼区間

　　95％信頼区間の上限値＝標本平均＋1.96×標準誤差
　　95％信頼区間の下限値＝標本平均−1.96×標準誤差

　では，数値例を用いて 95％信頼区間を求めてみましょう。

　ここに標本サイズ 20（測定値 20 個）の標本があります。この標本の平均値は 25，不偏分散は 80 でした。この場合，母平均の 95％信頼区間はどのようになるでしょうか？

　さて，これらの値を用いて実際に信頼区間を計算しようとすると，「数値が足りない」ことに気づくのではないでしょうか。信頼区間の式の中には「標準誤差」があるのに，この例には標準誤差が示されていません。と

いうことで，まずは標準誤差を算出しなければなりませんね。ここで標準誤差の定義をもう一度見ておきましょう。

$$標準誤差 = \sqrt{\dfrac{母分散}{標本サイズ}}$$

　ここでまた問題が生じます。この式には「母分散」が含まれているからです。母集団の平均値がわからなくて推定しようとしているのに，母集団の分散がすでにわかっているということは通常はまずありえません。ただ，母分散の推定値である「不偏分散」であれば標本から算出することができるので，とりあえずこの値で母分散を代用して標準誤差を求めることにしましょう。つまり，標準誤差を次のようにして求めます。

> **Word** 標準誤差（母分散が未知の場合）
>
> $$標準誤差 = \sqrt{\dfrac{不偏分散}{標本サイズ}}$$

　これならすでにわかっている値ばかりですので，標準誤差を算出することができます。これでめでたしめでたしといいたいところですが，残念ながらそうもいきません。というのも，不偏分散は「**母分散の推定値**」であって，母分散そのものではないからです。標本平均が母平均と必ずしも（というかほとんどの場合）一致しないのと同様に，不偏分散が母分散と完全に一致することもまずありません。そのため，「不偏分散」から算出した標準誤差で信頼区間を求める場合には，そうした「ずれが含まれている可能性」を考えて分布の形を調整する必要があるのです。そしてその際に使用されるのが，t 分布とよばれる確率分布です。

　この t 分布は母分散と不偏分散のずれを考慮に入れた確率分布で，**図5-2** のような形をしています。見た目は正規分布とよく似ているのですが，正規分布に比べてやや平たい形をしています。この t 分布は自由度（degree of freedom: df）とよばれる値によって形が変化し，自由度が小さいほど横に広い形に，自由度が大きいほど標準正規分布に近い形になる性質をもちます。なお，自由度が無限大の場合には，t 分布は標準正規分布

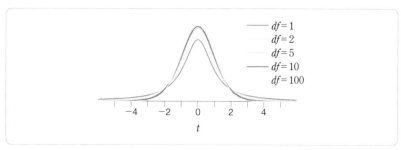

図5-2　さまざまな自由度におけるtの分布

と同じ形になります。

　この「自由度」というのは，統計法ではいたるところに登場する値なのですが，説明が厄介なものの代表格でもあります。自由度は，標本に含まれるn個の要素（測定値）のうちで「**自由**に値をとれるものの個数」と説明されることが多いのですが，おそらくそのように説明されてもピンとこない人がほとんどでしょう。ひとまずは，「標本サイズに応じて分布の形を調整するための値」と認識しておいてください。

　さて，母分散の代わりに不偏分散を用いる場合，信頼区間の算出ではこのt分布から得られるtの値をzの代わりに用いることになります。

Word　母平均の95%信頼区間（不偏分散を用いる場合）

$$95\%信頼区間の上限値 = 標本平均 + t \times \sqrt{\frac{不偏分散}{標本サイズ}}$$

$$95\%信頼区間の下限値 = 標本平均 - t \times \sqrt{\frac{不偏分散}{標本サイズ}}$$

　このtの値についても，zの場合と同様にt分布表（付表2）を用いて必要な値を求めます。その際の自由度は「標本サイズ－1」です。数値例の標本サイズは20ですので，「標本サイズ－1 = 20 － 1 = 19」を自由度としてt分布表で必要な値を探します。

　本書のt分布表は，両極端な部分の面積を基準とした**両側確率**の値に

なっています。95％の信頼区間を求めたい場合，平均値が極端に大きい場合（**上側**）と小さい場合（**下側**）のそれぞれ2.5％ずつ（両側で合計5％）を除いた範囲を設定する必要があるので，t分布表では「5％（.05）」の列で自由度19の行にある値を探します。すると，自由度19のtの値は2.093と求まります。標準正規分布を用いた場合，95％信頼区間の範囲は標準誤差の1.96倍でしたが，t分布を用いる場合にはそれより少し値が大きくなっています。これは，t分布が標準正規分布よりも横に広い形をもっているからです。

そしてこのtの値を用いると信頼区間は次のように求まります。

$$95\%信頼区間の上限値 = 標本平均 + t \times \sqrt{\frac{不偏分散}{標本サイズ}}$$

$$= 25 + 2.093 \times \sqrt{\frac{80}{20}} = 29.186$$

$$95\%信頼区間の下限値 = 標本平均 - t \times \sqrt{\frac{不偏分散}{標本サイズ}}$$

$$= 25 - 2.093 \times \sqrt{\frac{80}{20}} = 20.814$$

この結果から，平均値25，不偏分散80の標本から推定される母平均の95％信頼区間は，20.81〜29.19となります。

ii）母比率の信頼区間

平均値と同様に，母集団の比率についても区間推定がよく用いられます。母比率の信頼区間の推定には複数の計算方法がありますが，ここではその中で最も一般的なものについて説明することにします。次の例について考えてみましょう。

あるリサーチ会社が 500 人を対象に視聴率調査を実施したところ，「番組 A」の視聴率は 15％でした。この番組の視聴率の 95％信頼区間はどのようになるでしょうか？

　母比率の推定のところで例に挙げた視聴率や投票率は，ある番組を「見た・見なかった」，ある候補に「票を入れた・票を入れなかった」というように，各個人についての結果は 2 つの可能性のうちのいずれか一方しかありません。そのため，この比率は**二項分布**に沿った分布をしていると考えられます。

　第 4 章ではコイン投げを例に二項分布について説明しましたが，この視聴率の問題では「番組を見る」のが「表が出る」ことに，「標本サイズ（調査対象の人数）」が「繰り返しの数」，「番組を見た人の数」が「表が出る回数」に相当します。また，コインを複数回投げたときの表が出る回数の期待値（平均値）と分散は，次の式によって求められるのでした（第 4 章「二項分布」参照）。

$$期待値 = 試行回数 \times 成功確率$$

$$分散 = 試行回数 \times 成功確率 \times (1 - 成功確率)$$

　この式の「成功確率」を「視聴率」，「試行回数」を「標本サイズ」と置き換えると，この二項分布の期待値と分散が簡単に求まります。ただし，ここで問題としているのは視聴者**数**ではなく視聴**率**ですので，これらを比率に変換しなくてはなりません。視聴率については 15％とわかっているので，変換が必要なのは分散です。この場合の視聴率の分散は「視聴者数の分散」を「標本サイズ（調査対象者の人数）」で割った値になります。

$$視聴率の分散 = \frac{視聴者数の分散}{標本サイズ} = \frac{標本サイズ \times 視聴率 \times (1 - 視聴率)}{標本サイズ}$$

$$= 視聴率 \times (1 - 視聴率)$$

　そして，この分散を標本サイズで割った値の平方根が視聴率の標準誤差です。

$$視聴率の標準誤差 = \sqrt{\frac{視聴率の分散}{標本サイズ}} = \sqrt{\frac{視聴率 \times (1 - 視聴率)}{標本サイズ}}$$

$$= \sqrt{\frac{0.15 \times (1 - 0.15)}{500}} = \sqrt{\frac{0.1275}{500}} = 0.0159\ldots$$

　あとは母平均の信頼区間を算出した場合と同様に，95％信頼区間を設定するのに必要な z の値を求めればよいのです[*6]。該当する z の値は1.96ですので，この視聴率の95％信頼区間は次のようになります。

$$95\%信頼区間の上限 = 視聴率 + 1.96 \times 標準誤差$$

$$= 0.15 + 1.96 \times 0.02 = 0.1892$$

$$95\%信頼区間の下限 = 視聴率 - 1.96 \times 標準誤差$$

$$= 0.15 - 1.96 \times 0.02 = 0.1108$$

　この結果から，95％信頼区間の下限値は0.1108（11.08％），上限値は0.1892（18.92％）と求まりました。

　途中でいろいろな計算をしたので，母比率の信頼区間の算出式を整理しておきましょう。ここでは一般化のために「視聴率」を単に「比率」として示すことにします。

Word 母比率の95％信頼区間

95％信頼区間の上限＝比率＋1.96×標準誤差

$$= 比率 + 1.96 \times \sqrt{\frac{比率 \times (1 - 比率)}{標本サイズ}}$$

95％信頼区間の下限＝比率－1.96×標準誤差

$$= 比率 - 1.96 \times \sqrt{\frac{比率 \times (1 - 比率)}{標本サイズ}}$$

[*6]　ただし，このような計算が成り立つにはある程度の大きさの標本サイズが必要です。一般にはだいたい標本サイズが20～30程度以上必要とされています。

iii) その他の母数の信頼区間

信頼区間は，母平均や母比率だけでなく，母集団の分散や相関係数など，さまざまな値について算出できます。実際，研究論文の中では「相関係数の信頼区間」が「平均値の信頼区間」と同じくらいよく用いられています。ただ，相関係数の区間推定については少し複雑な数学的操作が必要ですので，本書では取り扱いません。また，母分散の区間推定は比較的単純な手順で可能ですが，研究論文に母分散の信頼区間が記載されていることは非常に稀ですので，これについても省略します。具体的な手順については触れませんが，いずれの場合も考え方そのものは母平均や母比率の信頼区間と同じです。点推定値には誤差があることを考慮し，母集団における分散や相関係数をより確実に捉えるために点推定値の前後に一定の幅を設けます。

ポイント

- 点推定では，母数（平均値や分散など）を1つの値を用いて**ピンポイントで推定**する
- 区間推定では，推定の誤差を考慮し，母数を含んでいると考えられる範囲を「**信頼区間（CI）**」として推定する
- 標準誤差は，「母集団から標本を無作為抽出して標本平均を算出する」という操作を何度も繰り返した場合の**標本平均の標準偏差**
- 標準誤差は，母数の推定における**推定精度の指標**の1つ

5.3節 まとめ

本章にも馴染みのない用語がたくさん出てきましたので，最後におさらいしておきましょう。**母数**（母集団がもつ値）と**標本統計量**，そして母数の**推定量**の関係は**図5-3**に示した通りです。図の中で「不偏」とあるものは期待値が母数に一致するもの，「近似」とあるものはわずかにずれがあるものです。

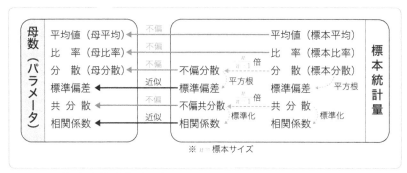

図5-3　母数と標本統計量，推定量の関係

1. 中学生（13歳〜15歳）におけるある心理特徴について研究したいとします。この場合の母集団として適当と考えられるのは以下のうちどれでしょうか。

　　ア．中学生100人
　　イ．中学生1000人
　　ウ．中学生1万人
　　エ．中学生10万人
　　オ．中学生全員

2. 次のデータは，ある母集団から無作為抽出した標本の測定値です。このデータをもとに，以下の各値を求めてください（数値は小数点以下3桁目を四捨五入して小数点以下2桁目までを表示）。

　　　　　　　　13　　4　　−20　　−17　　20
　　2-1. 母平均および母分散の推定値
　　2-2. 母平均の標準誤差の推定値
　　2-3. 母平均の95％信頼区間

3. ○○党の得票率について 400 人を無作為抽出した調査を実施したところ，結果は 30％でした。この結果から，母集団における得票率（母比率）とその 95％信頼区間を求めてください（計算途中は小数点以下 4 桁目までを保持，それ以降は切り捨て）。

 Column 無数に繰り返すなんて無理ですよね？

　確率や推測統計の説明でよく出てくる表現に「〜を無数に繰り返すと…」というものがあります。たとえば，「サイコロを数回投げただけでは各目の出現比率は 1/6 にならない場合もあるが，これを無数に繰り返すと出現率は 1/6 に近づく」とか，「母集団から無作為に標本抽出して平均値を求めることを無数に繰り返すと，その標本平均の平均値は母平均に一致する」といったのがそれです。

　しかし，サイコロを振るくらいならひたすら繰り返すこともある程度は可能でしょうが，「明日の降水確率は 30％です」というのはどうなるんでしょうか。確率を確かめるためには「明日」を無数に繰り返さなければなりませんが，明日を無限・無数に繰り返すなんて，SF に出てくる「無限並行宇宙」でもない限りは無理でしょう。

　気象庁によれば，「降水確率 30％」というのは，「30％という予報が 100 回発表されたとき，そのうちのおよそ 30 回は 1 mm 以上の降水があるという意味」だそうで，これだけを聞くとなるほどと思えなくもないのですが，しかし「明日の降水確率」の場合には，「明日の天気」というのは一度しか経験されないことなので，この定義だとやはりしっくりきません。

　この場合，おそらくは「過去のデータで 100 回中 30 回の頻度で翌日に 1 mm以上の降水が見られた特定の気象条件」というものがあり，それに「明日の降水確率 30％」という名前がつけられていて，そして「今日の気象条件」はこの「明日の降水確率 30％」と名づけられた気象条件にあてはまる，と解釈することになるのでしょう。もう何が何やら，頭がこんがらがりそうですね。

　ところで，こうした「無数に繰り返せば…」という考え方は，確率・統計の世界では**頻度主義**とよばれています。わざわざこのようなよび方をするということは，別の考え方もあるということです。そしてその別の考え方の 1 つが**ベイズ主義**です。ベイズ主義あるいは**ベイズ統計**とよばれる考え方は，ここ最近の一大ブームでもあります。

　頻度主義の考え方では，確率は「無数の反復によって得られる頻度の比率（**客観的確率**）」ですが，ベイズ主義の考え方では，確率は「確からしさについての信念（考え方）を数的に表現したもの（**主観的確率**）」と説明されます。たとえ

ば「明日の降水確率」について考えるとき，頻度主義の考え方では明日の天気は「雨が降る」か「雨が降らない」のどちらかしかなく，そこに直接確率を割り当てることはできません。だから，「明日の降水確率30%」を解釈するためにあれこれ理屈をこねくり回す必要があったわけです。しかし，ベイズ主義の考え方では「降水確率30%」というのは「雨が降るという確信の強さは100点満点中30点くらいだ」のように解釈できることになります。

　ベイズ統計はここ最近のブームだといいましたが，ベイズ統計の考え方自体は新しいものではありません。ベイズ統計は18世紀の数学家トーマス・ベイズの考え方に端を発し，それを19世紀〜20世紀初頭の数学者ピエール＝シモン・ラプラスが発展させたものです。これに対し，頻度主義に基づく推測統計がフィッシャーやネイマン，ピアソンらによって確立されたのは20世紀に入ってからのことですから，ベイズ統計の方が歴史は長いのです。ただ，フィッシャーら頻度主義の立場に立つ統計学者が「主観的なものを扱うのは科学的でない」としてベイズ流の考え方を強く否定したため，20世紀は頻度主義に基づく推測統計が主流となり，ベイズ統計は長期にわたって日陰に追いやられていました。

　また，ベイズ統計には計算量が膨大になってしまうという難点もありました。しかし，1950年代以降，コンピューターの発展によって計算が複雑で膨大であることは大した問題ではなくなりました。さらに，効率的な計算のための新たなアルゴリズム（問題を解決するための手順）やそれらを簡単に実行できるソフトウェアが開発されるなどしてベイズ統計がさまざまな場面に応用可能になり，その有用性が近年大きく注目されるようになったのです。

　なお，本書ではベイズ統計について少ししかふれていませんが，それは別にベイズ統計を否定しているからではありません。これまでの心理学研究のほとんどは頻度主義の考えに基づく推測統計を用いています。そして，それらを理解するためには，まずは従来型の統計についての知識や理解が重要になるからです。とはいえ，ベイズ統計は近年の大きなムーブメントであり，今後ますますその重要性が増すことでしょう。

第 6 章

統計的仮説検定

　前章では母集団がもつ値（**母数**）を標本から推測する方法について説明しました。標本統計量から母数を推定できるおかげで，比較的少数のデータから日本人全体や大学生全体といった集団全体に関する情報を手に入れることができるようになるわけです。

　ただ，心理学の研究においては「成人男性における○○の平均値がいくつか」ということよりも，「現在の若者とかつての若者で○○が異なるのか」とか，「××に○○が影響するのか」という部分に関心が向けられることの方が多いかもしれません。このような場合，単に母数を推定しただけでは肝心の問いに答えることはできません。

　このような場合に重要な役割を担うのが，推測統計を応用した統計的仮説検定（あるいは単に検定）です。統計的仮説検定は，標本から得られる情報をもとに，「母集団に関する仮説」（たとえば「現在の若者とかつての若者は○○の値が異なる」）が正しいといえるかどうかについて**確率的**に判断する手法です。心理学の研究では実にさまざまな統計的仮説検定が用いられていますが，本章ではまず検定そのものの考え方について説明します[*1]。

6.1節 ‖ 仮説検定の手順

> あるスポーツイベントで使用されているコイントス用のコインに不正が疑われています。表と裏の出る確率に偏りがあるのではないかというのです。その真実を確かめるため，そのコインを 50 回投げたところ，表が 33 回という結果が得られました。このコインに不正があるといえるでしょうか？

[*1]　統計的仮説検定の考え方は，その大部分が 1930 年代にイェジ・ネイマンとエゴン・ピアソンによって確立されたものですが，その考え方にはいくつかの**流派**とでもよべるものがあり，どれが主流かは時代によっても変化しています。

このコインに不正があるかどうかを統計的仮説検定で確めたいとしましょう。その場合，大まかに次の手順がとられます。

手順1. 統計的仮説を設定する（p.109）

手順2. 有意水準を設定する（p.111）

手順3. 検定統計量を求める（p.115）

手順4. 仮説の採否を判定する（p.116）

手順5. 検定結果を報告する（p.117）

いくつか聞きなれない言葉も含まれていますので，これらの手順についてこれから1つずつ見ていきます。

手順1. 統計的仮説の設定

このような問題を統計的仮説検定で扱うには，まず検定のための「仮説」が必要です。そしてその仮説は「コインに不正がある」というようなものではなく，「統計的に検定可能な仮説（統計的仮説）」でなければなりません。より具体的には，「母数に関する仮説」が必要なのです。また，その仮説は統計的に正しい（**真**）か誤り（**偽**）かの判断ができるようなものでなくてはなりません。つまり，統計的仮説は次の2つの条件を満たしている必要があります。

- 母数に関する仮説であること
- 「真」か「偽」かで判断できる形であること

たとえば，検定の仮説を「このコインで表が出る確率が1/2でない（表の確率（母比率）≠ 1/2)」という形で示したとしましょう。これなら母数（ここでは母比率）に関する仮説ですし，母比率が「1/2」でないかどうかという形でこの仮説の「真偽」を判断できそうです（**図6-1**）。

では「表の確率（母比率）≠ 1/2」という仮説を検定してみましょう，といいたいところですが，ここで1つ大きな問題があります。「表の確率（母比率）≠ 1/2」という状態を具体的にどう想定すればよいのでしょうか？　比率が2/3の状態でしょうか，それとも3/4の状態でしょうか。

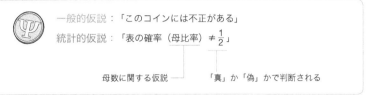

の内容:
一般的仮説：「このコインには不正がある」
統計的仮説：「表の確率（母比率）≠ $\frac{1}{2}$」

母数に関する仮説 ── 「真」か「偽」かで判断される

図6-1 一般的な仮説と統計的仮説の違い

あるいは1/3や1/4の状態を想定すべきなのでしょうか。実際，その可能性は無数にあるので，このままでは検定できません。

　そこで，発想を転換することにしましょう。「表の確率≠1/2」という仮説が正しいかどうかを直接確かめるのではなく，その反対の「表の確率＝1/2」が成り立つかどうかを確かめるのです。「表の確率＝1/2」という状態であれば，比率は1/2と決まっているので想定するのも簡単です。そもそも，「表の確率≠1/2」というのは，「表の確率＝1/2ではない」ということです。ということは，もし「表の確率＝1/2」という仮説が成り立つのなら，「表の確率≠1/2」は誤りということになり，そうでないなら「表の確率≠1/2」が正しいということになるわけです。

　「表の確率＝1/2」という仮説は，少し形を変えると「表の確率－1/2＝0」と表すこともできます。統計的仮説検定では，このように「違いがない（差＝0）」や「関連がない（相関＝0）」など，違いや関連が「ない」ことを仮定して，その仮定が成立するかどうかを確かめます。このような仮説は帰無仮説とよばれ，通常，研究者にとっては棄却（却下）されてほしい仮説（期待している結果とは逆の内容）になります。

　これに対し，「表の確率≠1/2」という仮説は帰無仮説に対立する形になることから対立仮説とよばれています。ほとんどの場合，研究者が採用したい仮説（実際に期待している結果）はこちらです。なお，統計的仮説検定では，具体的に状況を想定して計算を行うのは帰無仮説の方であるという点に注意してください。対立仮説は，検定の間はひたすら裏で待機し続け，「帰無仮説が棄却された場合」に初めて表に出てくるのです。

　このように，たとえ「不正がある」ことを示したい場合でも，まず「不正がない」という仮説（帰無仮説）が成り立つかどうかを確かめ，そこか

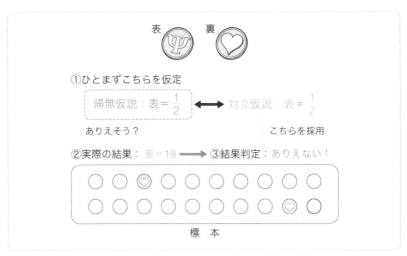

図6-2　仮説検定の一般的な流れ

ら本来知りたい仮説（「不正が**ある**」）の判断を行うというのが統計的仮説検定の基本的な流れです（**図 6-2**）。

> **ポイント**
> 📖 検定では「〜がない」という帰無仮説が成り立つかどうかを確かめる
> 📖 「〜がある」という対立仮説は，帰無仮説が**棄却**された場合に採用される

手順 2. 有意水準の設定

　帰無仮説を設定したら，次にすべきことは有意水準の設定です。統計的仮説検定では，まず帰無仮説（「表の確率＝ 1/2」）[2] が正しいという仮定のもとで計算を行い，その仮定では起こり得ないような極端な結果（たとえば「50 回中 49 回が表」）が得られた場合に帰無仮説を棄却（却下）します。では，「極端」というのはどれぐらいの確率をいうのでしょうか？

---

*2　以後，文中において帰無仮説はオレンジ色で，対立仮説は青色で書いていきます。

百分の1でしょうか，千分の1でしょうか，1万分の1でしょうか。この判断基準が有意水準です。データや計算結果を見てからでは自分に都合のよいように基準を設定してしまう可能性があるので，有意水準は「データを見る前」にあらかじめ決めておかなくてはなりません。

　一般に，統計的仮説検定では「極端」の基準として「5%」という基準を使用します[*3]。この基準を用いて仮説検定を行うことを，**「有意水準5%で検定する」**などと表現します。例題の「不正コイン」の問題についても有意水準5%で検定することにしましょう。なお，実はこの時点でもう1つ，この「5%」という有意水準を「両側」に設定するのか（これを両側検定といいます）「片側」に設定するのか（これを片側検定といいます）を決めなくてはならないのですが，それについては少し後で説明することにします。

　ところで，5%というと100回中5回（つまり20回に1回）の割合ということになりますが，これで「極端」といってしまってよいのでしょうか。確かに「20回に1回」は「1000回に1回」や「10000回に1回」に比べて「極端」という感じはしないかもしれません。ですが，あまりに基準を厳しくしすぎてしまうと，今度はほとんどの場合に帰無仮説を棄却できなくなってしまいます。「不正コイン」の例でいえば，表と裏の比率によほど極端な違いがない限りコインの不正を見抜けなくなってしまうということになり，それはそれで問題です。そこで，そのあたりのバランスを考えて慣習的に使用されている基準が「有意水準5%」なのです。

　統計的仮説検定ではこのような考え方で仮説の正しさについて判断するため，その判断が誤りであるという可能性を完全には排除できません。統計的仮説検定における帰無仮説とその判断結果は，**表 6-1** のようにまとめることができます。

　表 6-1 からわかるように，結果の判断には2種類の誤りパターンがあります。1つ目は，帰無仮説が正しい（コインに不正はない）にもかかわらず，それを棄却してしまう（不正だとみなす）という誤りです。この誤りは，第1種の誤りとよばれます（**図 6-3**）。先ほどあげた「有意水準

---

*3　研究領域や対象によっては1%や0.1%を使用する場合もあります。

表6-1　統計的仮説検定における帰無仮説と判断結果の関係

判断結果	真実	
	帰無仮説が正しい（不正はない）	帰無仮説は誤り（不正がある）
帰無仮説を棄却（不正とみなす）	誤った判断（第1種の誤り：α）	正しい判断（検定力：$1-\beta$）
帰無仮説を棄却しない（不正とみなさない）	正しい判断 $1-\alpha$	誤った判断（第2種の誤り：β）

図6-3　第1種の誤りと第2種の誤り

5%」という基準は，この第1種の誤り率を5%未満に抑えるためのものです。また，「第1種の誤りを犯す確率」はギリシャ文字の α で表されることも多く，「有意水準5%」は「$\alpha < .05$」などと書かれます。

2つ目の誤りは，帰無仮説が誤りである（不正がある）にもかかわらず，帰無仮説を棄却できない（不正を見抜けない）というものです。このタイプの誤りは第2種の誤りとよばれます。「第2種の誤りを犯す確率」は，ギリシャ文字の β で示されます。

この，2種類の誤りについて，トランプゲームの「ダウト」を例にみてみましょう。第1種の誤りというのは，本当は「不正でない」のに「不正である」と判断してしまう誤りのことで，これは「正しいカードなのに『ダウト』を宣言してしまう」のと同じです。これに対し，第2種の誤りは「不正である」のを見抜けない誤りですので，「うそのカードなのに『ダウト』を宣言しない」状態です。

自分がプレーヤーの1人だった場合，この2つのケースではどちらの

痛手の方が大きいでしょうか。間違って「ダウト」を宣言してしまうと（第1種の誤り），その場のカードをすべて引き取らなければならなくなるのでかなりの痛手です。これに対し，相手の嘘を見抜けなかった場合には（第2種の誤り），相手を利することにはなりますが，間違って「ダウト」を宣言した場合に比べると被害は小さいといえます。そのため，ゲームの中では間違って「ダウト」を宣言しないように，細心の注意を払うのではないでしょうか。統計的仮説検定の場合も同様で，検定では主に「第1種の誤り」を避けることに注意が払われます[*4]。

　なお，統計的仮説検定では，第2種の誤り（β）そのものよりも，第2種の誤りを犯さない確率，つまり「帰無仮説が誤りである場合にそれが棄却される確率（「ダウト」を正しく見抜ける確率）である「$1-\beta$」の方が関心対象となることが多く，この「$1-\beta$」は，検定力や検出力とよばれています。有意水準には慣習的に5％未満（$\alpha < .05$）という基準が用いられますが，検定力については慣習的に80％以上（$1-\beta \geqq .80$）という基準が用いられます。

　なお，必要な検定力を得るには標本サイズが適切でなくてはなりません。つまり，十分な検定力を得るためには，実験や調査の計画段階であらかじめ必要な標本サイズを計算しておく必要があるのです。本書ではとりあげていませんが，設定した検定力を得るために必要な標本サイズを計算する手法として検定力分析とよばれる方法があります。

ポイント

- ☞ 帰無仮説が正しいのにそれを棄却してしまうのが第1種の誤り（α）
- ☞ 帰無仮説が正しくないのにそれを棄却しないのが第2種の誤り（β）
- ☞ 第1種の誤り率をどれくらい低く抑えるかの基準が有意水準
- ☞ 第2種の誤りを犯すことなく判断できる可能性が検定力

[*4]　これは第2種の誤りを考慮しなくてよいという意味ではありません。統計的仮説検定においてこの2つの誤りはどちらも重要なのですが，まずは第1種の誤りを避ける方に重点をおいて検定が実施されているというだけのことです。

　有意水準を設定したら，次にすべきことは検定統計量の算出です。検定統計量にはさまざまなものがありますが，比率に関する検定では比率や頻度を表す値，差の有無に関する検定では差の大きさを表す値というように，統計的仮説と直接関連した値が用いられるのが一般的です。

　「不正コイン」の問題では，検定対象となる仮説は「表の確率（母比率）＝ 1/2」なので，検定統計量には「比率」や「頻度」を示す値を用いるのが適切でしょう。そこで，ここでは「表の回数（頻度）」を検定統計量として用いることにします。つまり，検定統計量は「表の回数＝ 33」です。

　必要な検定統計量が求まったら，「帰無仮説が正しい」と仮定した場合の検定統計量の分布を求めます。この場合の検定統計量（表の回数）の分布は「表の確率＝ 1/2 のコインを 50 回投げた場合の二項分布」（4.2 節 A）です。つまり，もし帰無仮説が正しいなら，検定統計量は**図 6-4** のような分布になるはずです。

　このようにして検定統計量の値と想定される分布が求まったら，「表の回数＝ 33」という値と想定される分布を照らし合わせ，帰無仮説を棄却するかどうかの判断を行います。

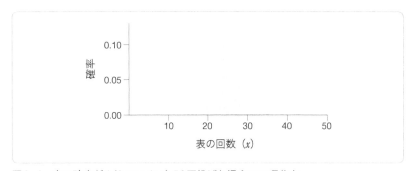

図6-4　表の確率が1/2のコインを50回投げた場合の二項分布

> **ポイント**
>
> ▶ 「**帰無仮説が正しい場合**」を想定して算出される値が検定統計量
> ▶ 検定では，標本から算出した検定統計量が，「帰無仮説が正しい場合に想定される分布」にあてはまるかどうかを見る

　「有意水準 5%」で検定する場合，この検定統計量の値がいくつだったら帰無仮説が棄却されるのでしょうか。それを示したのが**図 6-5** です。図 6-5 では，「帰無仮説が正しいと仮定した場合」の検定統計量の分布において，値の出現率が 5% 未満である領域を赤で示してあります。帰無仮説が正しいならば，標本データから算出される検定統計量がこの範囲の値になる確率は 5% 未満しかないので，これらは「極端」な値です。標本から得られた検定統計量がこの範囲の値であった場合，「帰無仮説が正しい」という仮定には無理があるということになります。その場合には帰無仮説を**棄却**して，代わりに対立仮説を採用します。

　なお，図 6-5 に赤色で示された領域は，検定統計量がこの範囲の値である場合に帰無仮説が棄却されることから**棄却域**とよばれます。これに対し，棄却域以外の部分（グレーの部分）は**採択域**とよばれます。また，棄却域と採択域の境目の値を**臨界値**とよびます。

　図 6-5 から，有意水準 5% における検定統計量（表の回数）の臨界値は 18 回と 32 回で，表の回数が 18 回より少ないか，または 32 回より多ければ棄却域に入ります。そして今回の「不正コイン」問題では表の回数は 33 回でしたから，その値は「棄却域」に入っています。そのため，帰無仮説（表の確率＝ 1/2）が正しいと考えるのは無理があるということになり，帰無仮説が棄却されて対立仮説（表の確率 ≠ 1/2）が採用されます。このように，検定によって帰無仮説が棄却された場合のことを「（統計的に）有意」であるといいます。

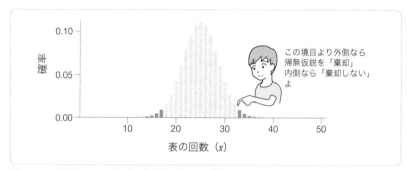

図6-5　50回のコイン投げで出現率が5%未満になる範囲（棄却域）

帰無仮説（関係・差がない）が
棄却（却下）された場合を
「有意」というよ

私のチョコケーキ
知らない？

し、し、
知らないよ

（直感的に）有意
あの態度、口の周りのチョコ、
「知らない」なんてありえないわね

帰無仮説

手順 5. 検定結果の報告

　検定が終わったらその結果を報告しなくてはなりません。結果を報告する際には，単に帰無仮説が棄却されたかどうかだけでなく，その判断の根拠となる情報も合わせて提供する必要があります。たとえば，「不正コイン」問題の検定結果を報告するとしたら次のような形になるでしょう。実際の報告では太字にしたりしませんが，ここでは説明のために重要箇所を太字で示します。

> このコインに不正があるかどうかを確かめるために **50 回のコイン投げを実施した**ところ，**表が出たのは 33 回**であった。コインに不正がない（**表の確率は 1/2**）という帰無仮説のもとで**二項検定**を行ったところ，表の出現率に**有意な偏り**が見られた（$p < .05$）。

　結果報告でどの値を示すべきかは検定の種類によって少しずつ異なりますが，どの検定の場合でも「検定に使用した検定統計量の分布」と「得られた結果の極端さ」を特定できる情報を示すのが基本です。今回は「二項分布を用いた検定」（二項検定[*5]）を行ったので，検定に用いた分布を特定するには少なくとも「二項検定を行った」ということと「試行回数」，

「成功率（表の確率）」の情報が必要です。また，標本から得られた検定統計量の極端さを知るには，標本における「表の回数（あるいは「表の割合」)」を報告しなければなりません。

　検定の結果，帰無仮説が棄却された場合（結果が**有意**だった場合），どの有意水準で有意であったのかは「$p < .05$」のような形で示します[*6]。今回は有意水準5％で検定して有意な結果が得られたので，$p < .05$ と示すわけです。もし有意水準1％あるいは0.1％で検定を行ったなら，結果が有意であった場合には $p < .01$（有意水準1％で有意）や $p < .001$（有意水準0.1％で有意）という書き方になります。また，帰無仮説が棄却されなかった場合には，「n.s.」や「NS」という表記がよく用いられます[*7]。また，5％という有意水準を超えるものであるという意味で，「$p > .05$」と書かれることもあります（**表6-2**）。

　ここで何度も「p」という文字が出てきますが，これは有意確率（p 値）とよばれる値です。この p 値は，「帰無仮説が正しいと仮定した場合の検定統計量の分布」において，標本から得られた値以上に極端な値になる確率がどの程度あるかを示しています。つまり，この p の値が小さければ小さいほど，算出された検定統計量が確率的に「極端」な値であるという

表6-2　検定結果の示し方

帰無仮説	表記	意味
棄却	$p < .05$	有意水準5％で有意
棄却	$p < .01$	有意水準1％で有意
棄却	$p < .001$	有意水準0.1％で有意
保持	n.s.	有意でない
保持	NS	有意でない
保持	$p > .05$	有意でない

[*5]　ここでは通常とは少し違う形で二項検定を行いました。実際の二項検定の手順は第10章の「二項検定」を参照してください。

[*6]　確率がとりうる値は0から1までで，確率が1の場合を除いて1の位は常に0になります。そのため，1の位の0はしばしば省略して表記されます。つまり，$p < .05$というのは$p < 0.05$の0を省略した書き方です。

[*7]　いずれも「not significant（有意でない）」の略。

ことになるのです。統計ソフトでは検定統計量の計算結果と合わせて p 値が表示されるのが一般的で，その場合，p 値が「0.05 未満（$p < .05$）」なら「有意」，そうでなければ「有意でない」と結果を判定します。

　ところで，かつては統計法の教科書などにつけられている数値表で結果が有意かどうかを判断していましたので，「$p < .05$」という表記が主流でした。しかし，現在では統計ソフトや表計算ソフトによって簡単に p 値を求めることができるようになったこともあり，「$p < .05$」というような書き方ではなく，「$p = .012$」のように計算によって得られた有意確率（p 値）をそのまま記載することも多くなってきました[8]。たとえば，今回の「不正コイン」の問題では，表が 33 回よりも極端な値になる確率は 0.033（3.3％）なので，この形式で書くならば「$p = .033$」となります[9]。

6.2節 検定結果の解釈

　「不正コイン」問題では，検定結果が**有意**になりました。この「有意」というのは具体的にどういうことでしょうか。検定結果が有意ということは，帰無仮説（表の確率 $= 1/2$）が棄却され，対立仮説（表の確率 $\neq 1/2$）が採用されたということですので，「表が出る確率に偏りがある（不正コインである）」という結果だったということです。ただし，「有意水準

---

[8]　こうした結果の書き方については，有意確率（p 値）を記載すべきとする立場と，有意水準（$p < .05$）のみを記載すべきであるとする立場があります。たとえばアメリカ心理学会（APA）の論文執筆基準では，p が 0.001 未満のような小さな値である場合を除き，有意確率 p の詳細な値を示すことが求められています。
[9]　この確率の求め方については第 10 章の「二項検定」（10.1節）で詳しく説明します。

5%」の検定の場合，帰無仮説が正しいのに棄却してしまう「第1種の誤り」の可能性が最大で5%あるわけですから，この判断が絶対的なものだと勘違いしないよう注意が必要です。

では，検定結果が「有意でない」場合はどうでしょうか。たとえば，先ほどの「不正コイン」問題で表の回数が**50回中32回**だったとしましょう。32回だと棄却域には入らないので（図6-5参照），検定結果は有意ではありません。この場合，「表が出る確率に偏りはない（不正コインではない）」という結論になるのでしょうか。そうではありません。この場合，結論としては「表が出る確率に偏りがあるとはいえない（不正コインであるとはいえない）」が正しいのです。「偏りがあるとはいえない」というのはなんとも曖昧な表現ですが，なぜこのようになるのでしょうか。

これについて考えるには，刑事裁判の一場面を想像してみるのがわかりやすいでしょう。統計的仮説検定における「結果が**有意である**」というのは，裁判における「被告は**有罪**である」に相当します。被告が有罪とされるには「十分な証拠」がなくてはなりませんが，それは統計的検定でも同じです。検定においては，「$p < .05$」というのが「十分な証拠」です。

また，検定における「結果が**有意でない**」は，裁判においては「被告は**無罪**」に相当します。ここで注意してほしいのが，裁判における「無罪」というのは「有罪でない」という意味であって，「無実である」という意味ではないといことです。「無罪」には，「犯罪行為の事実はない（無実である）」という場合と「有罪と判断するには証拠不十分である」という場合の両方が含まれているのです。そしてこれは統計的仮説検定でも同じです。「結果が有意でない」場合には，「帰無仮説が正しい」場合もあれば，「帰無仮説を棄却するには根拠が弱い」という場合もあるのです。

「不正コイン」の問題でも，表の回数が**50回中26回**であったような場合であれば「表の確率＝1/2という帰無仮説は正しい」といってもよいかもしれません。これはいわゆる「無実」のケースです。しかし，**50回中32回**で表だった場合，検定結果は

あやしい……
けど断定できない……

有意でない

あれ？そっち
少し多くない？

気のせいだよ

「有意でない（n.s.）」のですが，それより1回多い33回であれば「有意（$p < .05$)」になるわけですから，「帰無仮説が正しい」とまではいえないでしょう。つまり，「50回中で表が32回」の場合は，「帰無仮説を棄却するには根拠が弱い」という，いわゆる「証拠不十分」のケースということです。そのため，「不正がないとはいえないが，不正があるともいえない」という，なんとも曖昧な結論になってしまうのです。

ポイント

- ☞ 「結果が有意」は「帰無仮説が棄却された＝対立仮説が採用された」である
- ☞ 「結果が有意でない」は「帰無仮説の棄却には証拠不十分」である
- ☞ 「結果が有意でない＝帰無仮説が正しい」ではない

6.3節 片側検定と両側検定

　「不正コイン」問題では，帰無仮説は「表の確率＝1/2」，対立仮説は「表の確率≠1/2」で，「棄却域」は**分布の両側に2.5%**ずつ，合計で5%になるように設定しました。これは，「コインに不正がある」という場合，「表が出やすい（表＞1/2）」ということもあれば，「表が出にくい（表＜1/2）」ということもありうるからです。このように，分布の両側に棄却域を設ける検定方法を両側検定といいます[*10]。

　しかし，大小いずれか一方のみを想定して検定する場合というのもあります。たとえば，ある心理検査について，開発から数十年経って内容が時代にそぐわなくなってきたので改定したいという場面を考えてみましょう。この場合，改定によって測定精度が悪くなっては困りますが，以前と同程度か以前より良くなっているなら問題ないでしょう。するとここでは「改

[*10]　例題の場合，表の回数は50回中33回だったのに，なぜ「表が出にくい」場合について考える必要があるのかと思った人もいるかもしれません。ですが，統計的仮説や有意水準の設定は「50回中33回だった」というような結果を見る前に行われるものです。そのため，表が出やすい場合と出にくい場合の両方を考える必要があるのです。

定後」の検査精度が「改定前」の検査精度と比べて「低下していないかどうか」だけが関心となりますので，この場合の帰無仮説は「改定後の精度＝改定前の精度」，対立仮説は「改定後の精度＜改定前の精度」となり，棄却域は**分布の下側のみに**5%の幅で設けることになります。このように，分布の上側あるいは下側のいずれか一方のみに棄却域を設けるものを片側検定といいます。なお，片側検定が用いられるのは，この例のように一方の側の偏りが問題とされない場合や一方の側の偏りが理論上考えられない場合など，ごく限られた場合のみです。

ポイント

- 分布の両側に棄却域を設ける方法を両側検定という
- 両側検定では，分布の**両側それぞれ**に有意水準の**半分**の大きさの棄却域を設ける
- 分布の片側のみに棄却域を設ける方法を片側検定という
- 片側検定では，分布の**上側または下側のいずれか一方**に有意水準と**同じ大きさの棄却域**を設ける

6.4節 パラメトリック検定とノンパラメトリック検定

次章でとりあげる平均値の検定では，標本データの母集団が**正規分布**であると仮定して検定を行います。母集団に特定の確率分布を仮定するのは，そうすることで計算が単純になるからです。平均値の検定では正規分布を仮定することが多いのですが，正規分布は**平均値**と**分散**という 2 つの**パラメータ**さえわかれば分布の形全体を正確に知ることができます。このように，少数のパラメータで形が決まる確率分布を利用して，正確かつ効率的に検定を行おうとする手法をパラメトリック検定といいます。

ただし，この方法は母集団の実際の分布が仮定からかけ離れている場合には見当はずれな結果になる可能性が高まります。そこで，母集団の分布に特別な仮定を設けず，母集団がどのような分布をもっていてもあまり影響を受けることのない頑健な方法で検定を行おうとするのがノンパラメトリック検定です。このため，ノンパラメトリック検定は分布によらない検

定とよばれることもあります。

　ノンパラメトリック検定とパラメトリック検定の両方が使用可能な状況
では，一般にはパラメトリック検定が優先的に用いられます。なぜなら，
母集団の分布に対する仮定が妥当な場合には，パラメトリック検定の方が
検定力が高い傾向にあるからです。ただし，結果の**頑健性**が重視される場
面では，母集団分布の形によらず結果の正しさがある程度保証されるノン
パラメトリック検定が優先的に用いられることもあります。

> **ポイント**
>
> ▶ 母集団の分布に**特定の確率分布を仮定する**のがパラメトリック検定
> ▶ 母集団の分布の形に**とくに仮定を設けない**のがノンパラメトリック
> 　 検定

6.5節 効果量

　統計的仮説検定の結果が「有意」であるということは，「関係が **0 でな
い**」あるいは「差が **0 でない**」ということであって，「関係が強い」や
「差が大きい」という意味ではありません。また，有意確率（p 値）も，
帰無仮説が正しいと仮定した場合の分布における極端さを示しているだけ
ですので，p 値が小さいから「関係が強い」あるいは「差が大きい」とい
うわけではありません。

　実際，標本サイズが大きい場合には，「ごく弱い関係」や「ごく小さな
差」が有意になることがあります。たとえば，本書ではとりあげていませ
んが，相関係数については「相関が 0 である」という帰無仮説のもとで
検定（無相関検定）がよく行われます。その場合，400 以上の標本サイ
ズがあれば，$r = 0.1$ のような小さな相関係数でも「5 ％水準で有意
（$p < .05$）」になるのです。このとき，「相関係数が有意である」というの
は「相関 0 の母集団から無作為に選んだそのサイズの標本で $r = 0.1$ よ
り大きくなることは考えにくい」ということであって，相関が強いという
ことではありません。関係の強さは p 値ではわからないのです。

そのため近年では，関係の強さや差の大きさを数量的に把握するために効果量という値を用いるのが一般的になってきました。APA（アメリカ心理学会）の論文執筆マニュアルや日本心理学会の『執筆・投稿の手びき』でも，検定結果に加えて効果量を示すことが求められています。

表6-3　効果量rの大きさの目安

r	効果の大きさ
0.5	大
0.3	中
0.1	小

効果量として用いられる値にはさまざまなものがありますが，一般には**相関係数**や**標準偏差**など，標本サイズによる影響を受けにくい値を基準としたものが多く用いられます。そう，相関係数も効果量の１つなのです。ただし，相関係数を効果量として解釈する場合，その関係の強さ（効果の大きさ）の解釈には**表6-3**のような目安が用いられます[11]。

ポイント

- ☞「統計的に有意」は「関係が強い」や「差が大きい」**ではない**
- ☞「関係の強さ」や「差の大きさ」は効果量で示される

6.6節 まとめ

項目	説明
統計的仮説検定	推測統計の考え方を用いて，母数に関する仮説の真偽を確率的に判断する手法
帰無仮説・対立仮説	**〜がない**という形をとり，検定統計量算出の前提となるのが帰無仮説，**帰無仮説と対立**する形をとり，帰無仮説が**棄却された場合**に採用されるのが対立仮説
第1種の誤り・第2種の誤り	**帰無仮説が真**なのに棄却してしまうのが第1種の誤り，**帰無仮説が偽**なのに棄却しないのが第2種の誤り
有意水準（α）	その検定で許容される第1種の誤り率の**最大限度**

---

[11]　本書ではCohen（1988）に基づく値を目安として示しています。

有意確率（p値）	**帰無仮説が真**と仮定した場合に，標本データから得られる統計量より極端な値が得られる確率
検定力（$1-\beta$）	その検定において期待される第2種の誤りの**回避率**
統計検定量	帰無仮説の真偽を判断するために算出される値
有意・有意でない	検定で帰無仮説が**棄却された場合**が「**有意**」，棄却されなかった場合が「**有意でない**」
片側検定・両側検定	検定統計量が分布の**両側**に棄却域を設定するのが両側検定，**どちらか一方**のみに棄却域を設けるのが片側検定
パラメトリック検定・ノンパラメトリック検定	母集団分布の形に**仮定を設けて**検定するのがパラメトリック検定，**仮定を設けない**のがノンパラメトリック検定
効果量	関係の強さや差の大きさを数量的に表す値

練習問題

　統計的仮説検定の考え方について確認をしましょう。以下の各記述について，統計的仮説検定の考え方として正しいものは「正」，そうでないものは「誤」で答えてください。

1. 統計的仮説検定では，「帰無仮説が正しいならばこうなるはず」という形で計算を行う。‥‥‥‥‥‥‥‥‥‥‥‥‥‥‥ [正・誤]

2. 検定の有意水準（α）は，その検定結果が間違いである確率のことである。‥‥‥‥‥‥‥‥‥‥‥‥‥‥‥‥‥‥‥‥ [正・誤]

3. 検定力は，検定結果が正しい確率を示している。‥‥‥‥ [正・誤]

4. 有意確率（p値）は帰無仮説が正しい確率を示している。
‥‥‥‥‥‥‥‥‥‥‥‥‥‥‥‥‥‥‥‥‥‥‥‥‥‥ [正・誤]

5. p値が小さければ小さいほど，「関係が強い」あるいは「差が大きい」ということである。‥‥‥‥‥‥‥‥‥‥‥‥‥‥ [正・誤]

6. 「結果が有意」とは，その検定結果に「実質的な意味がある」ということである。‥‥‥‥‥‥‥‥‥‥‥‥‥‥‥‥‥ [正・誤]

7. 「結果が有意でない」ならば，それは「帰無仮説が正しい」ということである。‥‥‥‥‥‥‥‥‥‥‥‥‥‥‥‥‥‥ [正・誤]

8. 両側検定の方が片側検定よりも判断基準が厳しいため，検定では両

側検定を使用すべきである。……………………………………… [正・誤]

9. 平均値の検定をパラメトリック検定といい，それ以外の検定をノンパラメトリック検定という。……………………………………… [正・誤]

10. パラメトリック検定では，母集団の分布について設けた前提が満たされている必要がある。……………………………………… [正・誤]

Column　仮説検定禁止令?

　2015年，社会心理学系の学術誌『Basic and Applied Social Psychology（基礎・応用社会心理学）』で「仮説検定禁止」の編集方針が発表されてちょっとした話題になりました。なんでも，「統計的仮説検定という**不毛な構造**から著者を解放することで，**創造的思考の障壁**をなくし，投稿される論文の品質が向上することを期待して」のことなのだそうです。これはなかなかに急進的な措置ですが，実はこれまでにも統計的仮説検定に対してはさまざまな批判がありました。

　一般に，研究者が学術誌に投稿した学術論文は，別の専門家によって審査（査読）され，「公表の価値がある」と判断されたものだけが掲載されるという形をとります。ただ，この仕組みではどうしても「何らかの発見」があった研究論文が採用されやすいという傾向が生じます。つまり，検定結果が「有意でない（*n.s.*）」場合よりも「有意（$p < .05$）」な方が論文が採用されやすいのです。

　研究者にとっては論文が学術誌に掲載されることが研究業績につながるので，論文が掲載されるかどうかはとても重要な問題です。だから，何とか「有意な結果」を出して学術誌に論文を掲載してもらおうと躍起になる研究者がいるわけです。

　その結果，ぎりぎり有意でない結果だった場合に，後からデータを追加するなどして結果を無理やり有意にしようとする「p値ハッキング」とよばれる**問題行為**が横行するようになってしまいました。「$p < .05$」という基準が金科玉条のようになってしまって，「とにかく$p < .05$になればよい」というような風潮ができあがってしまったのです。

　また，こうした問題の背景には，統計ソフトの普及も一因としてあります。統計ソフトのおかげで，結果が有意になるまで手当たり次第に検定を実行するようなことが簡単にできてしまうからです（もちろんこれも問題行為です）。それ以前の問題として，統計法を理解していなくても統計ソフトで結果（のように見える何か）が出せてしまうせいで**検定の誤用**が増えているという指摘もありますが。

　この雑誌の編集方針をものすごくかいつまんでいえば「小手先のごまかしは許さぬ」ということであり，「記述統計だけで十分なくらいに大きな標本を使うべ

し」ということなのですが，研究分野や対象によっては「大きな標本」を得るには膨大な手間や費用がかかる場合もあるので，この方針には否定的な意見もあるでしょう。実際，専門家の間でもこの問題に対しては見解が分かれています。基準がないと判断に困るけれども，一律の基準を設ければ「その基準をいかにクリアするか」みたいなおかしな「攻略法」が出てくるのは目に見えているしということで，なかなか難しい問題なのです。

　今後どうなるのかについてはよくわかりませんが，少なくとも「p 値偏重」への批判は弱まらないでしょう。そして，どんな手法を使うにしろ，その背後にある「考え方」の理解が今まで以上に求められるようになるはずです。

第 7 章　平均値の検定1（t検定）

　平均値の差の検定は心理統計の中でもとくに利用頻度が高いものの1つです。平均値の検定にはいくつかの手法がありますが，本章ではまず比較したい平均値が2つ以下の場合をとりあげます。

7.1節 ┃ 1標本の平均値の検定

　まずは，平均値の検定の中でも最も基本的なものから見ていきましょう。**標本データが1種類の場合**の検定です。

A. 母分散が既知の場合（z検定）

　次の例について考えてみましょう。

> 平均点が50点，標準偏差が10になるように作成されている心理検査があります。このテストが作成されたのは30年近く前のことで，現在では平均値が50でないのではないかと疑念がもたれています。今回，16人を無作為抽出してこの検査を実施したところ，その平均値は55点という結果でした。この結果から，この検査の平均点が50点でないといえるでしょうか？

　この例では，心理検査得点の平均値（母平均）が「50でない」といえるかどうかを確かめるのが目的です。ここでは標本データから得られる平均値は1つだけで，この平均値と想定される平均値に違いがあるかどうかについて検定を行うことになります。このような検定は，「1つの平均値の検定」や「1標本の検定」などとよばれています。

　それでは，この問題について統計的仮説検定を用いて考えてみることにしましょう。前章でとりあげた統計的仮説検定の大まかな手順は次の通りです。

手順 1. 統計的仮説を設定する
手順 2. 有意水準を設定する
手順 3. 検定統計量を求める
手順 4. 仮説の採否を判定する
手順 4′. 効果量を算出する（本章で新たに解説します）
手順 5. 検定結果を報告する

検定の手順

本章でも第 6 章と同じく，帰無仮説の説明はオレンジ色で，対立仮説の説明は青色の文字で表します。

i）手順1・2．統計的仮説と有意水準の設定

まず最初にすべきことは，帰無仮説と対立仮説という 2 種類の**統計的仮説**を立てることです。ここでは，「母集団における平均値は 50 点である」，つまり母集団において「平均値＝ 50（平均値－ 50 ＝ 0）」であるというのが帰無仮説です。

また，例題では母集団の平均値が 50 より大きい場合も小さい場合もどちらも考えられますので，検定は**両側検定**になります。したがって，対立仮説は「母集団の平均値は 50 点でない」，つまり「平均値≠ 50（平均値－ 50 ≠ 0）」となります。

　　　帰無仮説：平均値－ 50 ＝ 0　　　対立仮説：平均値－ 50 ≠ 0

有意水準については，慣習にならって「5％」とします。なお，これ以後の検定では，とくに記載のない限り，5％の有意水準を用いることとし，手順 2 の説明は省略します。

ii）手順3．検定統計量とその分布

次に**検定統計量**ですが，「平均値－ 50 ＝ 0」が帰無仮説なので，この帰無仮説で想定される母平均と標本から算出される母平均推定値（つまり標本平均）のずれの大きさを検定統計量として用いるのが自然な流れで

しょう。すると、この場合の検定統計量は、「標本平均－想定される母平均」として求められます。この値が 0 に近ければ帰無仮説を保持し、0 から離れた極端な値であれば帰無仮説を棄却すればよいわけです。

例題データの標本平均は 55、帰無仮説が想定する母平均は 50 ですので、その差は 55 － 50 ＝ 5 です。ただし、この差が「極端に大きい」といえるかどうかは測定単位や分散によっても変わりますので、このままではこの値が帰無仮説を棄却できるかどうかは判断できません。そこで、次に帰無仮説が正しいと仮定した場合の分布を考えてみることにしましょう。

この心理検査得点の現在の母集団がどのような分布になっているのかは不明ですが、ひとまずこの検査が作成された当時の値を用いて、平均値 50、標準偏差 10（分散は $10^2 = 100$）の**正規分布**であるものと仮定しましょう。つまり、ここでは**パラメトリック検定**を行います[*1]。母集団が平均値 50、標準偏差 10 の正規分布であると仮定すると、帰無仮説が正しい場合の検査得点の分布は**図 7-1** のようになります。

ここで**中心極限定理**（4.3 節 A）を思い出してください。ある母集団から標本を無作為抽出して平均値を求めるという操作を繰り返し行った場合、その平均値の期待値は母平均と同じになり、そして分散は母分散の「1/標本サイズ」の大きさになるのでした。そして、この「平均値の分散」を標準偏差の形で表したものが**標準誤差**です。

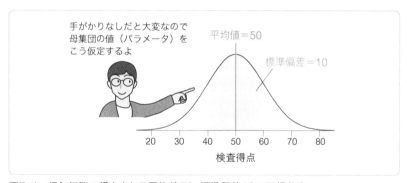

図7-1　帰無仮説で想定される平均値50、標準偏差10の正規分布

つまり，帰無仮説が正しいと仮定するならば，図7-1の分布から得られる標本の平均値は，その大部分が次の標準誤差の範囲に散らばることになります。

$$標準誤差 = \sqrt{\frac{母分散}{標本サイズ}} = \sqrt{\frac{10^2}{16}} = 2.5$$

　標準誤差は「標本平均の標準偏差」なので，先ほどの「標本平均」と「想定される母平均」の差を標準誤差で割れば，差の大きさを標準得点 z に変換することができます（標準得点については第1章p.14を参照）。

$$z = \frac{標本平均 - 母平均}{標準誤差} = \frac{55 - 50}{2.5} = \frac{5}{2.5} = 2.0$$

　ここから，標本平均と母平均の間の5という差は，帰無仮説が正しい場合に想定される標準誤差の2倍の大きさであることがわかります。また，z は標準得点ですから，その分布は標準正規分布です。ここまでわかれば，あとは標準正規分布表（付表1）からこの z の値より極端な値がどれくらいの確率で生じるのかを求めることができます。

　このように，例題では z の値が検定統計量となります。検定に z の分布（標準正規分布）を用いるので，この手法は z 検定とよばれます。

Word z 検定

$$z = \frac{標本平均 - 母平均}{標準誤差} = \frac{標本平均 - 母平均}{\sqrt{\dfrac{母分散}{標本サイズ}}}$$

ⅲ）手順4．仮説の採否判定

　帰無仮説が正しいと仮定した場合，検定統計量 z は標準正規分布に従います。また，ここでは**両側検定**で検定しているので，標準正規分布において上側と下側のそれぞれ2.5％（両側5％）の範囲を棄却域として設定します。

巻末の標準正規分布表（付表1）から，片側確率が「0.025」となる z の値は 1.96 と求まるので，分布の両側でこれより極端な値の部分（**図7-2** の赤色の領域）が棄却域になります。そして，算出した z の値が棄却域に入れば帰無仮説を棄却して対立仮説を採用し，そうでない場合には帰無仮説を保持します。

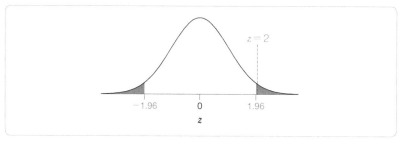

図7-2　標準得点 z における両側5％棄却域

　例題データでは $z = 2$ で 1.96 より大きいため，z の値は棄却域に入ります。そのため，帰無仮説「平均値 − 50 = 0」は棄却され，対立仮説「平均値 − 50 ≠ 0」が採用されます。つまり，「この心理検査の母集団の平均値は 50 点と有意に異なる」というのが検定結果です。

iv）手順4′．効果量の算出

　近年では検定結果と合わせて**効果量**を示すことが一般的になってきていますので，結果報告の前に効果量についても算出しておきましょう。差の大きさを表す効果量として最も一般的に用いられている値はコーエンの d とよばれるもので，次の式により求められます。

z検定の効果量（コーエンのd）

$$d = \frac{|\text{標本平均} - \text{母平均}|}{\text{標準偏差}} = \frac{|\text{標本平均} - \text{母平均}|}{\sqrt{\text{母分散}}}$$

　この例題では母集団の標準偏差は 10 なので，d の値は次の通りです。

$$d = \frac{|55 - 50|}{10} = 0.5$$

　d の式は z の式とよく似ていますが，式の分母が標準誤差ではなく標準偏差になっている点に注意してください。標準誤差は「母集団から抽出された標本の平均値のばらつき」を示す値で，これは標本サイズが大きくなるほど小さくなる性質をもちます。これに対し，標準偏差は「母集団そのものにおける値のばらつき」で，標本サイズによる影響は受けません。

　この d の値がどの程度大きいといえるかについては，一般に**表7-1** の基準が目安として用いられています。今回の結果では $d = 0.5$ ですので，中程度の効果量（中程度の差の大きさ）ということができます。

「差がある」といえるかどうかは**検定**で

「差の大きさ」は**効果量**で判断するんだ

表7-1　コーエンのdの大きさの目安

d	効果の大きさ
0.8	大
0.5	中
0.2	小

v）手順5．検定結果の報告

　最後に検定結果の報告です。ここでは，すでに標本サイズや平均値については報告されているものとして，検定結果の中核部分のみを示すことにします。一般的な研究論文では，検定結果は文末にカッコの中に入れて示します。z 検定の場合，最低限記載すべき項目は算出した「z の値」と「有意確率」です。また，効果量は検定結果の後ろに示すのが一般的です。

この心理検査の平均値が 50 と異なるといえるかどうかについて z 検定を行ったところ，平均値の差が有意であった（$z = 2.00$, $p < .05$, $d = 0.50$）。

B. 母分散が未知の場合（t 検定）

先ほどの検定では，検定統計量の分布を考える際，その標準偏差として心理検査作成時（30 年前）の標準偏差である 10 という値をそのまま用いました。しかし，これはちょっと奇妙な話でもあります。というのも，当時と現在では母集団の平均値が異なるかもしれないということで検定しているのに，標準偏差だけは当時と現在で同じであるという保証などないはずだからです。もし，心理検査の作成時と現在で標準偏差が異なっているのなら，先ほどの検定結果は意味をなさないことになってしまいます。

そこで，そうした可能性も考慮に入れて先ほどの検定をやり直すことにします[*2]。先ほどの例において，標本データに含まれる 16 個の測定値が次の通りであったとしましょう。今度は現在の母集団における標準偏差がわからないものとして検定を行います。

49	38	50	43	51	31	69	55
47	71	68	66	49	64	56	73

検定の手順

i）手順1. 統計的仮説の設定

検定したい内容は先ほどと同じ「母平均が 50 点であるかどうか」なので，帰無仮説や対立仮説は前回と同じです。また，検定のタイプ（両側検定）も有意水準（5％）も先ほどと同じです（手順 2 は省略。以下同じ）。

帰無仮説：平均値 − 50 = 0　　　対立仮説：平均値 − 50 ≠ 0

[*2]　実際には，同じデータを用いてあれこれと何度も検定を繰り返すのはよくないことですが，ここでは説明のために同じデータを用いて検定することにします。

ii) 手順3. 検定統計量とその分布

　帰無仮説が同じなので，検定統計量についての考え方も基本的には同じです。「帰無仮説が想定する母平均」と「標本平均」の差を標準誤差で割って標準化した値が検定統計量です。

$$検定統計量 = \frac{標本平均 - 母平均}{標準誤差}$$

　ただし，一点だけ注意が必要です。標準誤差の算出には母集団の分散か標準偏差が必要です。先ほどは心理検査作成時の標準偏差（10）を用いましたが，今回はそれを用いずに検定したいので，何らかの形で現在の母分散を推定しなくてはなりません。さて，どうしたものでしょうか。

　実は，この場合の対処方法はもうすでに学んできています。母平均の信頼区間（第5章「区間推定」参照）の算出の際にも同様の問題があったことを覚えているでしょうか。そこでは，正確な母分散の代わりに，標本から求められる不偏分散を用いて標準誤差を算出しました。それはここでも同じです。つまり，検定統計量を求める式の「母分散」の部分に，標本から求められる「不偏分散」を代入して標準誤差を算出するのです。

$$標準誤差 = \sqrt{\frac{不偏分散}{標本サイズ}}$$

　さて，帰無仮説が正しい場合，この検定統計量はどのような分布になることが想定されるのでしょうか。ここでも母平均の信頼区間を算出したときと同じ考え方を用います。

　母分散の代わりに不偏分散を用いて標準誤差を求める場合には，帰無仮説が想定する分布として，z の分布（標準正規分布）ではなく自由度が「標本サイズ－ 1」の t 分布を使用するのです。t 分布を用いるため，この検定は一般に t 検定とよばれています。

　これで検定統計量とその分布が決まりました。検定統計量 t の算出式は次の通りです。また，この場合の分布は自由度「標本サイズ－ 1 = 15」の t 分布です。

　では，例題データから t の値を算出してみましょう。不偏分散は，各測定値の偏差 2 乗の合計を「標本サイズ− 1」で割って求めた値です（5.2 節 A 参照）。測定値の数が多いので，ここでは偏差 2 乗の合計の箇所は途中を省略して示すことにします。

$$\begin{aligned}
\text{不偏分散} &= \frac{(\text{測定値} - \text{平均値})^2 \text{の合計}}{\text{標本サイズ} - 1} \\
&= \frac{(49 - 55)^2 + (38 - 55)^2 + \cdots + (56 - 55)^2 + (73 - 55)^2}{16 - 1} \\
&= \frac{2334}{15} = 155.6
\end{aligned}$$

　これで必要な値がすべて揃いましたので，式に値を代入して検定統計量 t を求めます。

$$\begin{aligned}
t &= \frac{\text{標本平均} - \text{母平均}}{\text{標準誤差}} = \frac{\text{標本平均} - \text{母平均}}{\sqrt{\dfrac{\text{不偏分散}}{\text{標本サイズ}}}} \\
&= \frac{55 - 50}{\sqrt{\dfrac{155.6}{16}}} = \frac{5}{\sqrt{9.725}} = 1.6033\ldots
\end{aligned}$$

iii）手順4．仮説の採否判定

　あとは算出した t が帰無仮説で想定される t 分布において極端な値といえるかどうかを見るだけです。帰無仮説が正しい場合に想定される自由度

15 の t の分布と，その両側 5 ％の棄却域は**図 7-3** のようになります。この 2.131 という臨界値は，巻末の ***t* 分布表**（付表 2）で求めることができます。分布表の「両側確率 5 ％」の列で，「自由度 15」の行にあるのがこの値です。

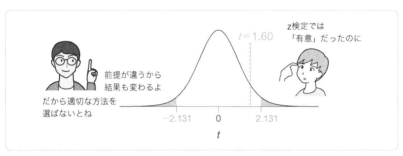

図7-3　自由度15のt分布と両側5％棄却域

　標本から算出した検定統計量 t の値は 1.60 で棄却域には入っていませんので，「平均値－50 = 0」という帰無仮説は棄却できません。つまり，「この心理検査の平均点（母平均）が 50 点と有意に異なっているとはいえない」というのが検定結果となります。最初の z 検定では有意でしたから，異なる方法で検定をしたことによって結果が変わってしまったことになります。統計的仮説検定では，このように検定方法によって結果が異なるのはよくあることですので，事前によく考えて適切な方法を選択しなければなりません。

iv）手順4′．効果量の算出
　t を用いた検定の場合も，効果量の算出式は z 検定の場合と同じです。ただし，今回は母集団の分散として不偏分散を用いているので，標準偏差についてはその平方根を用います。

1標本 t 検定の効果量（コーエンの d）

$$d = \frac{|標本平均 - 母平均|}{標準偏差} = \frac{|標本平均 - 母平均|}{\sqrt{不偏分散}}$$

　例題データでは不偏分散は 155.6 なので，d の値は次の通りとなります。d の値は 0.40 なので，効果量は中程度よりやや小さめです。

$$d = \frac{|55 - 50|}{\sqrt{155.6}} = 0.4008 \ldots$$

v）手順5．検定結果の報告

　t 検定の結果を報告する際には，検定に使用した t 分布の「自由度」，算出した「t の値」，そして「有意確率」が必要です。一般的には，次のような形式で報告されます。

> 　この心理検査の平均値が 50 と異なるかどうかを確かめるために 1 標本の t 検定を行ったところ，有意な差は認められなかった（$t(15) = 1.60$, $n.s.$, $d = 0.40$）。

ポイント

- ■■ 1 標本の検定では，母集団の分散（または標準偏差）が**明らかな場合**には z 検定が，それらが**不明な場合**には t 検定が用いられる
- ■■ どちらの場合も，差が**標準誤差の何倍**の大きさであるかが検定統計量になる
- ■■ 差の大きさを表す効果量 d は，平均値の差が母集団標準偏差（またはその推定値）の何倍の大きさであるかを示した値である

7.2節 │ 2標本の平均値の検定（対応あり t 検定）

　実際のデータ分析場面では，「母平均が○○でないといえるかどうか」

を検定する場面よりも，ある測定値の平均値に男女で違いがあるかどうか
を調べたり，何らかの処置の前後で平均値が変化したかどうかを調べたり
という場合の方が多いでしょう。その場合には，男性と女性，処置前と処
置後というように，2種類の標本データがあることになります。ここでは，
そのような場合の検定方法について見ていきます。

アクションゲームで覚醒水準[a]が高まると記憶成績が良くなるという
仮説を立てました。この仮説を検証するために，5名の参加者に3分
間ゲームをプレーしてもらい，その前後で記憶課題としてトランプの
神経衰弱を実施して，すべてのカードをめくり終わるまでにかかった
時間（所要時間：分）を計測した結果が次の表です。この結果から，
ゲームで記憶課題の成績が向上したといえるでしょうか？

実験の流れ

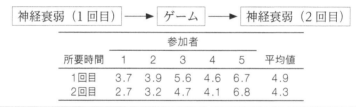

	参加者					
所要時間	1	2	3	4	5	平均値
1回目	3.7	3.9	5.6	4.6	6.7	4.9
2回目	2.7	3.2	4.7	4.1	6.8	4.3

a 脳の活動レベル（活発さ）のこと。

　カードの位置が記憶できていればすべてめくり終わるまでにかかる時間
は短くなると考えられますので，この実験課題では1回目よりも2回目
の所要時間が短くなった場合に記憶成績が向上したと考えましょう。そし
て実験の結果，1回目（ゲーム前）の所要時間の平均値が4.9分，2回目
（ゲーム後）の平均値が4.3で，1回目と2回目の平均値に0.6分（36
秒）の差が見られました。
　例題では5名の参加者全員が2回
ずつ測定を行っており，参加者ごとに
1回目と2回目の測定値をペアにして
比較することができます。このように，
2つの測定値の間に「**明確な対応関係**

親　子　子　親　　　親　子

明らかなペア
（対応あり）

（ペア）」があるデータのことを対応ありのデータとよびます。対応ありの場合となしの場合とでは計算方法が異なるので，2つの平均値を扱う検定ではまず対応のあり・なしをしっかり区別する必要があります。

検定の手順

i）手順1．統計的仮説の設定

この例題の場合，帰無仮説と対立仮説はどのように設定すればよいでしょうか。「1回目の所要時間」よりも「2回目の所要時間」の方が小さい値であれば記憶成績が向上したことになるわけですから，「1回目と2回目の所要時間の差」を用いればよさそうです。

ただし，ここで注意してほしいのが，対応ありのデータの場合には「1回目の平均値と2回目の平均値の差」を見るのではなく，個人（ペア）ごとの「1回目と2回目の差の平均値」について考える必要があるということです。例題データについても，5人の参加者それぞれで「1回目と2回目の所要時間の差」を求めてみましょう。

所要時間	参加者					平均値
	1	2	3	4	5	
A：1回目	3.7	3.9	5.6	4.6	6.7	4.9
B：2回目	2.7	3.2	4.7	4.1	6.8	4.3
差（B−A）	−1.0	−0.7	−0.9	−0.5	0.1	−0.6

なお，ここで2回目の測定値から1回目の測定値を引いているのは，その方が，1回目から2回目にかけて所要時間が短縮した場合に「差」がマイナスの値になり，解釈しやすいと考えられるためです。このように個人（ペア）ごとに差を求めれば，記憶力の個人差による影響を最小限に抑えることができます。

さて，例題データで「所要時間が短縮」しているかどうかを確かめるには，この所要時間の「差」の平均値が0とはいえないほど極端なものであることを確かめればよいということになります。また，ゲームの前後で所要時間が増加する場合も考えられるので，ここでは両方の可能性について考えます（**両側検定**）。したがって，例題では，帰無仮説と対立仮説は

次のようになります。

　　　帰無仮説：「差」の平均値 =0　　対立仮説：「差」の平均値 ≠ 0

ii) 手順3. 検定統計量とその分布

　ここでもう一度帰無仮説をよく見てみましょう。帰無仮説は「差の平均値＝ 0」で，ここには「平均値」は 1 つしか出てきません。そしてこの帰無仮説を「差の平均値－ 0 ＝ 0」という形で表現すると，先ほど扱った「1 標本の平均値の検定」の場合の帰無仮説（「平均値－ 50 ＝ 0」）と同じ形になります。実は，対応ありデータの平均値の検定は 1 標本の平均値の検定と基本的に同じものなのです。

　そのため，検定統計量についても 1 標本の平均値の検定と同じになります。つまり，「差の平均値－ 0」の値を標準誤差で割った値（t）が検定統計量です。ただし，t の式の「差の平均値」の後ろの部分は常に「－ 0」になるので，式は少しだけ簡略化されます。

$$t = \frac{\text{「差」の平均値} - 0}{\text{標準誤差}} = \frac{\text{「差」の平均値}}{\text{標準誤差}}$$

　また，標準誤差の算出には「所要時間の差の不偏分散」を用います。したがって，t の算出式は次のようになります。なお，t の自由度は「標本サイズ－ 1」ですが，ここでは各個人の所要時間の「差」をデータとして用いているので，「標本サイズ」は元の測定値の個数ではなく「差」の個数，つまりペアの数（参加者の人数）になります。

Word 　対応あり t 検定

$$t = \frac{\text{「差」の平均値}}{\text{標準誤差}} = \frac{\text{「差」の平均値}}{\sqrt{\dfrac{\text{「差」の不偏分散}}{\text{標本サイズ}}}}$$

自由度＝標本サイズ－1

　標本サイズと所要時間の差の平均値（－ 0.6）についてはすでにわかっ

ているので，あとは差の不偏分散がわかれば t を求めることができます。

$$\text{不偏分散} = \frac{\text{偏差}^2 \text{の合計}}{\text{標本サイズ} - 1}$$

$$= \frac{(-1 - (-0.6))^2 + (-0.7 - (-0.6))^2 + \cdots + (0.1 - (-0.6))^2}{5 - 1}$$

$$= \frac{0.76}{4} = 0.19$$

すると，検定統計量 t の値は次のように求まります[*3]。

$$t = \frac{\text{差の平均値}}{\text{標準誤差}} = \frac{\text{差の平均値}}{\sqrt{\dfrac{\text{差の不偏分散}}{\text{標本サイズ}}}} = \frac{-0.6}{\sqrt{\dfrac{0.19}{5}}} = -3.0779\ldots$$

iii）手順4．仮説の採否判定

あとはこの値が帰無仮説で想定される t 分布において極端といえるかどうかを見るだけです。自由度「5 − 1 ＝ 4」の t 分布とその両側5％の棄却域は**図7-4**のようになります。この場合の臨界値（2.776）は，巻末の t 分布表（付表2）で求められます。

標本から算出した t の値は− 3.08 で，この分布の下側（左側）の棄却

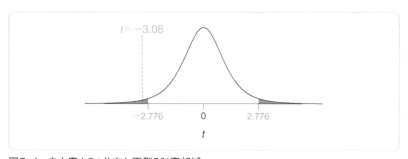

図7-4　自由度4の t 分布と両側5％棄却域

[*3] 「1回目の所要時間」から「2回目の所要時間」を引いて「差」を求めた場合には t の符号が逆になりますが，それはそのままで問題ありません。

142

域に入っているので，「差の平均値＝0」という帰無仮説は棄却され，「差の平均値≠0」という対立仮説が採用されます（図7-4）。つまり，「1回目と2回目の所要時間には有意な差がある」というのが検定結果です。

iv）手順4′．効果量の算出

対応ありt検定の場合，効果量の算出は少しばかり厄介です。というのも，基準となる標準偏差を「所要時間の差のばらつき」とするのか，「集団全体における所要時間のばらつき」（要は記憶力の個人差）とするのかによって値が異なるからです。

まず，基準となる標準偏差を「所要時間の差のばらつき」としてdを計算してみましょう。その場合，dは1つの平均値の検定の場合とまったく同じ式で算出されます。

> **Word** 対応ありt検定の効果量（コーエンのd）
>
> $$d = \frac{|\text{「差」の平均} - 0|}{\text{標準偏差}} = \frac{|\text{「差」の平均}|}{\sqrt{\text{「差」の不偏分散}}}$$

この式でdの値を求めると，$d \fallingdotseq 1.38$となり，0.6分（36秒）という差は「差の標準偏差」の1.38倍という，かなり大きなものであることがわかります。

$$d = \frac{|-0.6|}{\sqrt{0.19}} = 1.3764\ldots$$

次に，「集団全体における所要時間のばらつき（記憶力の個人差）」を基準としてdを計算してみましょう。ここでは，1回目の所要時間の標準偏差（不偏分散の平方根）を基準とします[*4]。

[*4] ここで1回目の測定値を基準としたのは，ゲームによって覚醒水準が変化する前の状態を各個人の「平常」と考えるのが自然だと考えられるからです。ですが，変化後の成績こそが本人の実力だと考えるなら，2回目の値を基準としてもよいでしょう。また，1回目と2回目の値を総合して標準偏差を求めてもよいかもしれません。

$$不偏分散 = \frac{偏差^2 の合計}{標本サイズ - 1}$$

$$= \frac{(3.7 - 4.9)^2 + (3.9 - 4.9)^2 + \cdots + (6.7 - 4.9)^2}{5 - 1}$$

$$= 1.565$$

$$d = \frac{差の平均}{「1 回目」の標準偏差} = \frac{-0.6}{\sqrt{1.565}} = -0.4796 \ldots$$

このように「所要時間のばらつき」を基準に効果量を算出した場合には，d は 0.48 で中程度よりやや小さめという結果になります。

> **Word** 対応あり t 検定の効果量（コーエンの d）（その2）
>
> $$d = \frac{|差の平均 - 0|}{標準偏差} = \frac{|差の平均|}{\sqrt{基準グループの不偏分散}}$$

さて，このように 2 種類の効果量が算出できるわけですが[*5]，例題の場合にはどちらがより適切だといえるでしょうか。結局は分析者の考え方次第なのですが，例題の場合，「差の標準偏差」が何なのかがイメージしづらく，「1 回目の所要時間のばらつき（記憶力の個人差）」を基準とした方が差の大きさをイメージしやすいように思われるので，ここでは後者の d を効果量として報告することにします。

v）手順5．検定結果の報告

結果の報告方法は 1 標本の t 検定と同じで，検定に使用した t 分布の「自由度」，算出した「t の値」，そして「有意確率」を示します。なお，効果量 d については算出基準を明確に示しておく必要があるでしょう。

[*5] 対応ありの場合，変数間の相関を考慮して d を算出する方法など，これ以外にもさまざまな算出式があります。

対応ありの t 検定の結果，1回目と2回目の所要時間の間に有意な差が見られた（$t(4) = -3.08$，$p < .05$，$d = 0.48$）。なお，効果量 d は1回目の所要時間における標準偏差を基準とした値である。

- 測定値の間に**決まったペア**がある場合を対応ありデータという
- 対応ありデータにおける2標本の平均値の検定では，**測定値ペアの差**をデータとみなして検定する
- 検定統計量 t の算出方法は，基本的に**1標本の t 検定**と同じである
- 差の大きさを表す効果量 d は，**基準とする標準偏差**によって値が異なる

7.3節 ‖ 2標本の平均値の検定（対応なし t 検定）

空間認識能力に男女差があるのかどうかを見るために，男性5名と女性4名に迷路課題を行わせ，スタートからゴールまでの所要時間（単位：分）を測定しました。この結果から，男女で迷路課題の成績に差があるといえるでしょうか？

	所要時間（分）					平均値
男性	7	14	8	10	16	11
女性	11	17	10	14		13

　この例では，対応ありデータのときのように特定の測定値の間で決まったペア（対応）を作ることはできません。それぞれ別の集団（男性と女性）から標本が得られているためです。このように，標本が別々の集団から得られている場合を対応なしのデータや独立標本といいます。

検定の手順

i）手順1．統計的仮説の設定

　課題成績に男女差があるかどうかを確かめたいわけですから，帰無仮説は「男性の平均値＝女性の平均値」となり，「男性の平均値≠女性の平均値」が対立仮説となります。このままでもよいのですが，ここまでの検定に合わせて帰無仮説と対立仮説を次のように定義しておきましょう。

$$帰無仮説：男性の平均値 － 女性の平均値 ＝ 0$$
$$対立仮説：男性の平均値 － 女性の平均値 ≠ 0$$

　男性の方が課題成績が良い場合もあれば女性の方が課題成績が良い場合というのもありうるので，この場合も**両側検定**です。

ii）手順3．検定統計量とその分布

　対応なしデータの場合も基本的な考え方はこれまでと同じで，平均値の差が標準誤差の何倍の大きさであるかを検定統計量 t として求めます。ここでは男性の平均値から女性の平均値を引いていますが，この場合の引き算の順序はどちらでもかまいません。

$$t = \frac{男性の平均値 － 女性の平均値}{標準誤差} \qquad 標準誤差 = \sqrt{\frac{母分散推定値}{標本サイズ}}$$

　標準誤差についても，「母分散の推定値を標本サイズで割った値の平方根」というのはここまでの検定と同じです。ただし，この「母分散推定値」は男性の不偏分散でも女性の不偏分散でもなく，「男性－女性」の母分散の推定値です。これはどのように求めればよいのでしょうか。

　ここから先は，この「母分散推定値」をどのように考えるかで計算方法が 2 通りに分かれます。1 つ目は**スチューデントの t 検定**とよばれ，この方法では「2 標本（男女）の母集団の分散が同じである」という仮定をおくことによってこの問題に対処します。2 つ目の方法は**ウェルチの t 検定**とよばれ，こちらはそのような仮定を設けずに計算を行います。

　では，それぞれの計算方法について見てみましょう。

A. スチューデントの t 検定

帰無仮説では，「男女の平均値は同じである」と仮定しています。そこでスチューデントの t 検定では「平均値が同じならば分散も同じであろう」と仮定します。詳細については省略しますが，このような仮定を設けた場合，標準誤差の式は次のような形になります。

$$
標準誤差 = \sqrt{\frac{共通の分散}{標本サイズ_{男}} + \frac{共通の分散}{標本サイズ_{女}}}
$$

$$
= \sqrt{共通の分散 \times \left(\frac{1}{標本サイズ_{男}} + \frac{1}{標本サイズ_{女}} \right)}
$$

そして，この「共通の分散」として，次のように男女それぞれの「偏差2乗の合計」と「自由度」から1つの分散を算出します。この値はプールされた分散とよばれることもあります。

$$
共通の分散 = \frac{偏差_{男}^2の合計 + 偏差_{女}^2の合計}{(標本サイズ_{男} - 1) + (標本サイズ_{女} - 1)}
$$

$$
= \frac{偏差_{男}^2の合計 + 偏差_{女}^2の合計}{標本サイズ_{男} + 標本サイズ_{女} - 2}
$$

これで標準誤差が求められるようになり，t についても算出可能になりました。例題のデータから標準誤差を求め，t の値を算出してみましょう。

まず，男女それぞれで偏差2乗の合計を求めます。

$偏差_{男}^2の合計 = (7 - 11)^2 + (14 - 11)^2 + \cdots + (16 - 11)^2 = 60$

$偏差_{女}^2の合計 = (11 - 13)^2 + (17 - 13)^2 + (10 - 13)^2 + (14 - 13)^2 = 30$

これらの値を用いて共通の分散を求めます。

$$
共通の分散 = \frac{偏差_{男}^2の合計 + 偏差_{女}^2の合計}{標本サイズ_{男} + 標本サイズ_{女} - 2} = \frac{60 + 30}{5 + 4 - 2} = \frac{90}{7}
$$

この共通の分散を用いて標準誤差を求めます。

$$標準誤差 = \sqrt{共通の分散 \times \left(\frac{1}{標本サイズ_男} + \frac{1}{標本サイズ_女} \right)}$$

$$= \sqrt{\frac{90}{7} \times \left(\frac{1}{5} + \frac{1}{4} \right)} = \sqrt{\frac{90}{7} \times \frac{9}{20}} = \sqrt{\frac{810}{140}} = 2.4053\ldots$$

最後に，標準誤差の値を t の式に代入して t を求めます。この t の値は，共通の分散で使用した自由度（標本サイズ_男＋標本サイズ_女－2）の t 分布に従います。

$$t = \frac{男性の平均値 - 女性の平均値}{標準誤差} = \frac{11 - 13}{2.41} = -0.8298\ldots$$

ここまでの計算式を整理しておきましょう。2つのグループをそれぞれ A，B とします。

Word スチューデントの t 検定

$$t = \frac{平均値_A - 平均値_B}{標準誤差} = \frac{平均値_A - 平均値_B}{\sqrt{共通の分散 \times \left(\frac{1}{標本サイズ_A} + \frac{1}{標本サイズ_B} \right)}}$$

$$自由度 = 標本サイズ_A + 標本サイズ_B - 2$$

$$※共通の分散 = \frac{偏差^2{}_A の合計 + 偏差^2{}_B の合計}{標本サイズ_A + 標本サイズ_B - 2}$$

---

i）**手順4．仮説の採否判定**

あとは算出した t が帰無仮説から想定される t 分布において極端な値といえるかどうかを見るだけです。自由度7の t の分布とその両側5％の棄却域は**図7-5**のようになります。この場合の臨界値（2.365）は巻末の t 分布表（付表2）で求められます。

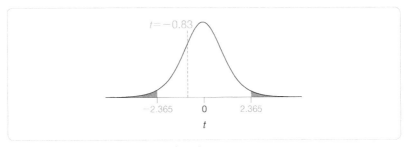

図7-5　自由度7のt分布と両側5％棄却域

　算出したtの値は-0.83で，この値は棄却域に入っていないので，「男性の平均値$-$女性の平均値$= 0$」という帰無仮説は棄却できません。つまり，「男女で有意な差はない」が検定結果です。

ii）手順4′．効果量の算出

　この場合の効果量dには，両グループの平均値の差を「共通の分散」のルートで割った値がよく用いられます[*6]。

$$d = \frac{|11 - 13|}{\sqrt{\dfrac{90}{7}}} = 0.5577\dots$$

　この計算結果から，例題データの効果量は中程度ということがわかります。

> **Word** スチューデントのt検定における効果量（コーエンのd）
>
> $$d = \frac{|\,平均値_A - 平均値_B\,|}{標準偏差} = \frac{|\,平均値_A - 平均値_B\,|}{\sqrt{共通の分散}}$$

iii）手順5．検定結果の報告

　スチューデントの検定の結果は次のような形で記載されます。基本的に，

[*6]　この値は厳密にはヘッジズのgとよばれるもので，コーエンのdの算出式はこれとは少し異なります。ですが，ややこしいことに多くの論文ではこのヘッジズのgの値が「効果量d」として記載されています。そのため，ここでもヘッジズのgを効果量dとよぶことにします。

書き方は対応あり t 検定の場合と同じです。

> 迷路課題の所要時間の平均値についてスチューデントの t 検定を実施したところ，男女で有意な差は見られなかった（$t(7) = -0.83$, $n.s.$, $d = 0.56$）。

B. ウェルチの t 検定

スチューデントの t 検定では「男女の分散が同じである」という仮定のもとで標準誤差を求め，検定を行いました。ウェルチの t 検定ではそのような仮定をせず，単純に次の式で 2 つの標準誤差を合成します。

$$標準誤差 = \sqrt{標準誤差_男^2 + 標準誤差_女^2} = \sqrt{\frac{不偏分散_男}{標本サイズ_男} + \frac{不偏分散_女}{標本サイズ_女}}$$

標準誤差の算出には不偏分散が必要ですが，男女それぞれの不偏分散の算出に必要な値はスチューデントの検定のところですでに計算してあります。男性の不偏分散は男性の偏差 2 乗の合計（60）を「標本サイズ − 1（5 − 1 = 4）」で割って 15，女性の不偏分散は女性の偏差 2 乗の合計（30）を 4 − 1 = 3 で割って 10 です。

標準誤差はこの不偏分散を標本サイズで割った値のルートなので，男性の標準誤差は $\sqrt{15/5} = \sqrt{3}$，女性の標準誤差は $\sqrt{10/4} = \sqrt{2.5}$ です。この後すぐに 2 乗するので，ここではルートの形のまま示しておきます。

これらの値を用いると，ウェルチの検定における標準誤差と検定統計量 t は次のようになります。

$$標準誤差 = \sqrt{\sqrt{3}^2 + \sqrt{2.5}^2} = \sqrt{3 + 2.5} = \sqrt{5.5} = 2.3452\ldots$$

$$t = \frac{男性の平均値 - 女性の平均値}{標準誤差} = \frac{11 - 13}{2.35} = -0.8510\ldots$$

このように，統計量 t の算出はスチューデントの検定よりもずっと簡単

になります。ただし，ウェルチの検定では t 分布の自由度が次のような複雑な式になります。

$$自由度 = \frac{\left(標準誤差^2_男 + 標準誤差^2_女\right)^2}{\dfrac{標準誤差^4_男}{標本サイズ_男 - 1} + \dfrac{標準誤差^4_女}{標本サイズ_女 - 1}}$$

先ほど求めた男女の標準誤差をこの式にあてはめて自由度を求めると次のようになります。

$$自由度 = \frac{\left(\sqrt{3}^2 + \sqrt{2.5}^2\right)^2}{\dfrac{\sqrt{3}^4}{5-1} + \dfrac{\sqrt{2.5}^4}{4-1}} = \frac{5.5^2}{\dfrac{9}{4} + \dfrac{6.25}{3}} = 6.9807\ldots$$

ウェルチの検定の自由度は，一般にスチューデントの検定の場合よりも小さくなり，また整数でない場合もありえます。統計表や Excel などの表計算ソフトを用いて検定をする場合には，この自由度の「小数点以下を切り捨てた値」で臨界値を求めます。

ウェルチの検定における計算式をまとめておきましょう。ここでも2つのグループをそれぞれ A，B とします。

Word ウェルチの t 検定

$$t = \frac{平均値_A - 平均値_B}{標準誤差} = \frac{平均値_A - 平均値_B}{\sqrt{標準誤差^2_A + 標準誤差^2_B}}$$

$$= \frac{平均値_A - 平均値_B}{\sqrt{\dfrac{不偏分散_A}{標本サイズ_A} + \dfrac{不偏分散_B}{標本サイズ_B}}}$$

$$自由度 = \frac{\left(標準誤差^2_A + 標準誤差^2_B\right)^2}{\dfrac{標準誤差^4_A}{標本サイズ_A - 1} + \dfrac{標準誤差^4_B}{標本サイズ_B - 1}}$$

---

i）手順4．仮説の採否判定

あとは算出した t が帰無仮説で想定される t 分布において極端な値といえるかどうかを見るだけです。自由度6の t 分布とその両側5%の棄却域は**図7-6**の通りで，この場合の臨界値は2.447です。算出した t の値は－0.85で棄却域には入らないので帰無仮説は棄却できません。つまり「男女で有意な差はない」が検定結果となります。

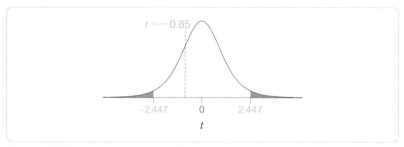

図7-6　自由度6の t 分布と両側5％棄却域

ii）手順4′．効果量の算出

一般に，ウェルチの検定の場合もスチューデントの検定の場合と同じ値が効果量として使用されています。ただ，検定では「共通の分散」を使わないようにしておきながら効果量でそれを使うのは奇妙に感じられなくもありません。そこで，2標本の不偏分散の平均値を用いて次のように効果量を求める場合もあります。

$$d = \frac{|\text{男性の平均値} - \text{女性の平均値}|}{\sqrt{\text{男女の不偏分散の平均値}}} = \frac{|11 - 13|}{\sqrt{\dfrac{15 + 10}{2}}} = 0.5656 \ldots$$

Word ウェルチの検定の効果量（コーエンの d）

$$d = \frac{|\text{平均値}_A - \text{平均値}_B|}{\text{標準偏差}} = \frac{|\text{平均値}_A - \text{平均値}_B|}{\sqrt{\text{共通の分散}}}$$

または

$$d = \frac{|\text{平均値}_A - \text{平均値}_A|}{\sqrt{\dfrac{(\text{不偏分散}_A + \text{不偏分散}_B)}{2}}}$$

iii）手順5．検定結果の報告

検定の結果の書き方は，スチューデントの検定の場合と同じです。

迷路課題の所要時間の平均値についてウェルチの方法による t 検定を実施したところ，男女で有意な差は見られなかった（$t(6.98) = -0.85$, $n.s$, $d = 0.57$）。

C. スチューデントの t かウェルチの t か

　対応なしデータの場合にはスチューデントの t 検定とウェルチの t 検定の2通りの方法があるわけですが，実際の検定ではどちらを用いればよいのでしょうか。このどちらを用いるかは，「男女の母分散が等しい」とする仮定に意味があると考えるかどうかにかかっています。

　もし男女の母分散が等しいなら，スチューデントの検定の方がウェルチの検定よりもわずかに**検定力**が高く（第2種の誤り率が低く）なります。ですので，「分散が等しい」と仮定できるならスチューデントの検定を使用した方がよいといえます。しかし，分散が等しくないならば，スチューデントの検定における前提が満たされないことになり，分析結果は信頼できなくなってしまいます。

　統計法の教科書の中には，この「分散が等しい」という仮定が成り立つかどうかを「別の方法」で検定し，その結果によってスチューデントの検

定とウェルチの検定を使い分けるように説明しているものもあります。これまでは慣習的にそのような方法がとられることが多かったのですが，まったく無関係な2つの集団で「分散が等しい」と仮定できる場面は実際のところほとんどないでしょう。そのため，最近では分散が等しいかどうかについての検定は行わず，すべての場合においてウェルチの検定を用いる方がよいとする考え方も一般的となりつつあります。

- ■▶ 標本データがそれぞれ異なる集団から得られている場合を対応なしデータや独立標本という
- ■▶ 対応なし t 検定には，2つの標本で分散が等しいと仮定する方法（スチューデントの検定）とそうした仮定を用いない方法（ウェルチの検定）がある
- ■▶ 差の大きさを表す**効果量 d** には，一般に平均値の差を**共通の分散の平方根**で割った値を用いる

7.4節 ┃ まとめ

　t 検定と z 検定は，どちらも母集団の分布に**正規分布**を仮定する**パラメトリック検定**です。t 検定と z 検定は，いずれも「平均値の差」を「標準誤差」で割った値を検定統計量に用います。ただし，分析するデータのタイプ（対応あり・なしなど）によって標準誤差の求め方が異なってきますので，データに応じて適切な方法を選択しなければなりません。

　また，差の大きさの指標となる効果量には，平均値の差を標準偏差で割った値であるコーエンの d が一般的に用いられます。ただし，d の値もデータのタイプや分析の目的などによって基準となる標準偏差の考え方が異なってきますので，その点には注意が必要です。

　どの場合にどの検定を用いればよいのかを整理しておきましょう。

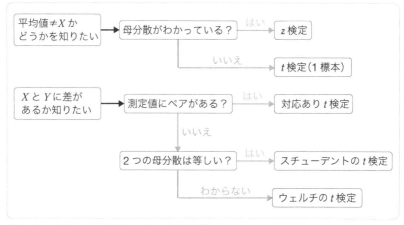

図7-7　t検定のタイプとそれぞれの使用場面

練習問題 ✏

　以下の各データについて平均値の検定を行ってください。いずれも有意水準は 5% とします。また，効果量として d を算出してください。

■**問題1**　11 名の参加者に，簡単なパズルを制限時間内にできるだけたくさん完成させるという課題を行ってもらいました。作業課題は，完成させられる数が平均 10 個程度になるように難易度を調整したはずですが，実際の結果（完成させたパズルの個数）は次のようになりました。この課題の平均値は，想定した難易度（平均 10 個完成）と有意に異なっているでしょうか？

　　　　9　8　9　12　16　15　12　11　17　11　12

■**問題2**　他者存在の影響をみるために，7 名の参加者を対象として，単独で行う条件と見知らぬ他者と競争する条件の 2 通りの条件でパズル課題を行ってもらいました。その結果が次の表です。この結果から，他者存在によってパズル課題の成績に有意な差があるか検定してください。なお，

効果量は 2 条件の差の標準偏差を基準に求めることにします。

	参加者						
	1	2	3	4	5	6	7
単独	6	7	5	9	8	8	7
競争	10	14	14	15	9	6	17

■**問題 3**　性格に地域差があるかどうかをみるために，熊本県出身者 6 名と青森県出身者 6 名に対してある性格検査を実施したところ次のような結果が得られました。この結果から，性格検査得点に有意な地域差があるかどうかを検定してください。なお，両県の分散は同じであるものとします。
　　熊本：23 25 21 26 15 22　　**青森**：20 19 17 18 16 24

 Column　男女差と個人差

　仮にある実験において，地図を読む能力に男女で有意差があり，男性の方が課題成績が優れていたという結果が得られたとしましょう。するとその論文では男性の方が地図認識課題の成績が優れている，と報告され，それが新聞やネットでとりあげられて，世の中では「男性は女性よりも地図を読む能力が高い」と認識されることになります。
　ところで，「地図認識課題の成績に有意な男女差があった」と聞いて，みなさんはどんな結果をイメージするでしょうか。おそらく，多くの人は**図 7-8** みたいな結果をイメージするのではないかと思います。ですが，心理学のような複雑で微妙な内容を扱う研究領域で，こんな結果になることは滅多にありません。

図7-8　男女の地図認識課題の成績

こうした男女差の話で気をつけてほしいのは、「統計的に有意な差がある」と「差が大きい」は同じではないということです。また、これらの論文で言及されている差は、あくまでも「男性の平均」と「女性の平均」の差であるという点にも注意が必要です。当然ながら、男性の中にも地図を読むのが苦手な人はいるわけですし、女性の中にも地図を読むのが得意な人はいます。平均値で男性の方が上だからといって、男性全員が女性よりも成績が良いというわけではありません。

　実際、この手の研究における「有意差」は、効果量でいうと「中程度」かそれよりやや大きい程度の差である場合がほとんどです。仮にこの課題成績の分布が正規分布であるとして、そして甘めに見積もって効果量が大きめ（$d = 0.7$）だったとしましょう。さてこのとき、男性と女性の課題得点の分布はどのようになっているでしょうか。これを図示すると**図7-9**のようになります。ほとんど重なっていますよね。

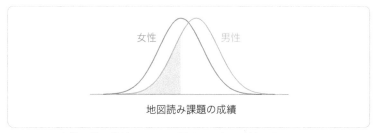

図7-9　男女差の効果量が$d = 0.7$の場合の男女の成績分布

　この図では、男性で女性の平均値よりも成績が悪い領域を青色で塗ってあります。この領域の面積を求めてみると、全体の24.2%になります。つまりこの場合、男性全体の1/4近くは女性の平均値よりも成績が悪いのです。逆に、男性の平均値より成績の良い女性も女性全体の1/4近くいることになります。

　そもそも、$d = 0.7$ということは、標準偏差の0.7倍、つまり標準偏差1つ分より小さな違いしかないということです。つまり、ここで見られた男女差というのは、男性における個人差、女性における個人差のばらつきよりも小さな差でしかないのです。これに対し、図7-8のような差は、効果量にして$d = 4.0$にもなります。そして最初にもいった通り、通常の実験や調査でそれほどはっきりした差が見られることは滅多にありません。比較的男女差を実感しやすい「身長」ですら、効果量はその半分、2を少し超える程度なのです。

　ですが、人間というのは何かにつけ物事を単純化しすぎてしまうものです。そして、その差がどんなに微妙なものであったとしても、「男女差があった」ということだけが一人歩きして、「男性脳が〜」といったおかしな話になってしまったりするわけです。「男女差」に限らず、「**有意差**」の解釈には十分注意しましょう。

第 8 章　平均値の検定2（分散分析）

　平均値を比較したいグループが3つかそれ以上ある場合には，分散分析（Analysis of Variance：ANOVA）とよばれる分析手法が用いられます。分散分析はまた，平均値の差に影響を与える要素（要因）を複数用いた分析を行うことも可能です。たとえば，年齢と性別という2種類の要因による影響を同時に分析することができるのです。分散分析のうち，1つの要因のみを扱うものは一元配置分散分析（1要因分散分析），2つの要因を扱う分散分析は二元配置分散分析（2要因分散分析）などとよばれます。また，3つ以上の要因を扱うことも可能で，複数の要因を用いた分散分析は多元配置分散分析ともよばれます。

　本章では，まず1つの要因のみを扱う場合（一元配置分散分析）について見ていくことにします。t検定の場合と同様に，分散分析でもデータに**対応**がある場合とない場合の方法がありますが，本書では対応なしの場合のみを扱うこととします。

8.1節 | 一元配置分散分析

次の例題について考えてみましょう。

> 東京，大阪，沖縄でそれぞれ成人男性5名を対象に歩行速度を測定しました。この結果から，地域によって歩行速度に違いがあるといえるでしょうか？
>
> **東京, 大阪, 沖縄における歩行者の歩行速度（km/h）**
>
> | | 東京 | 大阪 | 沖縄 | |
> |---|---|---|---|---|
> | | 5.0 | 4.2 | 2.7 | |
> | | 3.7 | 5.0 | 4.2 | |
> | | 5.8 | 3.3 | 3.8 | |
> | | 5.2 | 5.4 | 2.7 | |
> | | 4.3 | 4.6 | 3.1 | 全体平均 |
> | 平均 | 4.8 | 4.5 | 3.3 | 4.2 |

例題データでは，「地域の違い」という要因の中に「東京」，「大阪」，「沖縄」という3つの水準があります。分散分析の目的は，この3つの水準の間で歩行速度の平均値に違いがあるかどうかを確かめることです。

i）手順1．統計的仮説の設定

分散分析では「すべての水準で母集団の平均値に差がない」，つまり「すべての水準で母集団の平均値が同じ」を帰無仮説とします。また，対立仮説は「すべての水準で母集団の平均値が同じではない」です。

これを式の形で表すと次のようになります。

帰無仮説：東京の平均値＝大阪の平均値＝沖縄の平均値
対立仮説：東京の平均値＝大阪の平均値＝沖縄の平均値ではない

この「東京・大阪・沖縄」という「地域の違い」による平均値の差のことを，分散分析では「地域要因の主効果」とよびます。この「主効果」という言葉を用いて統計的仮説を表現すると，帰無仮説と対立仮説は次のようになります。

帰無仮説：地域要因の主効果＝0
対立仮説：地域要因の主効果≠0

なお，検定の有意水準はこれまでと同様に5%とします（手順2の説明は省略）。

ii）手順3．検定統計量とその分布

帰無仮説が正しいならば，地域要因のすべての水準（東京・大阪・沖縄）で平均値が同じであり，それらは測定値全体の平均値とも一致するはずです。しかし，実際に得られたデータではそうなっていません（**図8-1**）。ということは，この「各水準の平均値」と「全体の平均値」の差（偏差）が，「帰無仮説から想定される状態」と「標本データが示す状態」のずれを反映していると考えることができます。つまり，これらのずれの大きさが「地域の違いによる影響（主効果）」の大きさとなります。

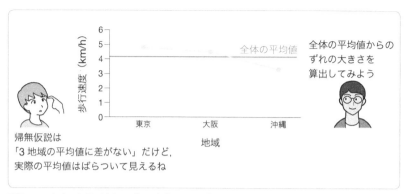

図8-1　東京, 大阪, 沖縄の歩行速度の平均値

　また, t 検定では帰無仮説とデータのずれを評価する基準として標準誤差を用いましたが, 分散分析でも同様の基準が必要です。そこで次に, ずれを評価するための基準について考えましょう。

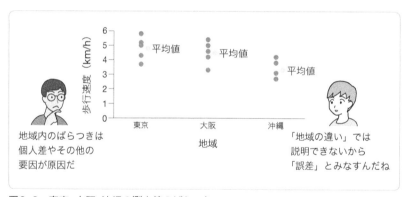

図8-2　東京, 大阪, 沖縄の測定値のばらつき

　地域要因の各水準（東京・大阪・沖縄）の測定値は, それぞれの水準内でまったく同じ値になっているわけではなく, それぞれにばらつきがあります（**図8-2**）。各水準内部の測定値のばらつきは, 各水準の平均値とその水準内の測定値の間の「偏差」として表現できます。これは同じ地域の中でのばらつきですから, 地域の違い（主効果）では説明のしようがありません。そのため, このようなばらつきは誤差や残差とよばれます。分散

分析では，この「誤差の大きさ」を基準にして地域差（主効果）の大きさ
を評価します。

　ところで，主効果も誤差もどちらも平均値からの「偏差」に基づく値で
す。ということは，それらを 2 乗して平均すれば，どちらも分散として 1
つの値で表すことができそうです。主効果と誤差がそれぞれ 1 つの値で
表せるなら，あとは t 検定の場合のように主効果（差の大きさ）が誤差
（標準誤差）の何倍の大きさかを求めれば，それを検定統計量として使用
できます。このような考え方で，「主効果の分散」と「誤差の分散」の大
きさの比を求めた値が分散分析の検定統計量 F です。この手法が「**分散
分析**」とよばれているのは，このように「分散」を利用して検定統計量を
算出するためです。帰無仮説が正しい場合，検定統計量 F は F 分布とよ
ばれる分布に従います。

$$F = \frac{\text{主効果の分散}}{\text{誤差の分散}}$$

検定統計量の算出手順

　ここからは，検定統計量の具体的な算出手順について見ていきます。な
お，統計的仮説検定では標本そのものではなくその母集団について考えま
すから，ここでの分散は「不偏分散」であることに注意してください。

①**平方和**　まず，主効果と誤差のそれぞれについて偏差 2 乗の合計を求
　めます。この「偏差 2 乗の合計」の値は，分散分析では一般に平方和
　や 2 乗和とよばれます。

　　主効果の平方和は，各水準の平均値と測定値全体の平均値の「偏差 2
　乗の合計」です。ただし，各水準には測定値がそれぞれ複数個含まれて
　いるので，偏差 2 乗の値はその個数分だけ足す必要があります。つまり，
　主効果平方和の計算方法は次のようになります。

　　主効果平方和 $= (\text{偏差}_{\text{東京}})^2 \times \text{標本サイズ}_{\text{東京}} + (\text{偏差}_{\text{大阪}})^2$

　　　　　　　　$\times \text{標本サイズ}_{\text{大阪}} + (\text{偏差}_{\text{沖縄}})^2 \times \text{標本サイズ}_{\text{沖縄}}$

　　　　　　$= (4.8 - 4.2)^2 \times 5 + (4.5 - 4.2)^2 \times 5 + (3.3 - 4.2)^2 \times 5$

　　　　　　$= 6.3$

また，誤差の平方和は各測定値と各水準の平均値の偏差2乗の合計です。

$$誤差平方和 = (5.0 - 4.8)^2 + (3.7 - 4.8)^2 + \cdots + (2.7 - 3.3)^2$$
$$+ (3.1 - 3.3)^2 = 7.08$$

主効果の分散と誤差の分散の計算に入る前に，これらの平方和について少しだけ説明しておきます。例題データの「東京」水準に含まれる1つ目の測定値（5.0）を見てください。この値と「東京の平均値」の差は $5.0 - 4.8 = 0.2$ です。この値は「誤差」を表していますので，この1つ目の測定値は「東京の平均値」と「誤差」を用いて次のように表すことができます。

$$5.0 = 平均値_{東京} + 誤差 = 4.8 + 0.2$$

また，東京の平均値と全体の平均値の間には $4.8 - 4.2 = 0.6$ の差があります。そして，これは「主効果」の影響です。つまり，東京の平均値は次のように表すことができます。

$$平均値_{東京} = 全体平均値 + 主効果 = 4.2 + 0.6$$

すると，「東京」の1つ目の測定値は，次のように全体の平均値と2つの偏差（主効果と誤差）の和として表せることがわかります。

$$5.0 = 平均値_{東京} + 誤差$$
$$= 全体平均値 + 主効果 + 誤差 = 4.2 + 0.6 + 0.2$$

さらに，この2つの偏差の合計（$0.6 + 0.2 = 0.8$）は，1つ目の測定値と全体平均値の偏差（$5.0 - 4.2 = 0.8$）に一致します。つまり先ほどの式は，その測定値の「全体平均値からの偏差」を「主効果」と「誤差」に分離した形になっているのです。この誤差の部分を「残差」とよぶことがあるのは，偏差全体から主効果の影響を取り除いた残りの部分だからです。

$$測定値 = 全体平均値 + 偏差$$
$$= 全体平均値 + 主効果 + 誤差$$

そして例題データのすべての測定値について「全体平均値＋主効果＋誤差」という形で表すと次のようになります。

東京	大阪	沖縄
5.0＝4.2＋0.6＋　0.2	4.2＝4.2＋0.3＋ −0.3	2.7＝4.2＋ −0.9　＋ −0.6
3.7＝4.2＋0.6＋ −1.1	5.0＝4.2＋0.3＋　0.5	4.2＝4.2＋ −0.9　＋　0.9
5.8＝4.2＋0.6＋　1.0	3.3＝4.2＋0.3＋ −1.2	3.8＝4.2＋ −0.9　＋　0.5
5.2＝4.2＋0.6＋　0.4	5.4＝4.2＋0.3＋　0.9	2.7＝4.2＋ −0.9　＋ −0.6
4.3＝4.2＋0.6＋ −0.5	4.6＝4.2＋0.3＋　0.1	3.1＝4.2＋ −0.9　＋ −0.2

　この青字の値の2乗の合計が主効果の平方和，赤字の値の2乗の合計が誤差の平方和なのです。また，主効果の平方和と誤差の平方和の合計は，「各測定値の全体平均値からの偏差」の2乗合計（平方和）と同じになります。つまり分散分析では，分散を算出する際に用いられる平方和全体を主効果の平方和と誤差の平方和に分けて計算するのです。

ばらつき全体を主効果によるものと誤差によるものに分ける

主効果が誤差より十分大きければ結果が「有意」になるよ

②**自由度**　平方和（偏差2乗の合計）を「標本サイズ− 1」という自由度で割ったものが「(不偏) 分散」ですが，分散分析ではこの自由度も主効果と誤差とに分割します。まず，主効果の自由度は「要因に含まれる水準数− 1」として求めます。例題データの場合，東京，大阪，沖縄という3つの水準があるので，主効果の自由度は「3 − 1 ＝ 2」です。そして，誤差の自由度は，全体の自由度（標本サイズ− 1）から主効果の自由度を引いた残りになります。つまり「(15 − 1) − 2 ＝ 12」です。

これで主効果と誤差のそれぞれについて必要な値が求まりました。あとは、平方和を自由度で割って分散を求めます。なお、ここまでは「主効果の**分散**」,「誤差の**分散**」という表現を用いてきましたが、分散分析ではこれらの値を平均平方とよぶのが一般的です。

③**平均平方** 平方和と自由度を使って主効果と誤差の平均平方（分散）を求めると次のようになります。

$$主効果平均平方 = \frac{主効果平方和}{主効果自由度} = \frac{6.3}{2} = 3.15$$

$$誤差平均平方 = \frac{誤差平方和}{誤差自由度} = \frac{7.08}{12} = 0.59$$

④**検定統計量 F** ここから、検定統計量 F は次のように求まります。

$$検定統計量F = \frac{主効果平均平方}{誤差平均平方} = \frac{3.15}{0.59} = 5.3389...$$

この結果から、主効果による測定値のばらつきは誤差によるばらつきの約 5.34 倍の大きさであることがわかります。なお、分散分析で算出した値は**表 8-1** のような分散分析表としてまとめておくと結果が把握しやすくなります。

表8.1 分散分析表

要因	平方和	自由度	平均平方	F
主効果（地域） 誤差	6.30 7.08	2 12	3.15 0.59	5.34
全体	13.38	14		

> **Word** 一元配置分散分析
>
> $$F = \frac{主効果平均平方}{誤差平均平方}$$
>
> ---
>
> 【平方和】
> 主効果平方和 ＝ [(水準平均値 － 全体平均値)^2 × 水準の標本サイズ]の合計
> 誤差平方和 ＝ [(測定値 － 水準平均値)^2]の合計
>
> 【自由度】
> 主効果自由度 ＝ 水準数 － 1
> 誤差自由度 ＝ (全体の標本サイズ － 1) － 主効果の自由度
>
> 【平均平方】
> 主効果平均平方 ＝ $\dfrac{主効果平方和}{主効果自由度}$　　　誤差平均平方 ＝ $\dfrac{誤差平方和}{誤差自由度}$

iii) 手順4. 仮説の採否判定

　分散分析で用いる検定統計量 F の分布は,「主効果」と「誤差」の2つの自由度によって決まります。例題では主効果の自由度が2, 誤差の自由度が12ですので, その F 分布は**図8-3**のような形になります。

　また, 分散分析では主効果が誤差に比べてどれだけ大きいかだけに注目します。つまり, 主効果が誤差より小さい場合を考えません。したがって, 分散分析では常に分布の**上側**(右側)のみを考える**片側検定**となります。

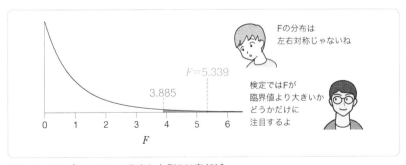

図8-3　自由度2, 12の F 分布と上側5%棄却域

巻末の F 分布表（付表 3）から，主効果（**分子**）の自由度が 2，誤差（**分母**）の自由度が 12 の F 分布における上側 5％の臨界値は 3.885 と求まります。算出した F の値はこの臨界値より大きく，棄却域（図 8-3 の赤色の領域）に入るので，「3 つの水準すべてで平均値が同じ」という帰無仮説は棄却されます。したがって，「3 つの水準すべてで平均値が同じではない（＝地域の主効果がゼロでない）」が検定結果となります。

iv）手順 4′．効果量の算出

分散分析とともに用いられる効果量として最も一般的なのは η^2（イータ 2 乗）という値です[*1]。この値は次の式によって求められます。

> **Word** 一元配置分散分析の効果量（η^2）
>
> $$\eta^2 = \frac{主効果の平方和}{全体の平方和}$$

つまり，測定値全体のばらつき（平方和）のうち主効果による部分が何割を占めているかを数量化したものが効果量 η^2 です。例題データでは，効果量 η^2 は次のようになります。また，η^2 の大きさについての一般的な解釈の目安は**表 8-2** の通りです[*2]。

$$\eta^2 - \frac{6.3}{13.38} = 0.4708\ldots$$

表 8-2　η^2 の大きさの目安

η^2	効果の大きさ
0.14	大
0.06	中
0.01	小

この結果から，地域の主効果（地域の違いが歩く速さに与える影響）はかなり大きいことがわかります。

v）手順 5．検定結果の報告

分散分析の結果を報告する際には，「2 つの自由度」と算出した「F の

[*1] 本書ではとりあげていませんが，このほかに ω^2（オメガ 2 乗）という値もよく用いられます。
[*2] η^2 の大きさの目安はコーエンの f とよばれる効果量をもとに換算したものです。

値」,「有意確率」を示します。このとき，2つの自由度は最初に**主効果**の自由度，次に**誤差**の自由度の順に示します。また，効果量は検定結果の最後に示します。

> 歩行速度に地域差があるかどうかについて対応なしの一元配置分散分析を行った結果，地域の主効果が有意であった（$F(2, 12) = 5.34$, $p < .05$, $\eta^2 = 0.47$）。

ポイント

- 平均値が**3つ以上ある場合**に分散分析が用いられる
- グループ（水準）による平均値の差のことを主効果という
- 分散分析では，主効果の平均平方（分散）が誤差の平均平方（分散）の何倍の大きさであるかを考える
- F分布の形は，**主効果の自由度と誤差の自由度**の2つで決まる
- 分散分析は常に分布の上側だけを考える片側検定になる

8.2節 一元配置分散分析の事後検定

分散分析において「東京＝大阪＝沖縄」という帰無仮説は棄却されたわけですが，この検定の対立仮説は「東京≠大阪≠沖縄」ではなく「東京＝大阪＝沖縄ではない」であったのを覚えているでしょうか。つまり，分散分析の結果からいえるのは「3つの平均値が同じとはいえない」ということだけであって，すべての水準で平均値に差があるとか，東京と大阪で平均値に差があるといったものではないのです。そのため，具体的にどの水準の間に平均値に差があるのかを知るためには，分散分析に続けて事後検定（下位検定）とよばれる手続きをとる必要があります。

東京，大阪，沖縄という

全部違う

1つだけ違う

「全部が同じではない」≠「全部違う」だよ

こういう場合もあるからね

3つの水準のどこに平均値の差があるかを確かめるには，この3つの水準のうち2つずつを取り出して次のようなペアを作り，それぞれのペアについて平均値の差を検定します。このような方法は多重比較とよばれます。

東京—大阪　　　東京—沖縄　　　大阪—沖縄

なんだ，それなら最初からt検定でいいじゃないかと思った人もいるかもしれません。しかし，そうしないのにはそれなりの理由があります。

先ほどの分散分析では，有意水準を「5%」に設定して検定を行いました。有意水準5%で検定するということは，「第1種の誤り（帰無仮説が**真**なのに棄却してしまう誤り）」が生じる確率を5%以内にしようとしているということです。しかし，有意水準を5%に設定したt検定を3回繰り返した場合，1つ1つの検定における誤り率は5%であっても，「3回のうち少なくとも1回に誤りが含まれている確率」は5%よりずっと大きなものになります。そのため，まずは分散分析で平均値にばらつきがあるかどうかを確認し，分散分析の結果が有意であった場合にのみ多重比較で個別の平均値の差について検討するという方法がとられるのです[*3]。

分散分析後の多重比較の方法は，大きく2種類に分類できます。1つ目は，検定の繰り返しによって全体の誤り率が5%を超えることのないよう，結果の判断の際に「p値や有意水準を調整する」という方法です。もう1つは，繰り返し比較を行っても誤り率が5%を超えないようにした「調整済み統計量」を用いて検定を行うという方法です。なお，多重比較の効果量については，どちらの場合も「対応なしt検定」の場合と同じ方法で算出したdを用いることができます。効果量dは検定統計量ではないので，複数回算出しても調整の必要はありません。

A. 有意水準を調整する方法

有意水準を調整して検定する方法としてよく用いられるのはボンフェロ

[*3]　心理統計では分散分析後に多重比較を行う方法が一般的ですが，この方法が絶対というわけではありません。実際には，多くの多重比較の方法が事前に分散分析を行うことを前提としておらず，また，同じデータで異なる検定を繰り返すことは好ましくないという考えから，分散分析を用いずに最初から多重比較を行うべきだとする立場もあります。

ニ法です。ボンフェロニ法の考え方は非常にシンプルで，検定をn回行う場合，検定に使用する有意水準（α）を「α/n」にして結果の判断を行います。例題データであれば，3つのペアすべてについて5％÷3≒1.66％という有意水準を用いてt検定を行うのです。

　ボンフェロニ法で有意水準の大きさを1/3に調整した場合のtの臨界値は，巻末のt分布表（付表2）で「両側確率5％/3」の列にある値から探します。この場合，それぞれのペアで「スチューデントのt検定」を行うとすると，各ペアの検定におけるtの自由度は5＋5－2＝8で，「両側確率5％/3」のtの臨界値は3.016です。そして，3つのペアすべてについてtを算出し，その値が3.016より大きなペアで差が有意と判断します。

　ボンフェロニ法は考え方がシンプルで応用が利くため，分散分析の事後検定以外にもさまざまな場面で用いられています。ただ，この方法は調整が厳しすぎる傾向があり，「第2種の誤り（帰無仮説が偽なのに棄却しない誤り）」を犯す可能性が高くなってしまうという欠点があります。

B. 調整済み統計量を用いる方法

　多重比較に「調整済み統計量」を用いる代表的な方法としては，テューキーのHSD検定があります。HSD検定では，検定統計量にスチューデント化された範囲（q）という値を用います。このスチューデント化された範囲（q）の考え方は基本的にはt検定のtと同じですが，標準誤差の算出で不偏分散の代わりに「誤差の平均平方」を用いる点が異なります。

Word スチューデント化された範囲（q）

$$q = \frac{|\text{平均値}_A - \text{平均値}_B|}{\text{標準誤差}} = \frac{|\text{平均値}_A - \text{平均値}_B|}{\sqrt{\dfrac{\text{誤差平均平方}}{\text{標本サイズ}}}}$$

　式の分子には，比較したい2つの平均値を代入します。「誤差平均平方」は「分散分析の際に算出した誤差」の平均平方（誤差の分散），「標本サイ

ズ」は，「各水準」に含まれる測定値の個数です[*4]。

　例題データでテューキーの HSD 検定による多重比較を行ってみましょう。「東京―大阪」，「東京―沖縄」，「大阪―沖縄」のそれぞれの組み合わせにおける q の値は次のようになります。

$$q_{東-大} = \frac{|4.8 - 4.5|}{\sqrt{0.59/5}} = 0.8733 \ldots \qquad q_{東-沖} = \frac{|4.8 - 3.3|}{\sqrt{0.59/5}} = 4.3666 \ldots$$

$$q_{大-沖} = \frac{|4.5 - 3.3|}{\sqrt{0.59/5}} = 3.4933 \ldots$$

　有意水準 5% の q の臨界値は，巻末の数値表（付表 5）から求めることができます。数値表から q の臨界値を求めるには，要因に含まれる「水準の数 k」と分散分析の「誤差の自由度」が必要です。例題データでは水準数 $k = 3$，誤差の自由度は 12 ですので，q の臨界値は 3.773 です。

　各水準間で算出した q が臨界値の 3.773 より大きいのは「東京―沖縄」のペアだけですので，この結果と分散分析の結果を総合すると「人々が歩く速さには地域差があり，東京は沖縄に比べて歩くスピードが有意に速い」というのがより詳細な検定結果となります。

> **ポイント**
>
> ■☞ 分散分析結果が有意な場合，各グループ間の平均値の差を多重比較する
> ■☞ 多重比較には**有意水準を調整**する方法と**調整済み統計量**を用いる方法がある
> ■☞ 有意水準を調整する方法にはボンフェロニ法などがある
> ■☞ 調整済み統計量を用いる方法にはテューキーの HSD 検定などがある

8.3節 ┃ 二元配置分散分析

　次に「要因が 2 つある場合」の分散分析（二元配置分散分析）につい

[*4]　この方法は「すべての水準で標本サイズが等しい」ことを前提としています。標本サイズが異なる場合には少し異なる計算方法がとられます。

て見ていくことにしましょう。要因の数が3つあるいはそれ以上の場合も考え方の基本は同じです。二元配置分散分析の場合,「2要因いずれにも対応がない場合」,「いずれか一方に対応がある場合」,「2要因いずれにも対応がある場合」の3通りが考えられますが,ここでは2要因いずれにも対応がない場合をとりあげます。また,2つあるいはそれ以上の数の要因を用いた分散分析では,標本サイズの異なる水準が1つでも含まれている場合,平方和の値が1つに定まりません[5],話が複雑になるので,ここでは2要因のすべての水準で標本サイズが等しい場合について説明することにします。

次の表は,全部で24枚の写真をSNSに投稿した際の「いいね」の数をまとめたものです。投稿した写真の内容は「風景」,「動物」,「食べ物」のいずれかで,また,ハッシュタグをつけて投稿したものとそうでないものがあります。この結果から,写真の内容やハッシュタグの有無によって「いいね」の数が違うといえるでしょうか?

投稿写真の内容・ハッシュタグの有無と「いいね」の数

風景・タグあり		風景・タグなし	
写真$_1$	4	写真$_{13}$	1
写真$_2$	8	写真$_{14}$	4
写真$_3$	7	写真$_{15}$	1
写真$_4$	5	写真$_{16}$	2

動物・タグあり		動物・タグなし	
写真$_5$	7	写真$_{17}$	9
写真$_6$	8	写真$_{18}$	8
写真$_7$	8	写真$_{19}$	7
写真$_8$	9	写真$_{20}$	8

食べ物・タグあり		食べ物・タグなし	
写真$_9$	8	写真$_{21}$	7
写真$_{10}$	5	写真$_{22}$	4
写真$_{11}$	8	写真$_{23}$	5
写真$_{12}$	7	写真$_{24}$	4

[5] 統計ソフトで「Type I」や「Type III」など複数の平方和が出力されることがあるのはこのためです。すべての水準で標本サイズが等しい場合にはどの平方和もすべて同じ値になります。

この例題では，「いいね」の数に影響を与える可能性がある要素として，「写真内容」と「ハッシュタグ」という2つの要因が含まれています。このようなデータの場合，いいねの数が写真内容によって異なるかどうか（写真内容の主効果）とハッシュタグによって異なるかどうか（ハッシュタグの主効果）というそれぞれの要因の主効果のほか，写真内容とハッシュタグの有無の「組み合わせによる効果（写真内容とハッシュタグの交互作用）」も分析対象となります。

　検定の考え方は基本的に一元配置分散分析の場合と同じですが，要因の数が増えた分だけ計算すべき値も多くなります。

i）手順1．統計的仮説の設定

　二元配置分散分析の場合，検定の対象となる主効果が2つ，交互作用が1つあります。検定ではそれぞれについて統計的仮説が必要になります。

　まず，「写真内容の主効果」についてみてみましょう。この場合の帰無仮説と対立仮説はそれぞれ次のようになります。考え方は一元配置分散分析の場合と同じです。

　帰無仮説：風景の平均値＝動物の平均値＝食べ物の平均値
　対立仮説：風景の平均値＝動物の平均値＝食べ物の平均値ではない

また，「ハッシュタグ（以下，タグ）の主効果」についても同様です。

　　帰無仮説：タグありの平均値＝タグなしの平均値
　　対立仮説：タグありの平均値＝タグなしの平均値ではない

複数の要因による組み合わせ効果である交互作用では，帰無仮説は次のようになります。式の形で表そうとすると複雑になるので，ここでは文章で示しておきます。

　　　帰無仮説：写真内容とタグの交互作用はない
　　　対立仮説：写真内容とタグの交互作用がある

ii）手順3．検定統計量とその分布

一元配置分散分析と同じく，検定には F 分布を用います。算出手順も基本は一元配置分散分析と同じで，主効果や交互作用の平方和を対応する自由度で割って平均平方（分散）を求め，そこから F を算出します。

①平均値と偏差の算出　要因が2つあり条件が複雑ですので，この後の計算が楽になるように，まず最初に写真内容，タグあり・なしの各水準，そして写真内容とタグあり・なしの組み合わせについて平均値を求め，さらにそれらの全体平均値からの偏差も求めておきましょう。平方和の計算で必要になるので，平均値の計算に使用した測定値の個数（標本サイズ）と合わせて**表8-3**のような形でまとめるとよいでしょう。

表8-3　例題データの条件ごとの平均値と全体平均値からの偏差

条件：平均値（偏差）	タグあり（n＝12）：7（1）	タグなし（n＝12）：5（−1）
風景（n＝8）　：4（−2） 動物（n＝8）　：8（ 2） 食べ物（n＝8）：6（ 0）	風・あり（n＝4）：6（0） 動・あり（n＝4）：8（2） 食・あり（n＝4）：7（1）	風・なし（n＝4）：2（−4） 動・なし（n＝4）：8（ 2） 食・なし（n＝4）：5（−1）

②主効果　まずは主効果について平均平方を算出します。平方和の計算方法は一元配置分散分析の場合と同じで，各水準の平均値と全体平均の偏差2乗に標本サイズをかけ，それらを合計します。たとえば，写真内容の各水準は標本サイズが8なので，先ほど表にまとめた偏差の値から，平方和は次のように求まります。

$$写真内容の平方和 = \left[各水準の偏差^2 \times 標本サイズ\right] の合計$$
$$= (-2)^2 \times 8 + (2)^2 \times 8 + (0)^2 \times 8 = 64$$

また，主効果の自由度は一元配置分散分析の場合と同じく「水準数−1」なので，写真内容の自由度は $3 - 1 = 2$ です。したがって，この要因の平均平方は以下のようになります。

$$写真内容の平均平方 = \frac{平方和}{自由度} = \frac{64}{2} = 32$$

同様にしてハッシュタグの要因についても平均平方を求めます。ハッシュタグあり・なしの各水準は標本サイズが 12 なので，ハッシュタグ要因の平方和は次のようになります。

$$\text{ハッシュタグの平方和} = \left[\text{各水準の偏差}^2 \times \text{標本サイズ}\right] \text{の合計}$$
$$= (1)^2 \times 12 + (-1)^2 \times 12 = 24$$

ハッシュタグ要因の自由度は $2 - 1 = 1$ なので，この要因の平均平方は次のようになります。

$$\text{ハッシュタグの平均平方} = \frac{\text{平方和}}{\text{自由度}} = \frac{24}{1} = 24$$

③**交互作用**　次に交互作用について考えてみましょう。交互作用とは複数の要因による組み合わせ効果のことです。この「組み合わせ効果」は，複数の要因による影響を単純に足し合わせたものではないという点に注意が必要です。

　少し変な例えですが，数の子と赤ワインのように，1 つ 1 つは美味しいのに一緒に食べるとひどい味になる食べ合わせというのがあります。これとは逆に，1 つ 1 つはたいして美味しくないのに，組み合わせると絶品になる場合もあるでしょう。このように，複数の要因を組み合わせた場合に，それぞれを単純に合計した場合よりも影響が大きくなったり，あるいは逆に小さくなったりすることを交互作用といいます。

　では，この交互作用の大きさはどのように求めればよいのでしょうか。「交互作用はない」とする帰無仮説通りであれば，写真内容とタグの有無の各組み合わせにおける偏差は，関係する写真内容の偏差とタグの偏差を単純に足し合わせたものと同じになるはずです。そこで，先ほど算出した各要因の偏差の値から，「帰無仮説が正しい場合」に想定される状態を求めます。

	タグあり： 1	タグなし： −1
風景 ：−2	風・あり：−2＋1＝−1	風・なし：−2＋−1＝−3
動物 ： 2	動・あり： 2＋1＝ 3	動・なし： 2＋−1＝ 1
食べ物： 0	食・あり： 0＋1＝ 1	食・なし： 0＋−1＝−1

　この値（合成値）と，最初に計算した写真内容・タグの偏差を見比べ
てみましょう。すると，複数の条件で実際の偏差と先ほど算出した合成
値にずれがあるのがわかります。これが交互作用による影響です。

条件	偏差	合成値	差	条件	偏差	合成値	差
風・あり	0	−1	1	風・なし	−4	−3	−1
動・あり	2	3	−1	動・なし	2	1	1
食・あり	1	1	0	食・なし	−1	−1	0

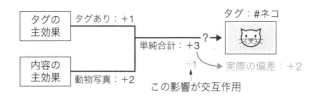

　たとえば，動物写真でタグありの場合，交互作用がないのであればそ
の偏差は動物写真の影響（2）とタグありの影響（1）を足した「3」と
いう値になるはずなのに，この組み合わせ条件の偏差は 2 です。つま
りこれは，2 つの主効果の単純な足し算では説明できない影響（**交互作
用**）が「2 − 3 ＝ − 1」だけ生じていると考えられるのです。交互作用
の平方和は，これら「各組み合わせ条件の偏差と合成値の差」の 2 乗
に標本サイズをかけて合計したものになります。

$$平方和 = [(各組み合わせの偏差 − 写真とタグの偏差合計)^2$$
$$\times 標本サイズ] の合計$$

$$= (0 − (−1))^2 \times 4 + (2 − 3)^2 \times 4 + (1 − 1)^2 \times 4$$
$$+ (−4 − (−3))^2 \times 4 + (2 − 1)^2 \times 4 + (−1 − (−1))^2 \times 4$$
$$= 1^2 \times 4 + (−1)^2 \times 4 + 0^2 \times 4 + (−1)^2 \times 4 + 1^2 \times 4 + 0^2 \times 4$$
$$= 16$$

また，交互作用の自由度は，関係する2つの主効果（写真内容とタグの有無）の自由度をかけ合わせたものになります。

$$交互作用の自由度 = 写真内容の自由度 \times ハッシュタグの自由度$$
$$= 2 \times 1 = 2$$

ここから，交互作用の平均平方は次のように求められます。

$$交互作用の平均平方 = \frac{交互作用の平方和}{交互作用の自由度} = \frac{16}{2} = 8$$

④誤差　誤差の偏差は，各測定値の偏差から2つの主効果と交互作用の影響を「すべて取り除いた残り」です。この値は，各測定値と「その測定値が属する写真内容・タグの組み合わせ条件の平均値」の差として求めることができます。それらの偏差の2乗を合計したものが誤差の平方和です。また，誤差の自由度は「全体の自由度」から2つの主効果の自由度と交互作用の自由度を引いた残りです。

$$誤差の平方和 = (写真_1 - 風景・タグありの平均値)^2 + \cdots$$
$$\cdots + (写真_{24} - 食べ物・タグなしの平均値)^2$$
$$= (4-6)^2 + (8-6)^2 + \cdots + (5-5)^2 + (4-5)^2$$
$$= 32$$

$$誤差の自由度 = 全体の自由度 - (写真内容の自由度$$
$$+ ハッシュタグの自由度 + 交互作用の自由度)$$
$$= 23 - (2+1+2) = 18$$

最後に，平方和を自由度で割って誤差の平均平方を求めます。

$$誤差の平均平方 = \frac{誤差の平方和}{誤差の自由度} = \frac{32}{18} = 1.7777\ldots$$

⑤検定統計量 F　ここまでに算出した値をもとに検定統計量 F を算出しましょう。2つの主効果と交互作用，それぞれの平均平方を誤差の平均

平方で割って F を求めます。

$$主効果（写真内容）：F = \frac{32}{1.78} = 17.9775...$$

$$主効果（ハッシュタグ）：F = \frac{24}{1.78} = 13.4831...$$

$$交互作用（写真内容 \times ハッシュタグ）：F = \frac{8}{1.78} = 4.4943...$$

計算結果を分散分析表にまとめると次のようになります。

表8-4 分散分析表

要因	平方和	自由度	平均平方	F
主効果(写真内容)	64	2	32.00	17.98
主効果(ハッシュタグ)	24	1	24.00	13.48
交互作用(写真内容×ハッシュタグ)	16	2	8.00	4.49
誤差	32	18	1.78	
全体	136	23		

iii）手順4．仮説の採否判定

主効果については，それぞれの「主効果の自由度」と「誤差の自由度」を用いた F 分布で，交互作用については「交互作用の自由度」と「誤差の自由度」を用いた F 分布で判定します。それぞれの F 分布における有意水準5%の臨界値は F 分布表（付表3）で求めることができます。

写真内容の主効果については自由度2，18で F の臨界値は3.555，ハッシュタグの主効果については自由度1，18で臨界値は4.414，交互作用については自由度2，18で臨界値は3.555であり，いずれも算出した F の値が臨界値を上回っているので帰無仮説は棄却されます。つまり，投稿する写真の内容やハッシュタグの有無によって「いいね」の数が異なるというのが検定結果です。

$$F_A = \frac{\text{平均平方}_A}{\text{誤差平均平方}} \quad F_B = \frac{\text{平均平方}_B}{\text{誤差平均平方}} \quad F_{A \times B} = \frac{\text{平均平方}_{A \times B}}{\text{誤差平均平方}}$$

【偏差】

偏差$_A$：要因Aの各水準の平均値 － 全体平均値

偏差$_B$：要因Bの各水準の平均値 － 全体平均値

組み合わせの偏差：各組み合わせ条件の平均値 － 全体平均値

偏差$_{A \times B}$：組み合わせの偏差 － (偏差$_A$ ＋ 偏差$_B$)

誤差の偏差：各測定値 － 各組み合わせ条件の平均値

【平方和】

平方和$_A$ ＝ [偏差$_A^2$ × 各水準の標本サイズ] の合計

平方和$_B$ ＝ [偏差$_B^2$ × 各水準の標本サイズ] の合計

平方和$_{A \times B}$ ＝ [偏差$_{A \times B}^2$ × 各水準の標本サイズ] の合計

誤差平方和 ＝ 誤差の偏差^2 の合計

【自由度】

自由度$_A$ ＝ 要因Aの水準数 － 1 　　　**自由度**$_B$ ＝ 要因Bの水準数 － 1

自由度$_{A \times B}$ ＝ 自由度$_A$ × 自由度$_B$

誤差自由度 ＝ (全標本サイズ － 1) － (自由度$_A$ ＋ 自由度$_B$ ＋ 自由度$_{A \times B}$)

【平均平方】

$$\text{平均平方}_A = \frac{\text{平方和}_A}{\text{自由度}_A} \qquad \text{平均平方}_B = \frac{\text{平方和}_B}{\text{自由度}_B}$$

$$\text{平均平方}_{A \times B} = \frac{\text{平方和}_{A \times B}}{\text{自由度}_{A \times B}} \qquad \text{誤差平均平方} = \frac{\text{誤差平方和}}{\text{誤差自由度}}$$

iv) 手順4′. 効果量の算出

　2つあるいはそれ以上の要因が含まれる分散分析では，一元配置分散分析で使用した効果量 η^2（イータ2乗）の代わりに η_p^2（偏イータ2乗）とよばれる値がよく用いられます。η^2 が測定値全体のばらつきを基準に求められる値であるのに対し，η_p^2 は「関心のある要因（主効果または交互作用）」と誤差の平方和のみを用いて算出されます。つまり，他の要因の影響は考えないことにするのです。

Word 二元配置分散分析の効果量（η_p^2）

$$\eta_p^2 = \frac{\text{要因の平方和}}{\text{要因の平方和}+\text{誤差の平方和}}$$

　例題データの場合，写真内容の平方和が 64，誤差の平方和が 32 なので，写真内容の主効果についての効果量 η_p^2 は次のようになります。

$$\eta_p^2 = \frac{64}{64+32} = 0.6666...$$

　この η_p^2 の値は，写真内容の要因以外の影響を取り除いたあとにおける写真内容の影響の大きさを示すものですので，解釈には注意が必要です。また，η^2 については解釈の大まかな目安がありますが，η_p^2 の場合にはそうした目安はありません。

　表8-5 は，例題データについて算出した η^2 と η_p^2 の値をまとめたものです。このように，η_p^2 は η^2 に比べてやや大きな値になります。

　いずれにせよ，この結果から「いいね」の数にとくに大きな影響を与えているのが写真の内容であることがわかります。また，分散分析の結果で

表8-5　例題データにおける効果量 η^2 と η_p^2

要因	η^2	η_p^2
主効果（内容）	0.47	0.67
主効果（タグ）	0.18	0.43
交互作用（内容×タグ）	0.12	0.29

名前は似てるけど
基準が大きく違うよ

η^2 ＝全体に占める割合

η_p^2 ＝「自身と誤差の合計」
　　に占める割合

は交互作用が有意でしたが，交互作用の大きさは2つの主効果に比べると小さいようです。

v) 手順5. 検定結果の報告

結果の書き方は一元配置分散分析の場合と同じです。ここでは効果量として η_p^2 を示しています。

写真内容（風景・動物・食べ物）とハッシュタグの有無によって「いいね」の数に違いが見られるかどうかを二元配置分散分析を用いて検討した。その結果，写真内容の主効果（$F(2, 18) = 17.98$, $p < .05$, $\eta_p^2 = 0.67$），ハッシュタグの主効果（$F(1, 18) = 13.48$, $p < .05$, $\eta_p^2 = 0.43$），そして写真内容とハッシュタグの交互作用が有意であった（$F(2, 18) = 4.49$, $p < .05$, $\eta_p^2 = 0.29$）。

ポイント

■☞ 二元配置分散分析では交互作用についても分析できる
■☞ 交互作用とは，主効果の単純合計では説明できない影響をいう

8.4節 ‖ 二元配置分散分析の事後検定

二元配置分散分析で主効果や交互作用が有意であった場合にも，それらについてさらに詳しく見るためには**事後検定**が必要です。

A. 主効果の事後検定

主効果の事後検定には，一元配置分散分析の場合と同様に多重比較を行います。ただし，ハッシュタグ要因のように2水準（あり・なし）しかない場合には，主効果があるということはその2つの間に差があるということなので多重比較は不要です。表8-3のクロス表にあるように，ハッシュタグありとなしではありの方が平均値が大きいので，「ハッシュタグ

をつけた方が『いいね』が多い」ということになります。

　写真内容の要因には風景，動物，食べ物の3つの水準がありますので，次のどの水準間に有意な差があるのかを多重比較で確かめます。計算には，一元配置分散分析で使用した「テューキーのHSD検定」がそのまま使用できます。「スチューデント化された範囲（q）」の算出方法も同じです。

風景 ── 動物　　　風景 ── 食べ物　　　動物 ── 食べ物

$$q = \frac{|\text{平均値の差}|}{\sqrt{\dfrac{\text{誤差平均平方}}{\text{標本サイズ}}}}$$

$$q_{\text{風}-\text{動}} = \frac{|4-8|}{\sqrt{1.78/8}} = 8.4799\ldots \qquad q_{\text{風}-\text{食}} = \frac{|4-6|}{\sqrt{1.78/8}} = 4.2399\ldots$$

$$q_{\text{動}-\text{食}} = \frac{|8-6|}{\sqrt{1.78/8}} = 4.2399\ldots$$

　巻末の数値表（付表5）より，水準数3，誤差の自由度18のqの臨界値は3.609で，すべての水準間で算出値はこれを上回ります。したがって，すべての水準間で平均値に有意な差があるといえます。つまり，風景より食べ物の方が，また食べ物より動物の方が「いいね」が有意に多いということです。

B. 交互作用の事後検定

　交互作用の事後検定にはいくつかの方法がありますが，ここでは代表的なものについて説明します。

i）単純主効果の検定

　交互作用の事後検定としてよく用いられるものの1つに単純主効果の検定があります。単純主効果の検定は，「ハッシュタグありの水準に写真内容の主効果が見られるか」というように，各要因の水準ごとに交互作用を切り分けて検定していく方法です。例題データの場合，次の5通りの単純主効果の検定を行います。

- 「ハッシュタグあり」水準における写真内容の単純主効果
- 「ハッシュタグなし」水準における写真内容の単純主効果
- 「風景」水準におけるハッシュタグの単純主効果
- 「動物」水準におけるハッシュタグの単純主効果
- 「食べ物」水準におけるハッシュタグの単純主効果

単純主効果の検定は，基本的には水準ごとに分割したデータでそれぞれ「一元配置分散分析」を行うのと同じです。たとえば「ハッシュタグあり」水準における写真内容の単純主効果では，「ハッシュタグあり」の測定値だけで一元配置分

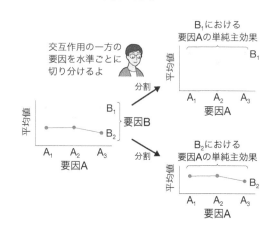

散分析を行うのです。ただし，F の算出に使用する誤差の平均平方には，最初の二元配置分散分析で算出した誤差平均平方（1.78）を使用します[*6]。

ここでは「ハッシュタグあり」水準における写真内容の単純主効果について見ておきましょう。表8-3のクロス表から，タグありでは風景の平均値は6，動物は8，食べ物は7で，全体平均値は7です。写真内容の3つの水準はどれも測定値は4つですから，主効果の平方和は次の通りになります。

$$主効果の平方和 = (6-7)^2 \times 4 + (8-7)^2 \times 4 + (7-7)^2 \times 4 = 8$$

主効果の自由度は「水準数－1」で3－1＝2なので，主効果の平均平方は平方和を自由度で割って 8/2 ＝ 4 となります。先ほど説明したように，単純主効果の F 統計量はこの主効果の平均平方を二元配置分散分

[*6] 単純主効果における誤差についても複数の考え方があり，ここで説明するのはそのうちの1つです。

析の誤差平均平方で割って求めるので，「『ハッシュタグあり』水準におけ
る写真内容の単純主効果」の F 統計量は次のようになります。

$$F = \frac{\text{主効果の平均平方}}{\text{誤差の平均平方}} = \frac{4}{1.78} = 2.2471\ldots$$

　巻末の F 分布表（付表3）より，自由度2，18の上側5%の F の臨界
値は3.555で，算出した F はこれより小さいので，この単純主効果は有
意とはいえません。残りの単純主効果については計算結果だけを示してお
きます。いずれも誤差の平均平方は1.78，誤差の自由度は18です。

- 「ハッシュタグなし」水準における写真内容の単純主効果
  平均平方：36　主効果自由度：2　$F = 36/1.78 = 20.2247\cdots$
- 「風景」水準におけるハッシュタグの単純主効果
  平均平方：32　主効果自由度：1　$F = 32/1.78 = 17.9775\cdots$
- 「動物」水準におけるハッシュタグの単純主効果
  平均平方：0　主効果自由度：1　$F = 0/1.78 = 0$
- 「食べ物」水準におけるハッシュタグの単純主効果
  平均平方：8　主効果自由度：1　$F = 8/1.78 = 4.4943\cdots$

　自由度2，18の上側5%の F の臨界値は3.555，自由度1，18の F の
臨界値は4.414なので，「『動物』水準における写真内容の単純主効果」
以外はすべて有意ということになります。
　なお，ハッシュタグあり，なしの各水準における写真内容の単純主効果
が有意であった場合，どの水準間の差が有意なのかを確かめるためにはさ
らに多重比較が必要になります。写真内容の各水準（風景・動物・食べ
物）におけるハッシュタグの単純主効果については，タグありとタグなし
の2水準しかないので多重比較は不要です。

ii）交互作用の多重比較
　交互作用の事後検定を多重比較だけで行う方法もあります。テューキー
の HSD 検定を用いる場合，スチューデント化された範囲（q）の算出方
法は「主効果の事後検定」の場合と同じです。たとえば，風景写真の水準

におけるハッシュタグありとなしの差については次のようになります。

$$q = \frac{|平均値_{あり} - 平均値_{なし}|}{\sqrt{\dfrac{誤差平均平方}{標本サイズ}}} = \frac{|6-2|}{\sqrt{\dfrac{1.78}{4}}} = \frac{4}{\sqrt{0.445}} = 5.9962\ldots$$

　このとき，すべての組み合わせについて総当たりで多重比較を行うと比較の組み合わせは全15通りですが，その場合，組み合わせの中には結果の解釈が難しいものも含まれてしまいます。たとえば「風景写真・タグあり」と「動物写真・タグなし」の差が有意だったとしても，それが写真内容による影響なのかタグの有無による影響なのかが判断できません。写真内容の要因とハッシュタグ要因の両方で条件が異なっているからです。そこで，比較に意味がある組み合わせについてのみ多重比較を行うことにすると，比較するのは総当たりの場合の全15通りの組み合わせのうち**表8-6**に示した9つの組み合わせのみとなります。表8-6には，各組み合わせにおけるqも示しておきます。

　また，総当たりの場合，「水準数k」は「3水準×2水準＝6」になるのですが，9通りの組み合わせのみ比較する場合は，「比較する組み合わせの数」が9に近くなるように（ただし9より小さくならないように）k

表8-6　写真内容×ハッシュタグの有無の交互作用について多重比較を行う場合の組み合わせ

写真内容の水準	比較する組み合わせ	q
風景	タグあり—なし	2.9981…
動物	タグあり—なし	0
食べ物	タグあり—なし	1.4990…
写真内容の水準	比較する組み合わせ	q
タグあり	風景—動物	1.4990…
	風景—食べ物	0.7495…
	動物—食べ物	0.7495…
タグなし	風景—動物	4.4971…
	風景—食べ物	2.2485…
	動物—食べ物	2.2485…

を調整して検定します。総当たりの場合，6水準から2つずつ取り出す組み合わせは15通り，5水準だとそこから2つの組み合わせは10通り，4水準6通りなので，この場合はkを5とします。水準数$k = 5$，誤差の自由度18のqの臨界値は巻末の数値表（付表5）から4.276と求まるので，有意といえるのは「タグなし」水準における「風景写真と動物写真」の差のみということになります。

　ここまでの分析結果を総合すると，「いいね」の数は動物写真で多く，風景写真では少ないようです（写真内容の主効果）。また，ハッシュタグのある場合の方がない場合よりも「いいね」が多くなるようです（タグの主効果）。さらに，タグありの場合は写真内容で「いいね」の数は変わらないのにタグなしの写真では風景写真の「いいね」が動物写真に比べて有意に少なくなるというように，写真内容による違いはタグがない場合により顕著になるようです（写真内容とタグの交互作用）。

■ポイント

- ■☞ **主効果**が有意な場合の事後検定は一元配置分散分析の場合と同じ
- ■☞ **交互作用**の事後検定には，**単純主効果**について検定する方法と**多重比較**のみを行う方法がある
- ■☞ 単純主効果の検定は，交互作用の一方の要因で「水準ごと」にデータを分割して**一元配置分散分析**を行う
- ■☞ 特定の組み合わせのみ**テューキーのHSD法**で多重比較する場合，水準数kを調整して検定を行う

8.5節 ┃ まとめ

　t検定と同様に，分散分析も母集団に正規分布を仮定する**パラメトリック検定**です。また，分散分析では「すべての水準で分散が等しい」ということも仮定されています。これらの前提からかけ離れたデータでは信頼できる分析結果が得られませんので注意してください。

　分散分析は，**主効果**や**交互作用**による平均値のばらつき（分散）が**誤差**の分散の何倍大きいかという形で検定します。このように，分散分析は

「平均値にばらつきがあるか」を見るものであり，どこに差があるのかまではわかりません。それを確かめるには**多重比較**などの事後検定が必要です。

　主効果や交互作用の大きさの指標となる効果量については，主効果や交互作用の分散を「全体の分散」で割った η^2（**イータ2乗**），あるいは主効果や交互作用の分散を「それ自身と誤差の分散の和」で割った η_p^2（**偏イータ2乗**）が一般的に用いられます。この2つは名前は似ていても算出の根拠が異なるので，しっかり区別しましょう。

練習問題

1. 次のデータについて，分散分析を用いて条件間に平均値の差があるかどうか有意水準5%で検定してください。また，主効果の効果量として η^2 を，多重比較については d を算出してください。分散分析の結果が有意であった場合，HSD 検定による多重比較を行ってください。

> 12名の参加者を4名ずつ3つのグループに分け，それぞれ異なる条件で迷路課題を行ってもらいました。次の表は，ゴールに到達するまでにかかった時間（分）をまとめたものです。この結果から，条件によってゴールまでの時間が異なるといえるでしょうか？
>
> | 課題条件 | : | 測定値 | | | |
> |---|---|---|---|---|---|
> | 通常の状態 | : | 2 | 4 | 1 | 5 |
> | 左右反転メガネ着用 | : | 3 | 6 | 8 | 7 |
> | 上下左右反転メガネ着用 | : | 13 | 14 | 12 | 9 |

2. 次のデータについて，主効果および交互作用が有意かどうかを有意水準5%で検定してください。主効果と交互作用についての効果量は η_p^2 を，多重比較については d を算出してください。また，必要に応じて事後検定を行ってください。

車好きの子供と電車好きの子供各 8 名を 2 グループに分け，異なるおもちゃを与えて遊ばせました。次の表は，与えられたおもちゃで遊んだ時間（分）をまとめたものです。この結果から，車好きの子供と電車好きの子供でおもちゃの遊び時間に違いがあるといえるでしょうか？

タイプ	おもちゃA				おもちゃB			
車好き ：	14	15	11	12	17	16	13	14
電車好き ：	23	18	17	22	13	12	8	7

 Column 交互作用

　交互作用の心理学における例として，教育心理学の領域でよく知られている**適性処遇交互作用**（Aptitude-Treatment Interaction：ATI）という概念があります。これは，学習の効果は学習者の適性（能力や興味・関心など）と処遇（教授法や学習法など）の組み合わせによって異なるとする考え方です。

　たとえば，心理学統計法の受講者を社交性の高い学生のグループと社交性の低い学生のグループに分け，さらにそれぞれのグループを半分に分けて，一方にはグループ学習，もう一方には個別学習を行わせて学習効果を測定したとしましょう。すると，**図8-4** の a のように，社交性の高いグループではグループ学習を行った方が，社交性の低いグループでは個別学習を行った方が学習効果が高くなるかもしれません。

　あるいは，図8-4 の b のように，社交性の低いグループでは個別学習とグループ学習で学習効果は同じだけれども，社交性の高いグループではこの 2 つで学習効果に大きな差が見られるといった結果になるかもしれません。適性処遇交互作用とは，このように学習者のもつ特性と学習法の間に組み合わせによる相性（交互作用）があることをいうわけです。

　外国語の学習では，まずは基本文法をしっかり学ぶべきとする「文法派」と会話経験の積み重ねを重視する「会話派」の間で対立があったりしますが，これなども適性処遇交互作用が大きく関係していそうですね。そう考えると，この問題は「どちらが正しいか」ではなく，「自分にはどちらが適しているのか」の方が重要ということになります。

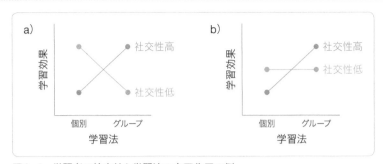

図8-4　学習者の社交性と学習法の交互作用の例

　ところで，この図 8-4 の a の結果の場合，社交性の主効果と学習法の主効果はどちらもありません。**交互作用**（組み合わせ効果）があるのに**主効果**（単独効果）がないというのは不思議に思えるかもしれませんが，しかしグループ学習と個別学習のそれぞれで社交性が高い学生グループと低い学生グループの学習効果を平均すればどちらも同じになってしまいますし，それぞれの学生グループで異なる学習法の効果を平均するとどちらも同じになってしまうので，社交性にも学習法にもそれ単独での効果というのはないのです。これは極端な例ですが，もし「社交性」と「学習方法」の影響関係がこのようなものであったとすると，「社交性」の影響だけ，「学習方法」だけを見ていたのでは，そこに何らかの影響関係があるということに気づくことができません。

　それなら関係のありそうな要因を「**全部入り**」にしておけばいいかというと，やはりそういうわけにはいきません。もし 5 要因や 10 要因を使った研究を行うとなると，それらの要因の組み合わせは何十通りから何百通りにもなり，それぞれの組み合わせで十分な標本サイズ（参加者数）を確保することが困難になるからです。それに，仮に十分な標本サイズが確保できたとしても，10 要因の交互作用などは複雑すぎてとても理解できません。実際問題として，まともに理解できる交互作用はせいぜい 3 要因程度まででしょう。あと先考えずに要因の数を増やすと，分析や考察の段階で泣きを見ることになります。

　関係する要因が多くなると交互作用の理解が困難になるというのは，操作モードが複数あるテレビのリモコンなんかをイメージしてもらえばよくわかると思います。モードとの組み合わせによってボタンの機能が変わるので，あれも一種の交互作用です。あの手のリモコン，全モードの機能をすべて把握してる人なんてまずいませんよね？

第 9 章

順位の検定

第7章と第8章では，母集団が**正規分布**であることを前提とした**パラメトリック検定**をとりあげました。しかし，収集したデータが常にこの前提を満たしているとは限りません。そのような場合には，母集団の分布に特別な前提を置かない**ノンパラメトリック検定**が用いられます[*1]。

ノンパラメトリック検定にもさまざまなものがありますが，本章ではそれらのうち測定値の**順位**（位置）を利用した検定についてとりあげます[*2]。ただし，ここで説明するのは基本的な考え方の部分だけです。順位を用いた検定では，とくに測定値に**同順位（タイ）**がある場合に特別な計算方法が必要になるのですが，それらについてはここでは省きます。

9.1節 対応あり2標本の検定（ウィルコクソンの符号順位検定）

「対応あり2標本」の**平均値**の検定には一般に**対応あり t 検定**が用いられますが，母集団が正規分布でないと考えられる場合など「t 検定の前提が満たされない場合」にはウィルコクソンの符号順位検定とよばれる方法がよく用いられます。なお，平均値の検定と同様に，ノンパラメトリック検定でも「対応あり2標本の検定」と「1標本の検定」は基本的に同じもので，「2標本の測定値の差」の代わりに「ある基準値からの差」について検定を行えば1標本検定になります。

では，次の例について考えてみましょう。

---

*1　ノンパラメトリック検定における効果量は，Cohen（1988）およびTomczak & Tomczak（2014）を参考にしています。
*2　統計法の教科書によっては，「**中央値**の検定」と書かれていることもありますが，必ずしも中央値を問題としているわけではないため，ここでは「順位の検定」としておきます。

ジェットコースターが苦手な7名を対象に，苦手意識を克服するための働きかけを行いました。その前後でジェットコースターに対する苦手意識（25点満点）を測定した結果が次の表です。この結果から，働きかけの前後で苦手意識に変化が生じたといえるでしょうか？

ジェットコースターに対する苦手意識の測定値

	対象者						
	1	2	3	4	5	6	7
前	25	23	24	22	23	24	22
後	17	16	15	18	25	18	17

A. 検定の手順

i）手順1．統計的仮説の設定

　対応あり t 検定では「差の平均値＝0」が帰無仮説になりますが，符号順位検定では「差の中央値＝0」と**中央値**を用いて帰無仮説を設定します。例題では「働きかけで苦手意識が減少した」かどうかに関心があるのですが，働きかけによって苦手意識が強まってしまうこともありうるので，**両側検定**で検定することにします。そのため，対立仮説は「差の中央値≠0」です。ここでも5％の有意水準を用い，手順2の説明は省略します。

ii）手順3．検定統計量

　対応あり t 検定の場合と同様に，まずはペアになっている測定値の間で差を求めます。帰無仮説の通り「差の中央値が0」であれば，中央値（0）より大きい値（つまり差の符号がプラスの値）と小さい値（差の符号がマイナスの値）の個数は同じになるはずです。しかし，たとえば働きかけ後に苦手意識が減少していたとすると，「差がマイナス（減少）」の場合が「差がプラス（増加）」の場合より多くなります。

		対象者						
		1	2	3	4	5	6	7
前		25	23	24	22	23	24	22
後		17	16	15	18	25	18	17
差(後−前)		−8	−7	−9	−4	2	−6	−5

ここまでは
対応あり t 検定と
同じだね

また，プラスとマイナスで個数が同じであったとしても，マイナスの場合とプラスの場合で絶対値の大きさに偏りがあるかもしれません。絶対値の大きなものがマイナスに偏っているのであれば，「マイナス方向に変化が生じた」ということになるでしょう。

中央値

マイナス｜プラス

差 ⑥ ⑤ 0 ① ②

絶対値 6 5 0 1 2
（順位）(5) (4) (1) (2) (3)

絶対値は
こちらに偏り

そこで，そうした偏りの程度を調べるために，各ペアの差に絶対値が**小さい順**に順位をつけ[*3]，そして差の符号がプラスの場合とマイナスの場合でそれぞれの順位の値を合計します。

		対象者						
		1	2	3	4	5	6	7
差		−8	−7	−9	−4	2	−6	−5
差の絶対値		8	7	9	4	2	6	5
順位		6	5	7	2	1	4	3

この「差」が
「プラス」の場合と
「マイナス」の場合で
別々に集計するよ

そして，プラスの場合とマイナスの場合の順位合計のうち，より小さな方の値を検定統計量 W として用います[*4]。

$$差がプラスの場合の順位合計 = 1$$

$$差がマイナスの場合の順位合計 = 6 + 5 + 7 + 2 + 4 + 3 = 27$$

$$W = 順位合計の小さい方 = 1$$

---

*3 このとき，同順位（タイ）の値がある場合には調整が必要になりますが，ここではその手順については省略します。

*4 ウィルコクソンの符号順位検定の統計量は，T と表記されることもあります。

ウィルコクソンの符号順位検定

$$W = 次の順位合計の小さい方の値$$

・「測定値の差」がプラスなペアの絶対値順位の合計
・「測定値の差」がマイナスなペアの絶対値順位の合計

iii）手順4．仮説の採否判定

　例題のように標本サイズ（ペアの数）が比較的小さい場合には，W の数値表を用いて帰無仮説の採否を判断します。数値表（付表6）から，標本サイズが7の両側確率5％の W の臨界値は「2」と求まります。ウィルコクソンの符号順位検定では，算出した検定統計量がこれと同じかそれより**小さい**場合に帰無仮説を棄却します。算出結果は $W = 1$ なので，帰無仮説は棄却され，「働きかけ前後で有意に差がある」が結論となります。

　なお，標本サイズが大きい場合（一般には 20〜30 以上）には，W の値を標準得点 z に近似して帰無仮説の採否を判断するのが一般的です。なぜこのような式になるかの説明は省略しますが，W を z に変換する場合には，次のように期待値と分散を求めてから z を求めます。

ウィルコクソンの符号順位検定（z 近似）

$$z = \frac{W - 期待値}{\sqrt{分散}}$$

$$期待値 = \frac{標本サイズ \times (標本サイズ + 1)}{4}$$

$$分散 = \frac{標本サイズ \times (標本サイズ + 1) \times (標本サイズ \times 2 + 1)}{24}$$

$$期待値 = \frac{7 \times (7 + 1)}{4} = 14$$

$$分散 = \frac{7 \times (7+1) \times (7 \times 2 + 1)}{24} = \frac{840}{24} = 35$$

$$z = \frac{1-14}{\sqrt{35}} = -2.1974\ldots$$

　z に近似して検定を行う場合には，「1 標本の平均値の検定」と同様の手順で両側確率 5%の臨界値（1.96）を基準に帰無仮説の採否を判断します。例題の場合は標本サイズが小さく，z の値は正確ではありませんが，z で検定した場合でも帰無仮説は棄却されます。

iv）手順 4′．効果量の算出

　ウィルコクソンの符号順位検定では，W を z に変換した値から算出される r が効果量として用いられます。この r は基本的に相関係数と同じものですが，効果量では「絶対値」を用いるのが一般的です。また，効果量 r の大きさの目安は第 6 章の「効果量」に示した表 6-3 の通りです。

　先ほど算出した z から効果量 r を算出するには次の式を用います。

> **Word** ウィルコクソンの符号順位検定における効果量(r)
>
> $$r = \frac{|z|}{\sqrt{標本サイズ}}$$

　例題データについて r を求めると次のようになります。この結果から，苦手意識の変化に対する働きかけの効果は大きいといえます。

$$r = \frac{|-2.20|}{\sqrt{7}} = 0.8315\ldots$$

v）手順 5．検定結果の報告

　符号順位検定の結果は次のような形で報告します。W は標本サイズによって判定結果が異なるので，標本サイズ（N）を忘れずに示しましょう。

ジェットコースターへの苦手意識に対する働きかけの効果を見るために，働きかけ前後の苦手意識得点を用いてウィルコクソンの符号順位検定を実施した。その結果，働きかけの前後で苦手意識に有意な差が見られた（$W = 1$，$N = 7$，$p < .05$，$r = .83$）。

ポイント

- ■☞ ウィルコクソンの符号順位検定は，**対応あり2標本**の検定に用いられる**ノンパラメトリック検定**である
- ■☞ ウィルコクソンの符号順位検定は，値が増加した場合と減少した場合で**順位の偏り**がないかを検定する
- ■☞ **標本サイズが大きい場合はzに近似**して検定が行われる

9.2節 | 対応なし2標本の検定（マン＝ホイットニーのU検定）

「対応なし2標本」に用いられるノンパラメトリック検定では，マン＝ホイットニーのU検定がよく知られています[5]。ただし，この検定は，スチューデントのt検定と同様に「2標本のばらつきが等しい」ことが前提となっており，ばらつきが大きく異なる場合には信頼できる結果が得られないので注意が必要です[6]。また，U検定にはいくつかの計算方法があり，ここでとりあげるのはそのうちの1つです[7]。

では，次の例題について考えてみましょう。

---

[5] この方法は，ウィルコクソンの順位和検定とよばれるものと同じ考え方に基づくもので，統計法の教科書や統計ソフトによってはこちらの名前が用いられている場合があります。なお，**ウィルコクソンの順位和検定**は**ウィルコクソンの符号順位検定**と名前がよく似ていますが，この2つは別ものですので混同しないように注意してください。

[6] こうした前提を必要としない方法としてはブルンナー＝ムンツェル検定などが知られています。

[7] 測定値に同順位（タイ）が含まれる場合には調整が必要になります。その場合の計算方法については省略します。

X市のA町とB町を対象に、無作為に5つの地点を選んで路上にポイ捨てされていたタバコの吸殻の数を調査しました。この結果から、A町とB町で吸殻のポイ捨て数に違いがあるといえるでしょうか？

ポイ捨てされていた吸殻の数

	吸殻の数				
A町	5	12	4	6	16
B町	20	17	9	7	25

A. 検定の手順

i) 手順1. 統計的仮説の設定

U 検定では、「2標本の母集団の分布は同じ」が帰無仮説、「2標本の母集団の分布は同じでない」が対立仮説となります。

ii) 手順3. 検定統計量

もし帰無仮説どおり「母集団の分布が同じ」であるならば、2つの標本で測定値が大きく異なることはないはずです。そこで U 検定では、2つの標本の「重なり具合」を数値化することによって、帰無仮説が棄却できるかどうかを確かめます。では、帰無仮説どおり2つの分布が等しい場合を考えてみましょう。わかりやすいように、A町とB町の測定値はどちらも「1, 2, 3, 4, 5」の5つで完全に同じだったとします。この場合、両町の測定値の大小関係はどのようになるでしょうか。

図9-1a は、A町とB町の測定値が完全に同じ場合について、A町の測定値の方が大きい場合をA、B町の測定値の方が大きい場合をBとして示したものです。また、大小が同じ場合はAとBの両方を小さな文字で示してあります。そして、A町とB町のそれぞれの測定値について、相手側の測定値よりも大きい場合を1点、大小が同じ場合を0.5点として得点化して合計を求めると、A町は12.5点、B町も12.5点で同点になります。これが帰無仮説が正しい場合に想定される状態です。

しかし、例題のデータで同じことをしてみると（図9-1b）、B町の方が大きい場合が21なのに対し、A町の方が大きい場合は4しかありませ

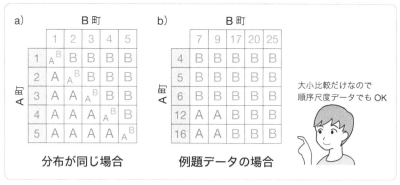

図9-1　2つの標本の大小比較

ん。この「相手より大きな測定値の個数」の違いは，帰無仮説で想定される状態と実際のデータとのずれを表しているのです。U検定では，このようにして求められた「相手より大きな測定値」の個数のうち，「小さい方の値」を検定統計量Uとして用います。例題では，A町の値の方が大きい場合が4，B町の方が大きい場合が21なので，$U = 4$です。

Word　マン＝ホイットニーのU

$U =$ 次のうちの**小さい方の値**

$\begin{cases} \text{「A群の測定値＞B群の測定値である場合」の個数} \\ \text{「B群の測定値＞A群の測定値である場合」の個数} \end{cases}$

---

iii）手順4．仮説の採否判定

　ウィルコクソンの符号順位検定の場合と同様に，標本サイズが小さい場合には数値表（付表6）を用いて帰無仮説の採否を判断します。A町とB町の標本サイズはどちらも5なので，表の「標本サイズ1 = 5」，「標本サイズ2 = 5」の場所にある数値を探します。なお，U検定の場合も，算出した検定統計量が表の値**以下**の場合に帰無仮説が棄却されるという点に注意してください。例題データの場合，2つの標本サイズがどちらも5の場合の両側5％のUの臨界値は2で，算出した値（$U = 4$）の方が大き

いので帰無仮説を棄却できません。したがって，「2 つの町におけるポイ捨て数に有意な差はない」というのが検定結果です。

　また，符号順位検定の場合と同様に，標本サイズが大きい場合（一般には 20～25 以上）には U を z に変換したうえで帰無仮説の採否を判断するのが一般的です。U から z への変換手順は次のとおりです。ここでは，式の単純化のために 1 つ目のグループの標本サイズを n_1，2 つ目のグループの標本サイズを n_2 と示すことにします。

Word マン＝ホイットニーの U（z 近似）

$$z = \frac{U - \text{期待値}}{\sqrt{\text{分散}}}$$

- -

$$\text{期待値} = \frac{n_1 \times n_2}{2} \qquad \text{分散} = \frac{n_1 \times n_2 \times (n_1 + n_2 + 1)}{12}$$

※ n_1, n_2 は各標本の標本サイズ

$$\text{期待値} = \frac{5 \times 5}{2} = 12.5 \qquad \text{分散} = \frac{5 \times 5 \times (5 + 5 + 1)}{12} = 22.9166\ldots$$

$$z = \frac{4 - 12.5}{\sqrt{22.9166}} = \ 1.7755\ldots$$

　例題データの場合，U を z に変換すると $z = -1.776$ となり，数値表を用いた検定の場合と同様に帰無仮説は棄却されません。

iv）手順 4′．効果量の算出

　マン＝ホイットニーの U 検定の効果量にも r がよく用いられます。r を求めるには，U から算出した z の値に対して次の変換を行います。効果量 r の大きさの目安は符号順位検定の場合の r と同じです。

マン＝ホイットニーのU検定における効果量（r）

$$r = \frac{|z|}{\sqrt{n_1 + n_2}}$$

※n_1, n_2は各標本の標本サイズ

例題データにおけるrの値は次のようになります。

$$r = \frac{|-1.776|}{\sqrt{5+5}} = 0.5616...$$

ⅴ）手順5．検定結果の報告

マン＝ホイットニーのU検定の結果は次のような形で報告します。Uも標本サイズによって判定結果が異なるので，2つの標本の大きさ（n_Aとn_B）を明記しましょう。

ポイ捨てされていた吸殻の数にA町（中央値＝6）とB町（中央値＝17）で違いがあるかについてマン＝ホイットニーのU検定を実施したところ，有意な差は認められなかった（$U = 4$, $n_A = n_B = 5$, $n.s.$, $r = .56$）。

ポイント

- マン＝ホイットニーのU検定は，**対応なし2標本の検定に用いられるノンパラメトリック検定**である
- マン＝ホイットニーのU検定は，測定値の**大小関係**に偏りがないかどうかを見る
- **標本サイズが大きい場合**には，zに近似して検定が行われる

対応あり t 検定に相当するノンパラメトリック検定としてウィルコクソンの符号順位検定，対応なし t 検定に相当するものとしてマン＝ホイットニーの U 検定がありますが，一元配置分散分析に相当するノンパラメトリック検定としてはクラスカル＝ウォリス検定がよく知られています[8]。

次の例で考えてみましょう。

15 人の幼児に A，B，C のいずれかのおもちゃを与え，そのおもちゃに飽きるまでの時間（分）を測定しました。この結果から，おもちゃによって子供が飽きるまでの時間に違いがあるといえるでしょうか？

おもちゃに飽きるまでの時間（分）

おもちゃA 対象児	おもちゃA 測定値	おもちゃB 対象児	おもちゃB 測定値	おもちゃC 対象児	おもちゃC 測定値
1	6	6	10	11	14
2	8	7	13	12	15
3	2	8	12	13	17
4	5	9	16	14	18
5	4	10	9	15	11

A. 検定の手順

i）手順1．統計的仮説の設定

クラスカル＝ウォリス検定の場合，帰無仮説と対立仮説はマン＝ホイットニーの U 検定の場合と基本的に同じです。「すべてのグループで分布が同じである」が帰無仮説，「すべてのグループで分布が同じであるとはいえない」が対立仮説となります。

ii）手順3．検定統計量

クラスカル＝ウォリス検定の統計量の算出方法は，一元配置分散分析に

---

[8] この検定は，**ウィルコクソンの順位和検定**（マン＝ホイットニーの U 検定と基本的に同じもの）を3グループ以上の場合に使用できるよう拡張したものです。そのため，U 検定の場合と同様に，この検定では「各標本のばらつきが等しい」ことが前提となっている点には注意が必要です。

表9-1　各測定値の順序とその平均値

A		B		C		
測定値	順位	測定値	順位	測定値	順位	
6	4	10	7	14	11	
8	5	13	10	15	12	
2	1	12	9	17	14	
5	3	16	13	18	15	
4	2	9	6	11	8	全体
順位平均	3	順位平均	9	順位平均	12	8

まずはグループに
関係なく
順位をつけよう

その後で
グループごとに
平均順位を
算出するよ

非常によく似ています。主効果（グループの違い）によるばらつきの大きさを，基準となるばらつきの大きさで割った値が検定統計量です。ただし，主効果のばらつきや基準となるばらつきの大きさは，測定値そのものではなく測定値の**順位**をもとに算出します。クラスカル＝ウォリス検定では，グループの別に関係なく測定値全体に順位をつけ，その順位の平均値にグループ間で差があるかどうかを見るという方法をとります[9]。

では，まず，各測定値の順序とその平均値を求めましょう。その結果を**表9-1**に示しました。

あとは，分散分析と同じ要領で主効果の平方和を求めます。つまり，「グループ（水準）の順位平均値と全体の順位平均値の偏差の2乗」に測定値の個数をかけて合計するのです。

$$主効果平方和 = (平均_A - 平均_{全体})^2 \times 標本サイズ_A$$
$$+ (平均_B - 平均_{全体})^2 \times 標本サイズ_B$$
$$+ (平均_C - 平均_{全体})^2 \times 標本サイズ_C$$
$$= (3-8)^2 \times 5 + (9-8)^2 \times 5 + (12-8)^2 \times 5 = 210$$

そして，この主効果の平方和が「全体平方和」に比べてどれだけ大きい

---

[9]　測定値に同順位（タイ）のものが含まれる場合にはその調整が必要になります。その場合の計算方法についてはここでは省略します。

かを調べます。もし帰無仮説で想定されるようにグループ間で分布が同じであるならば，主効果の平方和は全体平方和に比べて非常に小さな値になるはずです。この全体平方和の求め方も，「順位の平均値」を使うということ以外は分散を算出する際の平方和（偏差2乗合計）の計算と似ています。つまり，「各測定値の順位と全体の順位平均値の偏差」を2乗して合計するのです。

$$\text{全体平方和} = (\text{各測定値の順位} - \text{全体の順位の平均値})^2 \text{の合計}$$
$$= (4-8)^2 + (5-8)^2 + \cdots + (15-8)^2 + (8-8)^2 = 280$$

そして，「主効果平方和」と「全体平方和」の比に「総標本サイズ − 1」をかけた値が検定統計量 H です。

$$H = (\text{総標本サイズ} - 1) \times \frac{\text{主効果平方和}}{\text{全体平方和}} = (15-1) \times \frac{210}{280} = 10.5$$

なお，詳細は省略しますが，一般には検定統計量 H はここまでの計算手順を1つにまとめた次の式で算出されます。式では，データ全体の総標本サイズを「N」，グループごとの順位平均値を「順位平均$_{\text{グループ}}$」，グループの標本サイズを「標本サイズ$_{\text{グループ}}$」として示しています。

Word クラスカル＝ウォリス検定

$$H = \left[\text{順位平均}^2_{\text{グループ}} \times \text{標本サイズ}_{\text{グループ}}\right] \text{の合計}$$
$$\times \frac{12}{N \times (N+1)} - 3 \times (N+1)$$

$$※ N: \text{データ全体の標本サイズ}$$

---

iii）手順4．仮説の採否判定

この検定統計量 H の分布は，自由度「グループ数 − 1」の χ^2（カイ2乗）分布と呼ばれる確率分布に近似することがわかっています。この χ^2 分布は「標準正規分布する確率変数の2乗値の合計」の分布で，「自由度

1 の χ^2 分布」は z^2 の分布と同じになります。また，分散分析の場合と同じく，クラスカル＝ウォリス検定も主効果の影響が大きい場合（**上側**）だけに注目する**片側検定**です。

巻末の χ^2 分布表（付表 4）で自由度 3 − 1 ＝ 2 の上側 5％の χ^2 の臨界値を調べると 5.991 という値が求まり，算出した H の値はこれより大きいので帰無仮説は棄却されます。つまり，「おもちゃの種類によって飽きるまでの時間に有意な差がある」というのが検定結果です。

iv）手順 4′．効果量の算出

クラスカル＝ウォリス検定の効果量には今のところ「定番」というべきものがないようですが，分散分析の場合と同じ η^2（イータ 2 乗）を用いることができます[*10]。ここでは，H から η^2 を算出する方法について示しておきます。

> **Word** クラスカル＝ウォリス検定における効果量（η^2）
>
> $$\eta^2 = \frac{H - \text{グループの個数} + 1}{\text{総標本サイズ} - \text{グループの個数}}$$

例題データについて効果量 η^2 を求めると次のようになります。η^2 の解釈の目安は分散分析の場合（第 8 章の表 8-2）と同じです。

$$\eta^2 = \frac{10.50 - 3 + 1}{15 - 3} = \frac{8.5}{12} = 0.7083\dots$$

v）手順 5．検定結果の報告

クラスカル＝ウォリス検定の結果は次のような形で報告します。なお，χ^2 に近似して検定していることからここでは検定統計量を χ^2 として示しましたが，H として報告する場合もあります。

[*10]　このほか，ε^2（イプシロン 2 乗）とよばれる値が用いられることもあります。ε^2 の値は，クラスカル＝ウォリス検定における「主効果平方和/全体平方和」の値に一致します。H から算出される η^2 の値はこれよりやや小さくなります。

おもちゃの種類によって子供が飽きるまでの時間に違いがあるかどうかを見るためにクラスカル＝ウォリス検定を実施したところ，結果は有意であった（$\chi^2(2, N = 15) = 10.50$，$p < .05$，$\eta^2 = .71$）。

B. 事後検定

　一元配置分散分析の場合と同様に，クラスカル＝ウォリス検定でわかるのは「すべてのグループで分布が同じとはいえない」ということだけです。そのため，検定結果が有意であった場合には，その事後検定として**多重比較**が行われます。多重比較についても分散分析と同様で，**有意水準を調整**して検定を行うか，検定の繰り返しを考慮した**調整済み統計量**を用いるかのいずれかの方法がとられます。

i）有意水準を調整する方法

　有意水準を調整する方法で一般的なのは，すべてのペアでマン＝ホイットニーの U 検定を行い，ボンフェロニ法で有意水準を調整するという方法です。例題の場合，ＡとＢ，ＡとＣ，ＢとＣの３つのペアで比較を行うので，検定の有意水準を 5%/3 ≒ 1.66% にして帰無仮説の採否を判断します。数値表には有意水準 1.66% の U の値はありませんが，z に近似するのであれば必要な値を探して検定できます。

　その場合，「標準正規分布表（付表 1）」から片側確率 0.83%（両側確率 1.66%）の z の値を探してもよいのですが，この場合には「t 分布表（付表 2）」で自由度が無限大（∞）の値を使う方が簡単です[*11]。t 分布表から，両側確率「5%/3」，自由度無限大の t（つまり z）は 2.394 と求まります。あとは，多重比較の各ペアについてマン＝ホイットニーの U 検定を実施し，その z の値が 2.394 よりも大きければ差が有意ということになります。ここではその計算については省略します。

＊11　自由度無限大の t 分布は標準正規分布と同じになります（第5章「区間推定」参照）。

ii）調整済み統計量を用いる方法

調整済み統計量を用いる方法としては，分散分析のところでとりあげた「テューキーの HSD 検定」をノンパラメトリック検定にあてはめたスティール＝ドゥワス検定とよばれる手法があります。例題データのグループ A と B の比較を例に，スティール＝ドゥワス検定の手順を見ておきましょう[*12]。帰無仮説は「2 つのグループで分布が同じ」，対立仮説は「2 つのグループで分布が同じでない」です。

まず，グループ A と B の測定値に全体を通しての順位をつけ，その順位をグループ別に合計します。合計するのは A と B のどちらか一方だけでかまいません。測定値の総数が 10 の場合，全体の順位の合計は 1 から 10 までの合計値，つまり 55 になりますので，帰無仮説どおり両グループの分布が等しければ，グループの順位合計はそれぞれ 55/2 = 27.5 になるはずです。

A		B	
測定値	順位	測定値	順位
6	4	10	7
8	5	13	9
2	1	12	8
5	3	16	10
4	2	9	6
順位合計	15		

合計するのは片方のグループだけ

合計するのは測定値の「順位」だね

例題データの場合，グループ A の順位合計は 15 で，これは帰無仮説で想定されるより小さな値です。この「グループ A の順位合計」と帰無仮説で想定される「順位合計の期待値」とのずれを標準偏差（分散の平方根）で割れば，標準得点 z が求まります。この場合の順位合計の期待値と分散は，次の式によって求めることができます。

$$期待値 = \frac{標本サイズ \times (標本サイズ \times 2 + 1)}{2} = \frac{5 \times (5 \times 2 + 1)}{2} = 27.5$$

[*12] テューキーのHSD検定と同様に，スティール＝ドゥワス検定で扱えるのは比較する2つのグループで標本サイズが等しい場合のみです。標本サイズが異なる場合には，これを拡張した方法を用います。また，ここでとりあげたのは同順位（タイ）がない場合の計算方法です。

$$\text{分散} = \frac{\text{標本サイズ}^2 \times (\text{標本サイズ} \times 2 + 1)}{12} = \frac{5^2 \times (5 \times 2 + 1)}{12}$$

$$= 22.9166\ldots$$

ここから，z の値は次のようになります。

$$z = \frac{|\text{グループ A の順位合計} - \text{期待値}|}{\sqrt{\text{分散}}} = \frac{|15 - 27.5|}{\sqrt{22.92}} = 2.6109\ldots$$

さらに，z に $\sqrt{2}$ をかけてスチューデント化された範囲（q）に近似させます。

$$q = z \times \sqrt{2} = 2.61 \times \sqrt{2} = 3.6910\ldots$$

このようにして算出した q の値を，q の臨界値と比較して検定します。例題データでは，全体で A，B，C の 3 つのグループがあるので「水準数 $k = 3$」です。また，ここでは誤差の自由度は「無限大（∞）」とします。q の表（付表 5）から，この場合の有意水準 5％ の臨界値は 3.314 です。算出した q の値はこれより大きいので帰無仮説は棄却され，「A と B の間に有意な差がある」という検定結果になります。これと同様の手順で，A と C，B と C についても検定を行います。

なお，効果量の算出方法はマン＝ホイットニーの U 検定と同じで，計算途中で算出した z の値を r に変換したものを用います。

Word スティール＝ドゥワス検定

$$q = \frac{|\text{片方の群の順位合計} - \text{期待値}| \times \sqrt{2}}{\sqrt{\text{分散}}}$$

$$\text{期待値} = \frac{\text{標本サイズ} \times (\text{標本サイズ} \times 2 + 1)}{2}$$

$$\text{分散} = \frac{\text{標本サイズ}^2 \times (\text{標本サイズ} \times 2 + 1)}{12}$$

9.4節 ‖ まとめ

　本章では，代表的なノンパラメトリック検定について見てきました。これらの手法は，いずれも測定値の**順位**情報を用いたものであり，母集団に特定の分布を仮定しません。そのため，これらは t 検定や分散分析を使用できない場合の「代替手段」として使用されるのが一般的です。ただし，マン＝ホイットニーの U 検定やクラスカル＝ウォリス検定のように，各グループで「ばらつきが等しい」ことを前提とするものもあるので，どんな場合にも無条件に適用できるわけではない点には注意が必要です。

　最後に，第7章と第8章でとりあげた**パラメトリック検定**と本章でとりあげた**ノンパラメトリック検定**の対応関係を見ておきましょう。なお，ノンパラメトリック検定には「多元配置分散分析」に相当する一般的な分析手法がありません。その点にも注意が必要です。

表9-2　パラメトリック検定とノンパラメトリック検定の対応

分析対象	パラメトリック	ノンパラメトリック
対応あり2群	対応あり t 検定	ウィルコクソンの符号順位検定
対応なし2群	対応なし t 検定	マン＝ホイットニーの U 検定
3群以上（対応なし）	一元配置分散分析	クラスカル＝ウォリス検定
2要因以上	多元配置分散分析	**該当なし**

練習問題

第7章と第8章の練習問題で用いたデータのうち，以下の3つについてノンパラメトリック検定で検定してみましょう。効果量も合わせて算出してください。

■**問題1** 他者存在の影響をみるために，7名の参加者を対象として，単独で行う条件と見知らぬ他者と競争する条件の2通りの条件でパズル課題を行ってもらいました。この結果から，他者存在によってパズル課題の成績に有意な差があるか検定してください。

	参加者						
	1	2	3	4	5	6	7
単独	6	7	5	9	8	8	7
競争	10	14	14	15	9	6	17

■**問題2** 性格に地域差があるかどうかをみるために，熊本県出身者6名と青森県出身者6名に対してある性格特性について調査したところ次のような結果が得られました。この結果から，この性格特性に有意な地域差があるといえるかどうかを検定してください。

　　熊本：23 25 21 26 15 22　　**青森**：20 19 17 18 16 24

■**問題3** 12名の参加者を4名ずつ3つのグループに分け，それぞれ異なる条件で迷路課題を行ってもらいました。次の表は，ゴールに到達するまでにかかった時間（分）をまとめたものです。ゴールまでの時間に条件による有意差はあるでしょうか。また，有意差があるとしたら，どの条件間の差が有意でしょうか。

課題条件	:	測定値			
通常の状態	:	2	4	1	5
左右反転メガネ着用	:	3	6	8	7
上下左右反転メガネ着用	:	13	14	12	9

Column パラメトリック検定とノンパラメトリック検定

　本章では順位を用いたノンパラメトリック検定のいくつかをとりあげました。ノンパラメトリック検定は母集団の分布に特別な仮定を設けないので，分布に歪みのあるデータに対しても使用できるのが特徴です。また，正規分布を前提としたパラメトリック検定の場合，そのデータは基本的に**間隔尺度**や**比率尺度**で得られたデータである必要がありますが，ノンパラメトリック検定であれば，それらの尺度水準によるデータのほか，場合によっては**順序尺度**や**名義尺度**によるデータであっても分析することが可能です。

　このように聞くと，ノンパラメトリック検定だけあればいいのではないか，なぜパラメトリック検定が必要なのかと思う人もいるかもしれません。そこで，ここでこの2種類の検定手法の特徴について簡単に見ておくことにしましょう。

　パラメトリック検定は，母集団の分布の形やパラメータに仮定を設けることで，より精密な検定を行おうとする方法です。母集団の分布の形が（仮定とはいえ）わかっている状態で検定を行いますので，非常に精度の高い検定が可能です。ただし，それはあくまでも母集団の分布に対して設けた仮定が正しい場合のことであって，その仮定が間違っていれば検定精度は下がります。

　これに対し，**ノンパラメトリック検定**は母集団の分布がどのような形であっても影響を受けにくい値を用いて検定を行います。ただし，データがもっている情報のうちで検定に使用される部分はパラメトリック検定より少なくなるため，一般に検定力はパラメトリック検定より低くなります。

　この2つを道具に例えてみましょう。**パラメトリック検定**は，例えるならば「刺身包丁」や「コルク抜き」のような，用途を特化した道具です。想定される用途であれば，作業もしやすく，より高い精度が得られます。ただし，想定される用途と異なる場面では使いにくかったり，使い物にならなかったりします。

　これに対し，**ノンパラメトリック検定**は「三徳包丁（万能包丁）」や「十徳ナイフ（アーミーナイフ）」のようなもので，それ1つあればかなり幅広い用途で使用できるものの，専用の道具ほどにはきれいな仕上がりになりません。

　このように考えると，ノンパラメトリック検定だけで十分では？　という疑問にはあまり意味がないということがわかるのではないかと思います。お寿司屋さんで寿司職人が「これでもそれなりに切れますから」とかいって，寿司ネタを三徳包丁で切ってたらちょっとびっくりですよね。また，十徳ナイフがあれば，缶切りや栓抜きはもう必要ないかといわれると，そうではないでしょう。一通りのことができるとはいえ，やはり専用の道具に比べれば使いやすさは劣ります。

　また，これとは逆に，どんなデータでもおかまいなしにパラメトリック検定を用いるのがだめだというのもなんとなくイメージできるのではないでしょうか。刺身包丁では玉ねぎのみじん切りやキャベツの千切りはやりにくいでしょうし，

長所：特定用途で高精度　　　長所：利用範囲が広い
短所：用途が限定される　　　短所：検定力がやや劣る

パラメトリック検定　　　ノンパラメトリック検定

図9-2　パラメトリック検定とノンパラメトリック検定

コルク抜きで缶詰のフタを切ろうとするのは無茶ですよね。
　つまるところ，統計的仮説検定も科学的研究のための道具であって，道具を上手に使うには適材適所の使い分けが重要になるわけです。確かに，世の中には十徳ナイフだけでとんでもなく精巧な彫刻を彫り上げたり，あるいは刺身包丁だけでどんな料理もやってのけたりするような人はいるかもしれませんが，そういうのは「名人芸」であって，道具の使い方もよくわからない素人がとりあえずいじってたらできましたなんてことはありえません。包丁やコルク抜きのようなものであれば「仕上がり」や「使いやすさ」の違いを簡単に実感できるのでしょうが，統計法の場合にはそうした違いが実感しづらいのが厄介なところですね。

第10章 度数・比率の検定

　前章では**順位**の平均や合計を利用したノンパラメトリック検定をとりあげました。本章では，測定値の**度数**や**比率**についてのノンパラメトリック検定をとりあげます。

10.1節 ‖ 1つの二値データの検定（二項検定）

　「はい・いいえ」や「あり・なし」，「表・裏」のように，得られる測定値のカテゴリ（種類）が2つしかないデータを二値データとよびます。何らかの二値データが得られ，そのデータが期待値からかけ離れていないかどうかを確かめたい場合には，二項検定とよばれる手法が用いられます。二項検定の基本的な考え方については，すでに第6章で統計的仮説検定の考え方を説明する中でとりあげたので（「コイン不正」の問題），ここでは検定の手順について簡単に確認するだけにしておきます。

　次の例を見てください。

> 数年前に実施された SNS 利用に関する調査では，20代以下で炎上などのトラブルを経験したことがあるのは約20%でした。現在も同程度であるか確かめるために大学生10人を無作為に選び，トラブル経験の有無を尋ねたところ，トラブル経験者は5人（50%）でした。この結果から，トラブル経験率が20%でないといえるでしょうか？

A. 検定の手順

i）手順1．統計的仮説の設定

　例題では，「トラブル経験率＝20%」が帰無仮説，「トラブル経験率≠20%」が対立仮説となります。トラブルの経験率が20%よりも多い場合も少ない場合も考えうるので，ここでは**両側検定**を用います。

ii）手順3．検定統計量

この場合，SNS におけるトラブル経験率が「$p = 0.2$」の二項分布に従うのであれば，特別な統計量を用いなくても 10 人中 x 人がトラブル経験者である確率が求められます。たとえば，トラブル経験率が 20％（0.2）の二項分布で 10 人中 5 人がトラブル経験者である確率（P_5）は，次のように 0.026（2.6％）と求まります（第 4 章の「二項分布」参照）。

$$P_5 = 10人中5人が経験者の組み合わせ数 \times 経験率^5 \times (1 - 経験率)^{(10-5)}$$

$$= 252 \times 0.2^5 \times (1 - 0.2)^{(10-5)} = 252 \times 0.2^5 \times 0.8^5 = 0.0264\dots$$

それ以外のすべての場合についても確率を計算し，その結果を図に示すと**図 10-1** のようになります。

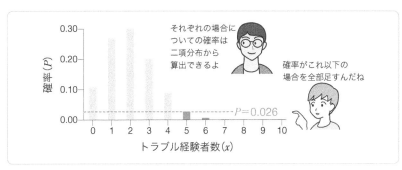

図10-1　10人中 x 人がトラブル経験者である場合の確率

二項検定では，このようにしてすべての場合について確率を計算し，標本データ（10 人中 5 人）と同じかそれより極端な場合（確率が低い場合），つまり 10 人中 5 人，6 人，7 人…の場合の確率を合計した値を p として求めます。そして，この p の値が**有意水準**（$\alpha = 0.05$）を下回るかどうかで結果を判定します。

$$p = 0.0264 + 0.0055 + 0.0007 + 0 + 0 + 0 = 0.0326$$

このようにして，特別な統計量を用いずに「すべての組み合わせ」から

確率を直接計算する検定手法は正確確率検定や直接確率検定とよばれています。

> **Word** 二項検定（正確確率）
>
> $p=$「同サイズの標本で標本データより極端な結果になる場合」の確率の合計
>
> ※「n回中x回で○○の確率」の算出方法は「二項分布」の項を参照

なお，標本サイズが大きい場合，二項検定では計算量が膨大になるので，その場合には正規分布に近似してzによる検定を行うのが一般的です。

組み合わせの数が
多いと計算が大変

50人中1人の組み合わせ
50人中2人の組み合わせ
50人中3人の組み合わせ

そんな場合は
zに変換して
検定できるよ

第4章の「二項分布」で説明したように，二項分布の期待値は「試行数×経験率」，分散は「試行数×経験率×（1－経験率）」で求められます。例題データでは，期待値は$10 \times 0.2 = 2$，分散は$10 \times 0.2 \times (1 - 0.2) = 1.6$です。そして，標本データにおけるトラブル経験者数と期待値の差を分散の平方根（つまり標準偏差）で割れば標準得点zが求まります。

$$z = \frac{\text{標本データの経験者数} - \text{期待値}}{\sqrt{\text{分散}}} = \frac{5-2}{\sqrt{1.6}} = 2.3717\ldots$$

> **Word** 二項検定（z近似）
>
> $$z = \frac{\text{標本の成功度数} - \text{二項分布の期待値}}{\sqrt{\text{二項分布の分散}}}$$

iii）手順4．仮説の採否判定

確率を直接求めた場合には，その確率pが有意水準である5%（0.05）

より小さければ帰無仮説を棄却し，そうでなければ帰無仮説を保持します。例題データの場合，算出した確率 $p = 0.0326$ で 0.05 よりも小さいので帰無仮説は棄却されます。つまり，「トラブル経験率は 20%とは有意に異なる」というのが検定結果です。

　また，z で検定する場合には，標準正規分布における両側 5%の臨界値（1.96）より絶対値が大きい場合に帰無仮説を棄却します。例題の $z = 2.37$ はそれより大きいので，この場合にも帰無仮説は棄却されます。

iv）手順4′．効果量の算出

　二項検定の場合については今のところ定番といえる効果量がありませんが，1 つの選択肢としてコーエンの h という値が挙げられます。この値は，比率（p）を次のように角変換した値（φ）を用いて算出します[*1]。

$$\varphi = 2 \times \sin^{-1} \sqrt{p}$$

コーエンの h は，帰無仮説における比率（例では 0.2）と標本における比率（5/10 = 0.5）を角変換し，その「差の絶対値」をとったものです。

$$\varphi_1 = 2 \times \sin^{-1} \sqrt{0.2} = 0.9272\ldots \quad \varphi_2 = 2 \times \sin^{-1} \sqrt{0.5} = 1.5707\ldots$$

$$h = |\varphi_1 - \varphi_2| = |0.9272 - 1.5707| = 0.6435$$

Word 　二項検定の効果量（コーエンの h）

$$h = |\varphi_1 - \varphi_2|$$

$$\varphi_1 = 2 \times \sin^{-1} \sqrt{帰無仮説での比率}$$
$$\varphi_2 = 2 \times \sin^{-1} \sqrt{標本における比率}$$

---

*1　**角変換**は，確率や比率の分布を正規分布に近づけるための手法で，逆正弦変換ともよばれます。式中の $\sin^{-1}$ は正弦（sin）の逆関数で，Excel では ASIN()という関数で算出できます。

コーエンの h の解釈の大まか
な目安は**表10-1**の通りです。

表10-1　コーエンの h の大きさの目安

h	効果の大きさ
0.8	大
0.5	中
0.2	小

v）手順5．検定結果の報告

二項検定の結果は次のような形で報告します。

> SNS利用におけるトラブル経験率が数年前と異なっているといえる
> かどうかについて二項検定（両側検定）を行った。その結果，トラブ
> ル経験率に有意な差が見られた（$p < .05,\ h = 0.64$）。

ポイント

- ■☞ 二項検定は，「あり・なし」のような二値データの**比率の検定**
- ■☞ 標本サイズが小さい場合，二項分布から正確確率（直接確率）を求められる
- ■☞ 標本サイズが大きい場合，確率は z を用いて近似的に求められる

10.2節 ｜ 1つの多値データの検定（適合度検定）

　二項分布を適用できるのは，結果のとりうる値が「あり・なし」のよう
に2通りしかない場合だけです。「はい・いいえ・どちらでもない」のよ
うに，測定値のとりうる値が3つあるいはそれ以上ある場合には，二項
分布を拡張した多項分布が必要になります。ただし，多項分布を用いた検
定（多項検定）は二項検定以上に計算量が多くなるため，一般にはより簡
便な方法がとられます。ここではその方法について見てみることにしま
しょう。

> ある資料によれば，成人の愛着スタイルを安定型，回避型，不安型の
> 3つに分類したとき，その比率はおおよそ50％，30％，20％になる
> のだそうです。そこで，本当にその通りかどうか，大学生100人を
> 対象に愛着スタイルを調べたところ次の結果になりました。この結果
> から，大学生の愛着スタイルの比率は資料通りといえるでしょうか？
>
> 大学生の愛着スタイル（度数）
>
> | 安定型 | 回避型 | 不安型 |
> |--------|--------|--------|
> | 40 | 27 | 33 |

A. 検定の手順

i）手順1．統計的仮説の設定

　この場合の帰無仮説は「母比率は想定される比率と同じである」で，対
立仮説は「母比率は想定される比率と同じでない」です。このように，そ
の標本の母集団における比率（母比率）が想定される比率と一致している
かどうかを検定する方法を適合度検定とよびます。

ii）手順3．検定統計量

　もし，母集団における「安定型：回避型：不安型」の比率が想定通り
「50％：30％：20％」だとすると，そこから100人を無作為抽出した場
合に期待される人数比は「50：30：20」となります。このように，想定
される比率から期待される度数のことを期待度数といいます。これに対し，
実際に得られた標本で観察される度数を観測度数といいます。この標本の
母比率が想定される比率通りなら，期待度数と観測度数の間のずれは小さ
く，そうでないならずれは大きくなります。ですから，この期待度数と観
測度数のずれの大きさを何らかの形で1つの値にまとめることができれ
ば，それを検定統計量として用いることができるはずです。

　そこでまず，観測度数と期待度数の差（偏差）を求めます。そして「偏
差」を用いる場合のほとんどでそうであるように，ここでも偏差を2乗
して偏差の「マイナス」をなくします。

	安定型	回避型	不安型
観測度数	40	27	33
期待度数	50	30	20
偏差	−10	−3	13
偏差^2	100	9	169

そして，この偏差 2 乗の値を期待度数で割り，それらをすべて合計します。このようにして算出される統計量の分布は，自由度が「カテゴリ数－ 1」の χ^2（カイ二乗）分布に近似することがわかっています。この χ^2 の計算手順を 1 つの式にまとめると次のようになります[*2]。

> **Word** χ^2 適合度検定
>
> $$\chi^2 = \frac{(観測度数 － 期待度数)^2}{期待度数} の合計$$
>
> 自由度＝カテゴリ数－ 1

例題データで χ^2 を算出すると次のようになります。

$$\chi^2 = \frac{(40-50)^2}{50} + \frac{(27-30)^2}{30} + \frac{(33-20)^2}{20} = \frac{100}{50} + \frac{9}{30} + \frac{169}{20} = 10.75$$

期待度数と観測度数の差を 2 乗して合計したり平均したりする操作は，ずれの大きさを評価するための一般的な方法です。そのため，この χ^2 は「ずれの大きさ」に関するこのほかの検定でもたびたび登場し，一般に，χ^2 分布を用いた統計的仮説検定は総称して χ^2 検定とよばれます。なお，χ^2 検定では期待度数と観測度数のずれが大きい場合（**上側**）のみを問題にしますので，**仮説検定**は常に片側検定になります。

---

*2　この値はあくまでも**近似値**であり，厳密には χ^2 ではありませんが，ここでは便宜上 χ^2 とよぶことにします。

ⅲ) 手順4.　仮説の採否判定

　自由度「カテゴリ数－1＝3－1＝2」のχ^2分布で有意水準5%の臨界値を求め，帰無仮説を棄却できるかどうかの判断を行います。巻末の数値表（付表4）から，自由度2における上側5%のχ^2の臨界値は5.991と求まります。算出した値はこれより大きいので帰無仮説は棄却され，「愛着スタイルの比率は理論値と有意に異なる」が検定結果となります。

ⅳ) 手順4′.　効果量の算出

　χ^2を用いた適合度検定では，効果量にはクラメールのVあるいはコーエンのwとよばれる値が一般的に用いられます。この場合のクラメールのVの式は，データの集計表に観測度数と期待度数の2行があるものとみなして次のように算出します。

Word　適合度検定における効果量（クラメールのV）

$$V = \sqrt{\frac{\chi^2}{\text{総度数} \times (\text{行数}-1)}}$$

　例題データでVを算出すると次のようになります。

$$V = \sqrt{\frac{10.75}{100 \times (2-1)}} = 0.3278\ldots$$

　また，コーエンのwはクラメールのVをさらに次のように変換して得られる値です。ただし，適合度検定の場合は行数は2で固定なので，ルートの部分は$\sqrt{2-1}=1$となり，コーエンのwとクラメールのVは常に同じ値になります。

Word　適合度検定における効果量（コーエンのw）

$$w = V \times \sqrt{\text{行数}-1}$$

　コーエンのwの解釈の大まかな目安は**表10-2**の通りとなります。クラメールのVの場合もこれと同様です。

Vもwもχ^2が0〜1の範囲に
収まるように変換したものだよ

こうするとずれの
大きさが比較しやすく
なるからね

表10-2　コーエンのwの大きさの目安

w	効果の大きさ
0.5	大
0.3	中
0.1	小

v）手順5．検定結果の報告

　適合度検定の結果は次のように報告します。χ^2検定の結果を報告する場合，自由度と合わせて総度数（N）を記載するのが一般的になりつつあります。

　χ^2適合度検定の結果，愛着スタイルの観測比率と期待比率の間に有意な差が見られた（$\chi^2(2, N = 100) = 10.75$, $p < .05$, $w = .33$）。

B. 事後検定

　χ^2検定で標本データの比率が期待比率と有意に異なることが示されましたが，一元配置分散分析の場合と同様に，これだけではどこにどのような違いがあるのかはわかりません。適合度検定の結果が有意であった場合，**事後検定**を行ってより詳細な結果を得る必要があります。

　適合度検定の事後検定は，各グループについて二項検定を行い，その有意水準をボンフェローニ法で調整すればよいでしょう。たとえば，例題データでは「安定型」の期待比率は50％（0.5）なので，出現率0.5，試行数100の二項分布で「安定型」の観測度数が40人かそれより極端な値になる場合についての確率を算出します。なお，例題データは総度数が100と大きいのでzに近似して検定することもできます。出現率0.5で試行数100の二項分布における期待値と分散は次の通りです。

　　期待値 ＝ 試行数 × 出現率 ＝ $100 × 0.5 = 50$

　　分散 ＝ 試行数 × 出現率 × （1 − 出現率） ＝ $100 × 0.5 × 0.5 = 25$

したがって，この場合の z は次のようになります。

$$z = \frac{観測度数 - 期待値}{\sqrt{分散}} = \frac{40 - 50}{\sqrt{25}} = -2$$

同様に，回避型と不安型についてもそれぞれ期待値と分散を求めて z を算出すると，回避型は -0.65，不安型は 3.25 となります。

ここでは検定を 3 回繰り返しているので，有意水準は 5%/3 に設定します。両側 5%/3 の z の臨界値の求め方は，第 9 章の「クラスカル＝ウォリス検定」の事後検定のところで説明した通りです。この場合の z の臨界値は，t 分布表（付表 2）の両側確率「5%/3」で自由度「∞」の 2.394 という値になりますので，先ほど算出した 3 つの z のうち，絶対値がこれより大きい「不安型」の比率が期待比率と有意に異なるといえます。

ポイント

- 適合度検定は，測定値のとりうる値が **3 種類以上**ある場合の**比率の検定**
- 一般に，適合度検定では χ^2 分布を用いた検定が行われる
- 適合度検定が有意であった場合，具体的にどこに差があるのかを**事後検定**で確かめる

大学生男女各6名を対象に，SNS利用でトラブルを経験したことがあるか調査したところ次の結果が得られました。この結果から，SNSでのトラブル経験に男女で違いがあるといえるでしょうか？

SNSトラブル経験の有無

	トラブル経験	
	あり	なし
男	1	5
女	4	2

　このデータは二項検定の例題のものとよく似ていますが，今度はトラブル経験の有無だけでなく，そこに性別が加わっています。このように2種類の**名義尺度**データの間に**連関**が見られるかどうかを確かめる方法を，とくに独立性検定とよびます。独立とは，2つの変数が互いに**無関係**であるということです。この例題のように標本サイズが比較的小さい場合，独立性検定にはフィッシャーの正確確率検定またはフィッシャーの直接確率検定とよばれる手法が用いられます。その名の通り，この方法も直接的に確率を算出する**正確確率検定**です。

A. 検定の手順

i）手順1．統計的仮説の設定

　フィッシャーの正確確率検定では，「2つの変数（性別とトラブル経験）に連関がない」が帰無仮説となり，「2つの変数に連関がある」が対立仮説となります。男性のトラブル経験率の方が高い場合と女性の方が高い場合の両方が考えられるので，ここでも**両側検定**を用います。

ii）手順3．検定統計量

　二項検定の場合と同様に，フィッシャーの正確確率検定も標本データと同じかそれより極端な結果が得られる確率を直接計算します。ただし，

フィッシャーの正確確率検定では，**二項分布**ではなく**超幾何分布**（第4章 p.67 を参照）を利用して確率を求めます。

　周辺度数（行・列の合計）が一定である場合，「性別とトラブル経験率に連関がない」という帰無仮説のもとで標本データのような結果が得られる確率（P）は，クロス集計表の各セルの度数から，次の式によって求められます。式の中の！は階乗[*3] を意味します。

	トラブル経験	
	あり	なし
男	a	b
女	c	d

$$P = \frac{(a+b)! \times (c+d)! \times (a+c)! \times (b+d)!}{(a+b+c+d)! \times a! \times b! \times c! \times d!}$$

例題データをこの式に当てはめると次のようになります。

$$P_1 = \frac{(1+5)! \times (4+2)! \times (1+4)! \times (5+2)!}{(1+5+4+2)! \times 1! \times 5! \times 4! \times 2!}$$

$$= \frac{6! \times 6! \times 5! \times 7!}{12! \times 1! \times 5! \times 4! \times 2!} = \frac{720 \times 720 \times 120 \times 5040}{479001600 \times 1 \times 120 \times 24 \times 2}$$

$$= 0.1136 \ldots$$

値が大きく計算が大変ですが，$P_1 = 0.1136$ と求まりました。

　また，「周辺度数（行・列の合計）が一定」という条件がある場合，このクロス表では1つのセルの値が決まれば残りの値は「自動的」に決まります。そこで，たとえば「男性・あり」の度数を0から5（行合計と列合計の小さい方の値）まで1ずつ変化させたクロス表を作成し（**表10-3**），それぞれについて確率を算出すれば，この場合の確率分布を得ることができます（**図10-2**）。

　計算の詳細は省きますが，例題データでは標本と同じかそれより極端な場合は「男性・トラブル経験あり」の人数が0人の場合（$P_0 = 0.0075$），

---

*3　その値から順に1ずつ小さい値を1まですべてかけ合わせること。4！＝4×3×2×1。

表10-3　例題データと周辺度数が同じクロス表におけるすべての組み合わせ

	あり	なし	計
男	0	6	6
女	5	1	6
計	5	7	12

	あり	なし	計
男	1	5	6
女	4	2	6
計	5	7	12

	あり	なし	計
男	2	4	6
女	3	3	6
計	5	7	12

	あり	なし	計
男	4	2	6
女	1	5	6
計	5	7	12

	あり	なし	計
男	5	1	6
女	0	6	6
計	5	7	12

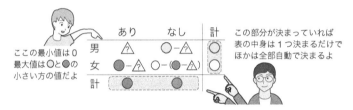

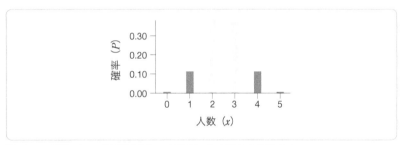

図10-2　男性・トラブル経験ありの人数が x 人の場合の確率分布

1人の場合（$P_1 = 0.1136$），4人の場合（$P_4 = 0.1136$），5人の場合（$P_5 = 0.0075$）の4つ（図10-2のオレンジ色）で，これらの確率値をすべて足した値（$P_0 + P_1 + P_4 + P_5 = 0.2422$）が両側確率 p です。

iii）手順4．仮説の採否判定

　二項検定の場合と同様に，算出した p の値が有意水準である5％（0.05）より小さければ帰無仮説を棄却し，それ以上であれば帰無仮説を保持しま

す。例題データでは $p = 0.2422$ で 0.05 を上回っているので，帰無仮説は棄却されません。したがって「性別とトラブル経験率に有意な連関はない」というのが検定結果になります。

iv）手順4′．効果量の算出

クロス表は 2 行 2 列（2 × 2）の大きさですので，効果量には φ 係数（ファイ）（第 2 章「連関係数」参照）が使用できます。効果量の場合には絶対値を用いるのが一般的なので，この場合の φ 係数は次の通りとなります。

$$\varphi = \frac{|1 \times 2 - 5 \times 4|}{\sqrt{6 \times 6 \times 5 \times 7}} = \frac{18}{\sqrt{1260}} = 0.5070\ldots$$

また，適合度検定の場合と同様にコーエンの w を用いることもできます。2 × 2 のクロス表の場合，φ と w は常に同じ値になります。したがって，この場合の効果量の目安は表 10-2 と同じです。例題データの場合，検定結果は有意ではありませんが，効果量は大きな値となっています。

このほか，例題のような 2 × 2 のクロス表の場合には，オッズ比とよばれる値が効果量として使用されることもよくあります。オッズ比のオッズとは「成功率」と「失敗率」の比率のことで，例題データでは，男性と女性のトラブル経験オッズは次のように表せます。

$$\text{男性のオッズ} = \frac{\text{男性・トラブル経験あり}}{\text{男性・トラブル経験なし}} = \frac{1}{5} = 0.2$$

$$\text{女性のオッズ} = \frac{\text{女性・トラブル経験あり}}{\text{女性・トラブル経験なし}} = \frac{4}{2} = 2$$

オッズ比は，これら 2 つのオッズをさらに比で表したものです。例題の場合，女性：男性のオッズ比は 2/0.2 = 10 で，女性は男性に比べて SNS トラブルを経験するオッズが 10 倍ということになります。オッズ比は男性を基準とするか女性を基準とするかで 2 通りの値を算出することができますが，「効果の大きさ」を示すのであれば，大きい方の値を示した方がわかりやすいでしょう。

Word ２×２クロス表の効果量（オッズ比）

$$オッズ比 = \frac{a \times d}{b \times c} \quad または \quad \frac{b \times c}{a \times d} \quad の大きい方$$

※式中のアルファベットはクロス表における次の各セルの値

	列1	列2
行1	a	b
行2	c	d

---

v）手順5．検定結果の報告

フィッシャーの正確確率検定の結果は次のように報告します。

SNS 利用におけるトラブル経験率が男女で異なるかについてフィッシャーの正確確率検定（両側検定）を実施したところ，有意な差は見られなかった（$n.s.$, $\varphi = .51$）。

ポイント

■▶ ２つの変数の間に連関がない場合を独立という
■▶ ２つの変数に連関があるかどうかを確かめる検定を独立性検定という
■▶ ２×２のクロス表の検定で標本サイズが小さい場合，フィッシャーの正確確率検定が用いられる

10.4節 ║ クロス表の検定（χ^2検定）

フィッシャーの正確確率検定は，クロス表が２行２列の大きさで，かつ「標本サイズが小さい場合」の検定手法です。標本サイズが大きい場合やクロス表の行数や列数が多い場合には組み合わせの計算が困難になるため，その場合には適合度検定のところでも使用した χ^2（カイ二乗）による検定が用いられます。

ここでは次の例について見ていきましょう。

都市部に住む20代から40代の成人180名を対象に，自動車運転免許の所有状況を調査したところ次の結果が得られました。この結果から，年代で運転免許の所有状況に違いがあるといえるでしょうか？

年代別の運転免許所有状況

	年代			
	20代	30代	40代	計
免許あり	50	49	36	135
免許なし	30	11	4	45
計	80	60	40	180

A. 検定の手順

i）手順1．統計的仮説の設定

χ^2 を用いた独立性検定でも，帰無仮説は「2つの変数（年代と免許所有状況）には連関がない」で，対立仮説は「2つの変数には連関がある」となります。

ii）手順3．検定統計量

もし，年代と免許所有状況に連関がないならば，年代によって免許の所有率が異なるということはないはずです。また，免許所有者と非所有者で年代の比率が異なることもありません。

例題データでは，調査対象者の総数180人のうち，免許所有者は135人なので，全体の免許所有率は 135/180 = 0.75（75%）です。そしてもし，帰無仮説の通り，年代によって所有率が異ならないのであれば，たとえば20代の対象者では80人のうちの75%，つまり $80 \times 0.75 = 60$ 人が免許を持っているはずです。このようにして求められる度数が，帰無仮説が正しい場合に想定される**期待度数**です。

帰無仮説が正しい場合に想定される各セルの期待度数は，クロス表の行の合計をそれぞれ「a, b」，列の合計を「x, y, z」，総度数を「N」と置いたとき，次のように表すことができます。

	年代			
	20 代	30 代	40 代	計
免許あり	$\dfrac{a \times x}{N}$	$\dfrac{a \times y}{N}$	$\dfrac{a \times z}{N}$	a
免許なし	$\dfrac{b \times x}{N}$	$\dfrac{b \times y}{N}$	$\dfrac{b \times z}{N}$	b
計	x	y	z	N

つまり，各セルの期待度数は，次の式により求められます。

$$期待度数 = \frac{行合計 \times 列合計}{総度数}$$

この式を用いてすべてのセルについて期待度数を求めるとこうなります。

	年代			
	20 代	30 代	40 代	計
免許あり	60	45	30	135
免許なし	20	15	10	45
計	80	60	40	180

次に，観測度数が期待度数からどれくらいずれているかを確かめます。ずれの大きさを集約する方法は，χ^2 を用いた適合度検定と同様です。観測度数と期待度数の差の 2 乗を期待度数で割り，それらを合計します。

各セルにおける観測度数と期待度数の差の 2 乗を期待度数で割った値は次のようになります。

	20 代	30 代	40 代
免許あり	$\dfrac{(50-60)^2}{60} = 1.67$	$\dfrac{(49-45)^2}{45} = 0.36$	$\dfrac{(36-30)^2}{30} = 1.2$
免許なし	$\dfrac{(30-20)^2}{20} = 5$	$\dfrac{(11-15)^2}{15} = 1.07$	$\dfrac{(4-10)^2}{10} = 3.6$

そして，これらの値を合計してクロス表全体でのずれの大きさを 1 つにまとめた値が χ^2 です。帰無仮説が正しい場合，このようにして算出された検定統計量は自由度が「（行数 -1）×（列数 -1）」の χ^2 分布に（近

似的に）従います。

$$\chi^2 = 1.67 + 5 + 0.36 + 1.07 + 1.2 + 3.6 = 12.9$$

ここまでの計算手順を 1 つの式にまとめると次のようになります。χ^2 の式は，適合度検定のところで出てきたものと同じです。

> **Word** 独立性の検定（χ^2検定）
>
> $$\chi^2 = \frac{(観測度数 - 期待度数)^2}{期待度数} の合計$$
>
> $$自由度 = (行数 - 1) \times (列数 - 1)$$
>
> -
>
> $$期待度数 = \frac{行合計 \times 列合計}{総度数}$$

なお，χ^2 分布は本来，「標準正規分布する確率変数の 2 乗値の合計」の分布，つまり**連続量**の分布です。しかし，クロス表の度数には「1.5」のような中間の値はありません。独立性検定で使用される χ^2 の値は，あくまでも近似値にすぎないのです。そのため，検定統計量を χ^2 分布にうまく近似させるにはある程度の標本サイズが必要となります。したがって，次のような場合には信頼できる検定結果が得られません。その場合は，フィッシャーの正確確率検定などを検討した方がよいでしょう。

- 期待度数が 1 未満になるセルがある
- 期待度数が 5 未満になるセルが**全体の 20%以上**ある

また，クロス表の大きさが 2 行 2 列の場合や総度数が小さい場合（一般には 40 未満の場合）にも，χ^2 値の近似を高めるためにイェーツの修正あるいはイェーツの連続修正とよばれる調整が行われることがあります。ただ，この方法では結果が有意になりにくくなる（第 2 種の誤り率が高くなる）傾向があり，このような補正を適用すべきかどうかについては専門家の間でも見解が分かれています。

iii）手順4．仮説の採否判定

自由度「$(2 - 1) \times (3 - 1) = 2$」の χ^2 分布で有意水準 5％の臨界値を求め，帰無仮説を棄却できるかどうかの判断を行います。適合度検定の場合と同様に，χ^2 検定では期待される状態とのずれが大きい場合（**上側**）のみが問題となるため，検定は常に**片側検定**になります。

巻末の数値表（付表 4）から，自由度 2 における有意水準 5％の χ^2 の臨界値は 5.991 と求まります。算出した χ^2 の値（12.9）はこれより大きいので帰無仮説は棄却され，「年代と運転免許の所有状況には有意な連関がある」というのが検定結果です。

iv）手順4′．効果量の算出

χ^2 を用いた検定では，適合度検定と同じくクラメールの V，あるいはそこから算出されるコーエンの w が効果量として使用されます。このクラメールの V は，第 2 章の連関係数のところでとりあげたクラメールの連関係数そのものです。「行数と列数の小さい方の数」を k としたとき，それぞれの値の算出方法は次の通りです。

Word 独立性検定の効果量（クラメールの V またはコーエンの w）

$$V = \sqrt{\frac{\chi^2}{総度数 \times (k - 1)}} \quad または \quad w = V \times \sqrt{k - 1}$$

※k は行数と列数の小さい方の数

例題データの場合には，V と w はそれぞれ次のようになります。

$$V = \sqrt{\frac{12.9}{180 \times (2 - 1)}} = 0.2677\ldots \qquad w = 0.2677 \times \sqrt{2 - 1} = 0.2677$$

なお，例題データのように行数と列数の小さい方の数（k）が 2 である場合にはクラメールの V とコーエンの w は同じ値になりますが，そうでない場合は両者は異なった値になります。コーエンの w の大きさの解釈の目安は適合度検定のところで示した表 10-2 の通りです。また，クラ

メールの V の解釈の目安は k の大きさによって少しずつ異なります（**表10-4**）。

表10-4　クラメールの V の大きさの解釈の目安

k	小	中	大
2	0.10	0.30	0.50
3	0.07	0.21	0.35
4	0.06	0.17	0.29
5	0.05	0.15	0.25

大きい表だと V の値は
小さくなりやすいんだね

表の大きさによる影響を
受けないようにした値が
w なんだよ

v）手順5．検定結果の報告

χ^2 を用いた独立性検定の結果は，次のように報告します。

自動車運転免許の所有率が年代で異なるかどうかについて χ^2 を用いた独立性検定を行ったところ，検定結果は有意であった（$\chi^2(2, N = 180) = 12.9, \ p < .05, \ w = .27$）。

B. 事後検定

χ^2 検定では「期待度数と観測度数が異なる」ということしかわからないため，例題データのように 2 行 2 列より大きなサイズのクロス表では，どこに差があるのかまではわかりませ

ここか？

それとも
ここか？

行数・列数が 3 以上の表では
どこに有意差があるのかまではわからない

ん。適合度検定では二項検定を繰り返すなどの方法がとられますが，独立性検定の場合には残差分析とよばれる手法がよく用いられます。

　残差分析では，まずクロス表のそれぞれのセルについて，観測度数と期待度数のずれ（残差）を「期待度数の平方根」で割った標準化残差という値を求めます。

$$標準化残差 = \frac{観測度数 - 期待度数}{\sqrt{期待度数}}$$

この式を用いて算出した各セルの標準化残差は次のようになります。

	20代	30代	40代
免許あり	−1.291	0.596	1.095
免許なし	2.236	−1.033	−1.897

この標準化残差の分布は**標準正規分布**に近い形になることがわかっていますが，このままでは各年代で免許あり・なしの期待値からのずれの大きさが非対称になるために解釈が困難です。そこで，その点を補正するために，通常は次の式で求められる残差分散とよばれる値を用いて標準化残差をさらに調整します。

$$残差分散 = \left(1 - \frac{行合計}{総度数}\right) \times \left(1 - \frac{列合計}{総度数}\right)$$

この式を用いて算出した各セルの残差分散は次のようになります。

	20代	30代	40代
免許あり	0.139	0.167	0.194
免許なし	0.417	0.500	0.583

この値を用いた各セルの調整済み標準化残差は，次の式で求められます。

$$調整済み標準化残差 = \frac{観測度数 - 期待度数}{\sqrt{期待度数 \times 残差分散}}$$

すると，各セルの調整済み標準化残差は次のようになります[4]。

	20代	30代	40代
免許あり	−3.463	1.459	2.487
免許なし	3.463	−1.461	−2.485

---

[4] 1行目と2行目の数値にわずかな違いがありますが，それは計算途中で数値を小数第3位までに丸めたためです。

残差分析

$$調整済み標準化残差 = \frac{観測度数 - 期待度数}{\sqrt{期待度数 \times 残差分散}}$$

$$残差分散 = \left(1 - \frac{行合計}{総度数}\right) \times \left(1 - \frac{列合計}{総度数}\right)$$

　このようにして算出された調整済み標準化残差は，標準化残差よりもさらに標準正規分布に近い分布になります。両側確率 5% の z の臨界値は 1.96 なので，調整済み標準化残差の絶対値がこれより大きいセルは期待度数と観測度数の間に有意な差があるということになります。例題データの場合，20 代と 40 代で差が有意となっており，この残差分析の結果から，自動車免許の所有率は 20 代で低く，40 代で高いことがわかります。

ポイント

- ■☞ χ^2 独立性検定は，標本サイズの大きなクロス表で，2 つの名義尺度変数が独立である（連関がない）かどうかを確かめたい場合に用いられる
- ■☞ 期待度数が 5 未満のセルが**全体の 20% 以上**を占める場合，期待度数が 1 未満のセルが 1 つでもある場合は信頼できる結果が得られない
- ■☞ **行数または列数が 3 以上あるクロス表**で χ^2 検定の結果が有意だった場合，残差分析で個別のセルについて差が有意かどうかを確かめる

10.5節　対応がある比率の検定（マクネマー検定）

　フィッシャーの正確確率検定や χ^2 を用いた独立性検定は，いずれも「2 変数の間に連関がない」という帰無仮説のもとで検定を行います。しかし，そのような仮説が意味をなさない場合もあります。次の例を見てください。

200名の学生を対象に，パーソナリティについての講義の前後で血液型や星座などによる「性格占い」を信じるかどうかについて調査したところ次の結果が得られました。この結果から，講義の前後で占いを信じる人の比率に差があるといえるでしょうか？

占いに対する態度

講義後	講義前		計
	信じる	信じない	
信じる	15	35	50
信じない	45	105	150
計	60	140	200

　この例題データは，同じ質問（「占いを信じるか？」）に繰り返し答えてもらったものであるため，2回目の回答が1回目の回答と完全に無関係（独立）であるということは考えにくいですし，そもそもそのような仮説について検定をしたところで意味はありません。このようなデータの場合，1回目と2回目の回答が無関係かどうかということではなく，1回目と2回目で回答に「変化」が見られたかどうかということに関心があるはずだからです。

「独立」の場合

「対応あり」の場合

　このように，複数回の測定で回答が変化したかどうかを見たい場合で，かつその結果が「2行2列のクロス表」に表せる場合には，マクネマー検定とよばれる手法が用いられます[*5]。

---

*5　マクネマー検定を2×3以上のクロス表に対応できるよう拡張したものにはマクネマー・バウカー検定やコクランの Q 検定などがあります。

A. 検定の手順

i）手順1．統計的仮説の設定

　回答比率に変化が見られるかどうかを検定するので，帰無仮説は「2回の測定で回答に変化はない」，対立仮説は「2回の測定で回答に変化がある」となります。

ii）手順3．統計検定量

　帰無仮説が想定する「2回の測定で回答に変化はない」という状態を明確にするために，クロス表の各セルと周辺度数に記号を割りあてて考えてみましょう。

表10-5　対応ありデータのクロス表における各セルの値と周辺度数

講義後	講義前		計
	信じる	信じない	
信じる	a	b	$a+b$
信じない	c	d	$c+d$
計	$a+c$	$b+d$	

　まず，講義の前後で占いを信じる態度に変化がないのであれば，講義前に「信じる」と答えた人数（$a+c$）と講義後に「信じる」と答えた人数（$a+b$）は同じになるはずです。同様に，講義前に「信じない」と答えた人数（$b+d$）と講義後に「信じない」と答えた人数（$c+d$）も同じになります。つまり，帰無仮説が想定するのは，「$a+c=a+b$」であり「$b+d=c+d$」の状態です。

　この「$a+c=a+b$」と「$b+d=c+d$」というのは，結局はどちらも「$b=c$」といっているのと同じです。つまり，マクネマー検定の帰無仮説は，「$b=c$」すなわち「『信じない』から『信じる』に変化した数と『信じる』から『信じない』に変化した数は同じ」という形に集約できるのです。そうすると，この場合の検定は「bとcの比率が1/2ずつで同じ」という帰無仮説で**適合度検定**を行うのと同じになります。

　そのまま適合度検定を行ってもよいのですが，この場合はbとcという2つのカテゴリしかないことと，bとcがどちらも1/2ずつであるという

のが帰無仮説であることもあって，計算方法は次のようにかなり単純化できます。また，この場合の χ^2 の自由度は 1 です。

$$\chi^2 = \frac{(b-c)^2}{b+c} = \frac{(35-45)^2}{35+45} = \frac{(-10)^2}{80} = 1.25$$

なお，χ^2 独立性検定と同様に**イェーツの修正**を行う場合もあります。その場合の計算式は，ここで説明したものと若干異なるものになります。

Word マクネマー検定

$$\chi^2 = \frac{(b-c)^2}{b+c} \qquad 自由度＝1$$

※ b と c は前後で態度・意見が変化したセル（次のクロス表の b と c のセル）の値

	はい	いいえ
はい	a	b
いいえ	c	d

---

iii）手順4．仮説の採否判定

自由度 1 の χ^2 分布を用いて帰無仮説の採否について判断します。巻末の数値表（付表 4）から，自由度 1 で有意水準 5％の χ^2 の臨界値は 3.841 と求まります。算出した検定統計量（1.25）はこれより小さいので帰無仮説を棄却できません。つまり，「占いを信じるかどうかについて講義前後で有意な変化はない」というのが検定結果になります。

iv）手順4′．効果量の算出

マクネマー検定の効果量としては，オッズ比が比較的よく用いられています。この場合，オッズ比は 1 回目と 2 回目の調査で回答が変わった場合（表 10-5 の「b」と「c」）の度数から次のようにして求めることができ，効果量としてはそのうち大きい方の値を用います。

$$\text{オッズ比} = \frac{b}{c} = \frac{35}{45} = 0.7777\ldots \quad \text{または} \quad \frac{c}{b} = \frac{45}{35} = 1.2857\ldots$$

また，コーエンの g とよばれる値が用いられることもあります。コーエンの g は，想定される「b」と「c」の比率（「b の比率 $=$ c の比率 $= 1/2$」）と標本データにおける「b」と「c」の比率のずれを要約した値で，次の式で求められます。

$$g = \frac{b と c の大きい方の値}{b+c} - 0.5 = \frac{45}{35+45} - 0.5 = 0.0625$$

Word マクネマー検定の効果量（オッズ比またはコーエンの g）

$$\text{オッズ比} = \frac{b}{c} \quad \text{または} \quad \frac{c}{b} \quad \text{の大きい方の値}$$

$$g = \frac{b と c の大きい方の値}{b+c} - 0.5$$

※ b と c は前後で態度・意見が異なるセルの度数

コーエンの g の解釈の目安は**表10-6**のようになります。表にはその際の g をオッズ比に換算した値も示しておきます。

表10-6　コーエンの g とオッズ比の大きさの目安

g	オッズ比	効果の大きさ
0.25	3.00	大
0.15	1.86	中
0.05	1.22	小

ⅴ）手順5. 結果の報告

マクネマー検定の結果の報告は，次のような形になります。

占いを信じるかどうかの回答に講義前後で変化があったかを確かめるため，マクネマー検定を実施した。検定の結果，有意な変化は見られなかった（$\chi^2(1, N = 200) = 1.25$, *n.s.*, $g = .06$）。

▶ マクネマー検定は，**対応ありのデータで回答や態度に変化があった**かどうかを見たい場合に用いられる

10.6節 まとめ

本章では，度数や比率に関する検定の主なものについて見てきました。度数・比率に関する検定では，考えうる組み合わせの数から直接的に確率を算出する**正確確率検定**（または**直接確率検定**）とよばれる方法と，特定の確率分布に近似させて確率を算出する方法の 2 通りの方法があります。一般に，標本サイズが小さい場合には**正確確率検定**が，そうでない場合には正規分布や χ^2 分布への近似を利用した方法が用いられます。

練習問題

以下のそれぞれのデータについて適切な方法で検定を行いましょう。効果量も求めてください。また，必要に応じて事後検定も実施してください。

■**問題 1** 次のデータはジャンケンで最初に出された手の度数です。期待比率 1/3 との間に有意な差があるといえるでしょうか？

グー	チョキ	パー
27	43	50

■**問題 2** インドア派とアウトドア派で，ネコ好き・イヌ好きの比率に有意な差があるといえるでしょうか？

	インドア	アウトドア	計
ネコ好き	5	1	6
イヌ好き	3	5	8
計	8	6	14

■問題3 クラスで合格率に有意な差があるといえるでしょうか？

	Aクラス	Bクラス	Cクラス	計
合 格	41	33	46	120
不合格	19	27	14	60
計	60	60	60	180

■問題4 次の表は，200名の学生が1年生の調査時に選んだ希望進路と4年生の調査時に選んだ希望進路をまとめたものです。この結果から，大学在学中の4年間で希望進路に有意な変化が見られたといえるでしょうか？

		1年生の調査時		
		民間企業	公務員	計
4年生時	民間企業	32	93	125
	公務員	36	39	75
	計	68	132	200

Column　正確確率なのに正確じゃない？

　正確確率を求めるには組み合わせの計算が必要で，標本サイズやカテゴリ数が増えると計算量が膨大になります。そのため，一般に正確確率が用いられるのは標本サイズが小さい場合のみで，それ以外の場合には χ^2 検定などの近似的な方法が用いられてきました。ただ，最近ではコンピューターを使えば組み合わせの計算も難しくなくなったので，標本サイズが大きい場合でも正確確率検定ができるようになりました。つまり，正確確率検定と χ^2 検定のどちらも使用可能な状況が以前よりずっと増えているのです。

　さて，このように正確確率検定と χ^2 検定の両方が使えるような場合，どちらを選ぶのがよいのでしょうか。どちらも統計ソフトなどで計算するものとし，計算の手間は同じだとします。この場合，多くの人は「正確確率検定」の方を選ぶのではないでしょうか。正確確率検定は**正確**な確率を用いる方法で，χ^2 検定は**近似的**な確率を求める方法なのだから，正確確率検定の方がいいに決まっていま

す。スーパーの鮮魚コーナーで天然魚と養殖魚が同じ値段で売られてたら迷わず天然魚を選びますよね。それと同じです。天然の方が美味しいに決まっています。

ところが，これが必ずしもそうとはいえないのです。正確確率には「正確（exact）」という名前がついていますが，これは「与えられた条件において正確」ということであって，確率を求める際の「条件」がおかしければ，そこから算出された確率はあてにならないのです。その場合，χ^2 検定などで近似的に求めた確率の方が実際の値に近いかもしれません。天然物の魚だってそうです。旬であれば養殖物より断然美味しいとしても，旬を外すと養殖物の方が美味しいかもしれません。

実は，本書でもとりあげた**フィッシャーの正確確率検定**については，この「正確確率が正確じゃない」というケースがあてはまるという主張があります。フィッシャーの正確確率検定では**周辺度数**（行合計と列合計）を固定して組み合わせを考えますが，そもそもこの「周辺度数が固定」という前提がおかしいというわけです。フィッシャーの検定のところで例題としてとりあげたSNSトラブルに関するデータでは，12人のうち5人がトラブル経験者である場合の組み合わせを数えました。しかし，何度も標本抽出をくり返したとき，トラブル経験者の合計が毎回5人になる保証はどこにもありませんね。このように周辺度数がすべて同じ場合のみにあてはまる正確確率は，他の可能性も考えられる場合には「正確でない」というわけです。

そこで，当然ながらというか，周辺度数を「固定せずに」クロス表の正確確率を算出する方法も考案されています。その1つに**バーナードの正確確率検定**とよばれる方法があるのですが，この方法とフィッシャーの方法を比べてみると，2×2のクロス表ではバーナードの方法の方が**検定力**が高くなります[6]。

「統計的仮説検定は厳しすぎるくらいでちょうどよい」というような人は別として，だったら普通はこっちを選びますよね？　しかも論文が発表されたのは1945年のことで[7]，実はかなり古くからある方法なのです。にもかかわらず，バーナードの検定がこれまでほとんど用いられてこなかったのは，バーナードの方法はフィッシャーのものよりさらに大量の計算を必要とすること，そして20世紀における統計学の大家であるフィッシャーがバーナードの方法を厳しく批判したことなどが大きな理由としてあったといわれています。なんだかこれと似たような話が**頻度主義**と**ベイズ主義**のところでもありましたね（第5章のコラム参照）。

＊6　Mheta & Senchaudhuri（2003）にはこの2つの検定における比較結果が示されています。
＊7　Barnard, G.A. (1945). A New Test for 2×2 Tables. *Nature, 156,* 177. https://doi.org/10.1038/156177a0

第11章 より高度な記述・推測の手法

　本書では，心理学の研究で用いられる主な統計手法について説明してきました。ただ，本書でとりあげたのは本当に基本的なものであり，実際の分析場面ではこれ以外にもさまざまな手法が用いられています。たとえば，本書ではとりあげていませんが，重回帰分析や因子分析など，互いにある程度関連があると考えられる複数のデータ（たとえば外向性，誠実性といったパーソナリティ特性の測定値など）の相関関係や影響関係を総合的に分析する多変量解析とよばれる手法も多くの場面で用いられています。

　また，確率には「頻度主義」とよばれる考え方や「ベイズ主義」とよばれる考え方があるように（第5章コラム参照），「統計的データ解析」にもさまざまな考え方やアプローチがあり，統計的仮説検定はそのうちの1つにすぎません。そこで本章では，ここまでにとりあげたものとは異なるアプローチのいくつかについて簡単に紹介しておこうと思います*1。

11.1節 ランダマイゼーション検定

　標準正規分布やt分布，χ^2などの分布は，どれも**理論的**に得られたものであって，実際のデータの分布と完全に一致することはまずありません。ですが，実際の母集団分布の形を知ることは困難なので，正規分布やt分布などのように，比較的少数のパラメータで全体の形を知ることができる分布をあてはめるわけです。

　しかし，そのような方法は，標本サイズが小さい場合にはうまくいきません。また，標本サイズが十分大きくても，母集団の値がどのような確率分布をもつのか見当がつかない場合があるかもしれません。その場合，従来型の推測統計では帰無仮説が正しいと想定した場合の検定統計量の分布

---

*1　ランダマイゼーション検定については岡本（2009），山田（1999, 2000）他を，ベイズ統計については豊田（2015）他を，探索的データ解析については大塚・鈴木・山田（1985），渡辺・大塚・鈴木・山田（1984），Heckert & Filiben（2012）他を参考にしています。

を求められません。

　また，一般的な推測統計は，標本データが母集団から**無作為抽出**されていることを前提として成り立っています。しかし，さまざまな理由から，実験や調査で得られた標本が母集団から無作為抽出されたとは言い難いものである場合はよくあります。そのような場合，従来の方法を用いて推測した結果が本当に正しいといえるのか，疑問に感じられることでしょう。

　そして，そのような場合であってもできるだけ確かな結果を得ようとする手法の1つに，ランダマイゼーション検定（無作為化検定）があります。この手法は**ノンパラメトリック検定**の一種ですが，ノンパラメトリック検定の多くが順序や度数を対象としたものであるのに対し，ランダマイゼーション検定では平均値の差などについても検定できるのが特徴です。

　ランダマイゼーション検定の考え方は，基本的には**フィッシャーの正確確率検定**と同じです。与えられた条件において可能なすべての組み合わせを数え上げることで，特定の確率分布を用いずに直接的に確率を求めるのです。正確確率検定の考え方は非常に古くからあるわけですが，これまでは極小標本の比率の検定程度にしか用いられてきませんでした。その主な理由として，計算過程において大量の組み合わせ計算が必要であり，計算量が膨大になってしまうことがあったわけです。

　しかし，近年ではコンピューターの計算能力が飛躍的に向上し，計算量が膨大であることは大した問題ではなくなりました。そこで，比率以外のさまざまな値についても，この正確確率検定の考え方を応用し，直接的に p 値を計算して検定するという手法が現実的になったのです。

A. ランダマイゼーション検定による平均値の差の検定

　ランダマイゼーション検定は，特定の確率分布に頼らずに p 値を算出するという点を除けば，基本的には従来型の統計的仮説検定と同じ考え方です。まず，**帰無仮説**を設定し，その帰無仮説が正しいという前提のもとで組み合わせの計算を行って p 値を求め，仮説の採否について判断します。

　ここでは，ランダマイゼーション検定の例として，次の例題データについて考えてみることにしましょう。例題のデータでは，条件Aの平均値は11分，条件Bの平均値は17分なので，条件Aと条件Bの間には6

分の差があります。さて，この差は5％水準で有意といえるでしょうか。

迷路課題の困難度が2次元（地図を上から見た形の平面迷路）と3次元（一人称視点の立体迷路）で異なるかを確かめるために，大学生9名にこの2つのいずれかの課題を行わせ，スタートからゴールまでの所要時間（単位：分）を測定しました。この結果から，2つの課題の間で成績の困難度に差があるといえるでしょうか？

	所要時間（分）					平均値
2次元	7	14	8	10	16	11
3次元	18	14	16	20		17

　ランダマイゼーション検定による仮説検定でも，一般的な検定と同様に「2つの課題の困難度に差はない」が帰無仮説となります。ただし，一般的な統計的仮説検定とは異なり，ランダマイゼーション検定ではこれらの標本が「母集団から無作為に抽出されたものである」という前提を設けません。その代わり，これらの値が「2つの条件のいずれかに無作為に割り当てられたもの」と考えます。すると，「2つの課題の困難度に差がない」という帰無仮説が正しいならば，たとえば2次元条件の1人目の対象者（7分）はどちらの条件で測定したとしても測定値は7分であり，両条件間の平均値の差は，単に測定値の大きな対象者がたまたま片方の条件に多く割りあてられただけ，ということになります。

　そこでランダマイゼーション検定では，この標本における条件間の差がそうした対象者の割りつけによってたまたま生じたものである確率がどれくらいかを計算します。より具体的には，この9つの測定値を5つと4つに分ける場合の組み合わせが何通りあり，そしてそれらの中で両グループの平均値の差が6かそれよりも極端な値になる場合がいくつあるかを数えるのです。なお，ここでは両側検定を用いることにしましょう。その場合，考えられるすべての組み合わせのうち，平均値の差の**絶対値**が6と同じかそれより大きい場合がいくつあるかを数えます。

　例題データの場合，この9個の測定値を5個と4個にわける組み合わ

せは全部で 126 通りです[*2]。その 126 通りの組み合わせで，二次元迷路に割り当てられた値（グループ 1）と三次元迷路に割り当てられた値（グループ 2）の平均値を差を求めた結果をグラフにしたのが**図 11-1** です。ここでは，グループ 1 の平均値からグループ 2 の平均値を引いた値についての結果を示しています。

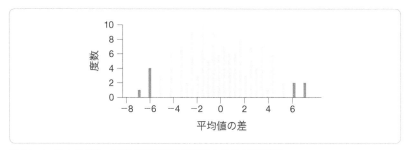

図11-1　2つのグループにおける平均値の差とその出現頻度

　図 11-1 には，2 つのグループで平均値の差（の絶対値）が 6 以上になる場合が赤で示してあります。そして，これらの度数を合計すると 9 となります。よって，平均値の差が 6 かそれ以上の場合の確率は，9/126 ＝ 0.0714…で約 7.14％となります。有意水準 5％で検定するのであれば，帰無仮説を棄却するにはこの確率が 5％（0.05）を下回る必要があるので，この結果から帰無仮説が棄却されることはありません。したがって，「2 つの課題における平均値の差は有意でない」が検定結果となります。

B. ランダマイゼーション検定の特徴

　一般的なノンパラメトリック検定では検定可能な対象が順位や比率などに限られてしまうのに対し，ランダマイゼーション検定では基本的にどのような統計量であっても分析が可能です。たとえば，分散や相関係数についての検定を行いたければ，それぞれの組み合わせごとに分散や相関係数を算出すればいいのです。

　ただし，ランダマイゼーション検定ではその標本データから考えうるす

[*2]　この場合，9個から5個を取り出す組み合わせを考えるのと同じことなので，組み合わせの数は9の階乗/(5の階乗×4の階乗)で126通りとなります。

べての組み合わせについて計算を行うので，標本サイズが大きくなったり条件の数が多くなったりすると，その計算量は膨大なものになります。そのため，データによってはコンピューターを使っても計算不能になるような場合もありえます。その場合，考えうるすべての組み合わせの中から1つを無作為抽出して計算するという作業を**1万回**程度繰り返し，そこから近似的に p を求めるという方法がとられます。

　また，ランダマイゼーション検定は特定の確率分布を仮定することなく p 値を算出できるため，幅広い場面に応用が可能であると考えられています。そうした例の1つとして，特定の1名の対象者に対して何らかの心理学的介入を行い，その効果を見るといった単一事例研究におけるデータ解析への応用があります[*3]。

　単一事例研究では1名の対象者から繰り返し測定値を得ることになるわけですが，同じ個人から繰り返し得られた測定値というのは，どうしてもその前後の測定値との相関（自己相関）が強くなりがちです。ところが，t 検定や分散分析などは，それぞれの測定値が互いに無関係に得られたものであることを前提としているため，同じ1名の対象者から繰り返し得られた測定値の集まりを標本として分析した場合には，信頼できる検定結果が得られません。しかし，ランダマイゼーション検定にはそのような前提も不要であることから，自己相関があるような測定値をデータとする場合であっても分析可能と考えられるのです。

ポイント

- ■ ランダマイゼーション検定は，特定の確率分布を仮定せず，そのようなデータが得られる確率を**直接的に**算出する
- ■ ランダマイゼーション検定では，標本が母集団から無作為抽出されたものであるとも仮定しない
- ■ 順位や比率だけでなく，**平均値の差**や**分散**，**相関係数**など，さまざまな値について直接的に検定できる
- ■ 特定の分布や無作為抽出であることを仮定しないため，通常の検定方法では分析困難なデータにも応用できる

---

*3　単一事例研究へのランダマイゼーション検定の応用については，山田（1999）や山田（2000）を参照してください。

　心理学で一般的に用いられている推測統計や仮説検定は，**頻度主義**とよばれる確率の考え方に基づいた方法です。しかし近年，これまでの一般的な考え方とは異なる**ベイズ主義**とよばれる確率の考え方（ベイズ確率）に基づいて推定を行う方法（ベイズ推定）が大きな注目を集めています。

　この手法も，計算量が多く，また複雑になるため，かつてはあまり実用的とはいえないものでした。しかし，コンピューターの処理能力が飛躍的に向上し，また計算を効率化するための手法が登場したこともあって，近年では非常に注目度の高いデータ解析法の１つとなっています。

A. ベイズ確率の考え方

i）確率の更新

　従来的な頻度主義の考え方では，確率は「試行を繰り返した場合に観察される頻度」に基づく値です。たとえば「コイン投げで表の出る確率」については，「100 回のコイン投げで表が 50 回」の頻度で観察される（ことが期待される）のであれば，表の出る確率は 1/2 ということになるわけです。このような確率は客観的確率などとよばれます。

　これに対し，ベイズ確率では確率を「確信の強さ」や「確からしさ」の値と考えます。たとえば，「コイン投げで表の出る確率」というのは，「『表が出る』と考える程度の強さ」を 0 から 1 の値で表したものということになるので，ある人はそれを 1/2 だと考え，別の人は 1/3 だと考えるというように，確率の値が人によってさまざまに異なる可能性があるのです。このような確率は主観的確率とよばれます。

　このような形の確率は，「人によって値が異なる」可能性があるだけでなく，同じ人の中で「経験によって値が変化する」こともあります。

　たとえば，「雨が降る確率」について考えてみましょう。朝起きた直後の何も情報がない状態では，その日の夕方に「雨が降る」かどうかはまったくわかりません。あえて確率として表現するならば，降るかどうかは半分半分（50％）というところです。そして天気予報をチェックしたところ「降水確率 10％」だったとします。すると，「雨が降る」確率はだいぶ

低そうだ（たとえば10%）と考えるでしょう。ですが，窓から空の様子を見ると，どんよりと曇っています。すると，夕方に「雨が降る」確率は30%くらいはあるのかもしれないと考えたりするわけです。

このように，確率を「確信の強さ」という形で考えた場合には，その確率は新たな情報（天気予報や空の様子）を得るごとに変化していくことになります。このとき，天気予報を**見る前**にもっていた「雨が降る」可能性についての確率を事前確率，天気予報を**見た後**の確率を事後確率とよびます。また，この確率の値はそのあとさらに空の様子を見ることによって10%から30%へと変化したわけですが，この場合には空の様子を見る前（天気予報を見た後）の確率が事前確率，空の様子を見た後の確率が事後確率ということになります。このようにして，主観的確率は新たな情報によってそのつど「更新」されていくのです。

ii）ベイズの定理

ベイズ推定の考え方の基礎となるのは，ベイズの定理とよばれる条件つき確率についての定理です。ベイズの定理は，次のような式で表されます[4]。

$$A という条件下でのX の確率＝X の確率 \times \frac{X という条件下でのA の確率}{A の確率}$$

Xという出来事の確率を基準に考えた場合，この式の「Aという条件下でのXの確率」は，「Aという情報が与えられた後のXの確率」，つまりX の**事後確率**ということになります。これに対し，「Xの確率」はAという情報が与えられていない状態におけるXの確率なので，これはXの**事前確率**です。それから，この式の分数の部分はどちらも「Aの確率」に関するものなので，これは「Aという出来事についての情報」といえます。このようにして見ると，ベイズの定理は「事前確率に情報を与えれば事後確率が得られる」という関係を表したものということができます。

---

[4]　一般には，この式の右辺は $\frac{X という条件下でのA の確率 \times X の確率}{A の確率}$ と書かれることの方が多いのですが，ここでは説明のためにこのような形で示しておきます。

この式の分数の部分のうち，分子の「Xという条件下でのAの確率」の部分は尤度とよばれます。尤度というのは「もっともらしさ」のことで，これは「Xという条件下でA」が生じる可能性がどの程度ありえそうか（もっともらしいか）を意味しています。また「Aの確率」の部分はAという事象の一般的（平均的）な確率を意味し，これは周辺尤度や正規化定数などとよばれます。正規化定数とよばれるのは，この値が事後確率の大きさを0から1の範囲に収まるように（つまり確率として意味を成すように）調整（正規化）する働きをもつためです。これらの言葉で先ほどのベイズの定理を書き直すと次のようになります。

$$\text{Xの事後確率} = \text{Xの事前確率} \times \frac{\text{尤度}}{\text{正規化定数}}$$

B. ベイズの定理を用いた推定・検定

　次に，ベイズの定理を用いた推定や検定の考え方を見ておきましょう。たとえば「母集団の平均値」のような値は，ベイズ推定ではどのように算出されるのでしょうか。

i）母数の推定

　従来型の推測統計では，「母集団の平均値が M の場合に標本の平均値が X である確率はどれくらいか」というように，想定される母集団の値から標本平均の分布を考えます。これに対し，ベイズ推定では「平均値が X である標本の母集団で平均値が M である確率はどれくらいか」というように，標本データから母平均の分布を考えます。つまり，母平均の確からしさを「**確率分布**」として推定するのです。そしてこの推定には，先ほどのベイズの定理が用いられます。ただし，この場合には，「事前確率」と「事後確率」の部分はそれぞれ「事前分布」と「事後分布」に置き換えられます。

$$\text{事後分布} = \text{事前分布} \times \frac{\text{尤度}}{\text{正規化定数}}$$

　たとえば，手元の標本がどのような平均値を持つ母集団から得られたのかを推定する場合には，まず事前情報をもとに，その母集団の平均値につ

いての事前分布を設定します。ただ，母集団についての事前情報などない場合がほとんどでしょう。その場合には，母平均がどんな値である可能性も等しく考えられるとみなし，一様分布（どの値の出現確率も均等である分布）を用いるなどします。

　次に，さまざまに値の異なる平均値を持つ分布を想定し，それらの分布が手元にある標本データの母集団であると考えられる確率（尤度）を計算します。この結果と事前分布を掛け合わせ，正規化定数で値を調整したものが事後分布で，これが母平均の確率分布になるのです。

　ただ，実際にはこれを数学的に解析して結果を得るのは不可能な場合が多く，そのためにマルコフ連鎖モンテカルロ法（MCMC）などといった乱数シミュレーションによって近似的に値が求められます。

　この母平均の事後分布からは，さまざまな情報を得ることができます。まず，この事後分布の期待値が母平均の**点推定値**になります。また，この事後分布の標準偏差を求めれば，それは従来の推測統計における**標準誤差**に相当する値になります。さらに，この事後分布の両側5％の領域を除いた範囲を求めれば，それが平均値の**区間推定値**になるのです。

　なお，ベイズ推定で区間推定された範囲は確信区間や信用区間などとよばれ，**信頼区間**とは明確に区別されます。従来型の推測統計における信頼区間は「100回の推定中95回で母数をとらえられる精度をもった区間」などと解釈されますが，ベイズ推定された確信区間は「95％の確率で母数がとりうる範囲」と解釈されます。

ii）仮説検定

　従来型の統計的仮説検定では，平均値に差があるかどうかを確かめるには「平均値の差＝0」という帰無仮説が正しいという仮定の下で統計量を算出し，その計算結果から帰無仮説を棄却するかどうかの判断を行います。しかしベイズ推定では，「帰無仮説」や「対立仮説」を用いずに，たとえば「2群の平均値の差が2より大きい場合」の確率を事後分布から直接算出することができます。

　それ以外にも，ベイズ因子（ベイズファクター）とよばれる値を用いて，「平均値の差＞2」という仮説が「平均値の差＜2」という仮説の「何倍

確からしいか」という形で検定が行われる場合もあります。

11.3節 ｜｜ 探索的データ解析

統計的仮説検定では，まず統計的仮説を立て，その仮説を測定データで検証（確認）するという方法をとります。このことから，仮説検定による統計的アプローチは確認的データ解析とよばれることがあります。これに対し，探索的データ解析（**E**xploratory **D**ata **A**nalysis：EDA）とよばれるアプローチは，データの視覚化などを通じてデータがもつ特徴や構造を**探索**すること，端的にいえば「データについて知る」ことを重視します。

ここでは，探索的データ解析の特徴的な部分について見ておきましょう。

A. 抵抗性・頑健性

探索的データ解析では，さまざまな視点からデータを眺めることを通じて，そのデータに含まれている特徴やパターンを捉えようとします。しかし，心理学に限ったことではありませんが，実際に実験や調査で得られるデータには，往々にして**外れ値**（p.6 参照）や測定値の欠落した部分（**欠損値**）が含まれているものです。しかも，分析してみるまでどの値が外れ値であるかわかりません。そのような場合，外れ値の影響を受けやすい指標を用いてデータを要約したのでは，データの本来の姿を見誤ってしまう可能性があります。そこで探索的データ解析では，**中央値**や**四分位数**など，外れ値の影響を受けにくい**頑健**（ロバスト）な指標が好んで用いられます。

B. 残差の分析

データをさまざまな角度から眺め，そのデータをうまく説明できそうな

モデルの候補を見つけたとしましょう。その場合，探索的データ解析では，そのモデルをデータにあてはめてみるだけでなく，そのモデルとデータのずれ（残差）についても詳細な分析を行います。そしてもし，残差の中になんらかのパターンが見られたとすれば，それをヒントにモデルの改良を行い，改良したモデルをデータにあてはめて，さらにその残差について分析します。このような手順を繰り返すことで，データがもつ情報を最大限に利用しようとする点も探索的データ解析の特徴です。

C. データの再表現

　測定値として得られた状態のままではパターンや関連性を見つけることは難しくても，データの形を変えることで見えてくるものがあるかもしれません。たとえば，認知心理学の実験などで指標として用いられることが多い反応時間のデータは，**図11-2 a** のような偏った分布になりがちです。このままではグラフ左側に値が集中していて傾向をつかみづらいですが，適切な形で変数変換[*5] を行うと，**図11-2 b** のように左右対称に近い形になり，値の小さい方についても違いが見やすくなります。

　また，毎日の活動量の記録というような**時系列データ**は，そのままグラフにすると**図11-3 a** のようになりがちです。この場合，たとえばそれぞれの日について，当日とその前後それぞれ 2 日分，合計 5 日分の平均値を図に示すようにすると，**図11-3 b** のように線がなめらかになり，全体

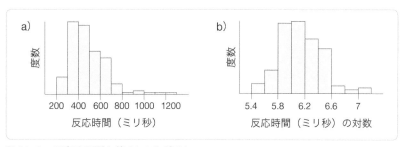

図11-2　反応時間測定値のヒストグラム

[*5]　ここでは元のデータ値をその対数値に変換しています。このような変換方法を対数変換といいます。

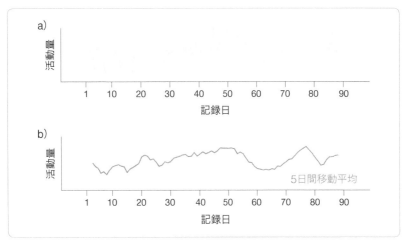

図11-3 時系列データと移動平均

的な傾向をつかみやすくなります。このような手法を移動平均といいます。

　探索的データ解析では，このようにデータを変換したり要約したりして「再表現」することで，データがもっている特性やパターンを浮かび上がらせようとするのです。

D. 効果的な視覚化

　探索的データ解析では，データをさまざまな形で視覚化し，そこからデータのもつ特徴やパターンを捉えようとします。この探索的データ解析の考え方に基づくデータ視覚化の方法として有名なものに，幹葉表示と箱ひげ図（ボックスプロット）があります（**図11-4**，**11-5**）。

　幹葉表示は元のデータをそのままヒストグラムに表したような形の表示法で，分布と値そのものを同時に見ることができる，非常に効果的な方法です。幹葉表示では，**幹**の部分がヒストグラムにおける「階級」の役割を担い，**葉**の部分が個別のデータ値を表します。たとえば，30人分のデータを幹葉表示にすると図11-4のようになります。

　箱ひげ図は，中央値と四分位数を用いてデータを要約表示する方法です。箱ひげ図の作成方法にはいくつかのバリエーションがありますが，一般的には**四分位範囲**を「箱」で示し，その箱の上下端から四分位範囲の1.5倍

図11-4　幹葉表示とその作成方法

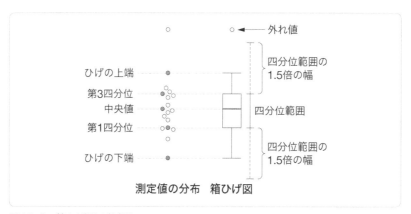

図11-5　箱ひげ図の仕組み

の範囲における最大値および最小値までを「ひげ」として示します。さらに，その外側にある測定値は「外れ値」と考え，そのままデータ点として示します（図11-5）。

　箱ひげ図は標本サイズの大きなデータにも使用でき，また複数の測定条件で結果を横に並べて比較したりするのにも便利です（**図11-6**）。

　幹葉表現も箱ひげ図も紙と鉛筆があればすぐ作成できるほど単純なものですが，その効果は大きく，データについての理解を得るうえで非常に有

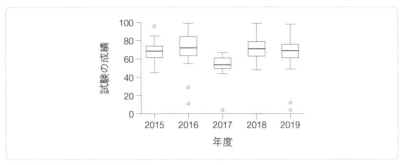

図11-6　箱ひげ図を用いたデータの比較

益なツールです。近年の統計解析ツールはこうしたデータの視覚化に力を
入れているものも多く，新たなデータ視覚化の方法が次々に開発されてい
ます。

ポイント

- 探索的データ解析は，データの特徴を**視覚的**に探索することを重視
する
- **外れ値**や**欠損値**の影響を受けにくい**頑健**な指標が多く用いられる
- **残差**を詳しく分析することでデータがもつ情報を最大限に捉えよう
とする
- データがもつパターンを浮かび上がらせるため，データをさまざま
な形で**再表現**する

11.4節　メタ分析

　たとえば，ある研究において空間認知課題の成績に5％水準で有意な男
女差があったと報告されていたとしましょう。しかし，その結果1つだけ
では，「空間認知課題の成績に男女差がある」というのがどれだけ確かな
のかはわかりません。というのも，標本データは標本抽出のたびに確率的
に変化するわけですから，まったく同じ実験や調査を繰り返した場合でも，
「差がある」という結果になったりならなかったりする可能性があるから

です。実際，同じ心理学的現象を扱った複数の研究で結果が一致していないということはあります。

　また，結果に影響しうるすべての要因を考慮に入れた実験や調査というのは現実的に不可能ですから，研究者らの仮説とは無関係な別の要因によって結果が影響を受けているということもありえます。それ以前の問題として，もしかしたらその研究結果は**不正**や**捏造**によるものかもしれません。つまり，たった1つの研究結果だけでは，「差がある」という結論を下す「証拠」として十分ではないのです。

　とはいえ，同じような実験や調査を1人の研究者あるいは1つの研究グループが何度も繰り返すのは時間的にも費用的にも困難です。そこで，それぞれ別個に行われた複数の研究結果を組み合わせ，より総合的に判断しようとするのがメタ分析とよばれる手法です。

A. メタ分析と効果量

　メタ分析の「メタ」とは「より上位の」という意味合いで，「メタ分析」というのは「分析の分析」を意味します。つまり，研究論文などに報告されている結果をデータとして用い，分析を行うのがメタ分析です。メタ分析では，論文データベースなどを用いて関連する文献（論文や報告書など）をできる限り広くたくさん集め，そこで報告されている結果を抽出して分析を行います。

　ただし，それらの研究はそれぞれ別個に行われたものですから，標本サイズもさまざまですし，使用されている統計量の種類が異なる場合もあります。ですので，そのままでは結果を比較できません。そこで重要な役割を担うのが**コーエンの d** などの効果量です。効果量は，「差の大きさ」や「関係の強さ」などを測定単位や標本サイズに影響されない形で数値化したもの，つまり「効果の大きさ」を標準化した値です。単位が異なる測定値でも標準得点に変換すれば比較が容易になるように（第1章「標準得点」），差の大きさや関係の強さを効果量として表すことで，さまざまな研究結果を共通の基準で比較できるようになるのです。

　効果量として用いられる値にはさまざまなものがありますが，それらは「***d* 族**」とよばれる「差の大きさ」を表す効果量と，「***r* 族**」とよばれる

「関係（相関）の強さ」を表す効果量に大別されます。なお，論文の中で効果量を報告するのが一般的になったのは比較的最近のことなので，分析対象の論文や報告書に効果量が報告されていない場合というのも十分考えられますが，その場合には t や F などのさまざまな統計量を効果量に換算して分析を行います。

B. メタ分析と出版バイアス

　メタ分析の分析対象は，学術誌に掲載された論文や報告書などで報告されているデータです。しかし，検定が有意にならなかった結果は公表されずにそのまま「お蔵入り」してしまう可能性も高く，公表されている結果はどうしても「効果があった」，「差が有意であった」とする研究に偏りがちです。このように，「差がない」という論文は「差がある」という論文に比べて公表されにくいという傾向を出版バイアスとよびます。

　このような出版バイアスは，メタ分析の結果に深刻な影響を与える可能性があります。たとえば，あるテーマについてメタ分析を計画し，文献を集めたところ，10 件の研究結果が得られたとしましょう。そしてそのうちの 9 件では「XX と YY に関連が見られた」と報告されており，関連が見られなかったとするものは 1 件だけでした。この数字だけを見れば，実際に「XX と YY に関連がある」可能性はかなり高そうに感じられます。

　しかし，実は公表されている論文はそのテーマについて行われた何百という研究のごく一部にすぎず，残りのほとんどの研究は「関連がない」という結果だったとしたらどうでしょう。そして，関連が見られなかったために研究失敗とみなされ，そのデータが未公表のままになっていたとしたらどうでしょうか。その場合，「XX と YY に関連がある」可能性はかなり低いと感じられるはずです。このように，出版バイアスが大きい場合，メタ分析で正しい結論を得られない可能性が高まります。標本に偏りがあると母集団の値を正しく推定できないのと同様に，メタ分析に含まれる文献に偏りがあると総合的な効果を適切に評価できなくなるのです。

　では，出版バイアスが大きいかどうかはどのように確かめればよいのでしょうか。その判断方法の 1 つとしてよく知られているものに，ファンネル・プロットとよばれる図があります。ファンネル・プロットは，横軸

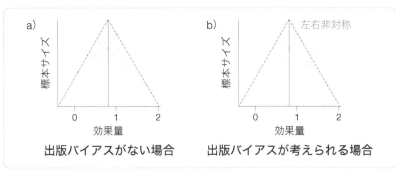

図11-7　ファンネル・プロットの例

に「効果量」，縦軸に「標本サイズ」などをとり，収集した１つ１つの文献の情報をデータ点として図に示したものです（**図11-7**）。

　効果量が大きくても小さくても同じように結果が公表されている，つまり出版バイアスがない場合には，図11-7のaのようにデータ点が中央の縦線（総合的な効果量）の左右に対称に分布します。しかし，図11-7のbではデータが左右対象でなく，しかも効果の小さい方にはデータの点がほとんどありません。これは，効果が小さく有意にならなかった結果が公表されていない可能性（出版バイアスの可能性）が高いことを意味しています。このような場合には，出版バイアスがあることに留意して，慎重に分析を行う必要があります。

ポイント

■☞ メタ分析は，公表されている「分析結果」をデータとして用いる
■☞ 複数の研究結果を総合することで，より確実な判断が可能になる
■☞ さまざまな研究の結果を統合するために，**効果量**が用いられる

11.5節 ‖ まとめ

　この章では，心理統計の入門書ではあまりとりあげられることのないデータ解析手法について簡単に説明してきました。取りあげたものはほん

の一例で，これ以外にもさまざまなアプローチや解析手法があります。

　近年，心理学では**統計改革**や**統計革命**といった言葉が盛んに聞かれるようになり[6]，これまで仮説検定一辺倒な傾向にあった心理統計が大きく変わりつつあります。データ解析の方法に「絶対的な正解」というものはありません。明らかにしたいこと，示したいことが何かによって，同じデータでも最適な分析方法は異なります。また，それら「最適」な方法も，あくまでも現時点の「最適」であって，新たな手法やアプローチによって将来的に「最適」の座を奪われるかもしれません。1つの見方にとらわれず，広く柔軟な視点をもつことは，データ解析においても重要です。

 Column　統計解析ソフトウェア

　少し前までは，統計ソフトといえば非常に高価で，個人で購入することは難しく，好むと好まざるとにかかわらず，大学に導入されているソフトウェアを使用するしか選択肢がないというような状況でした。しかし，近年では無償利用可能な統計解析ツールが数多く登場し，自分にとって使いやすいツールを自分で選んで使用することがずっと簡単になりました。

　無料のソフトウェアと聞くと，市販のものより機能や精度が劣るのではないかと考える人もいるかもしれませんが，まったくそんなことはありません。むしろ，高価な市販ソフトでは利用できない分析方法が無料のソフトウェアで利用可能であったり，新しい分析手法がいち早く利用可能になったりと，無料の統計解析ツールの方が優れていると思える部分もあるほどです。

　そうした無料統計解析ツールとしてよく知られているのが，Rと呼ばれる統計解析環境です[7]。また，機械学習などでよく用いられるプログラミング言語のPythonにも，データ解析用のライブラリ[8]が数多く用意されています[9]。これらにはデータ視覚化のためのツールも豊富に用意されており，**探索的データ解析**においては絶大な効果を発揮します。

　ただ，RにしてもPythonにしても，分析やデータ処理のためのスクリプト

---

*6　2018年の『心理学評論』(第61巻1号)には，「統計革命」というタイトルで特集が組まれています。

*7　http://r-project.org

*8　特定の処理を効率化するためのプログラムの集まりのこと。

*9　Python用の数値解析ライブラリとしてはSciPy (https://scipy.org) が有名です。

（小規模なプログラム）を作成して実行するという形式ですので，統計法の前にまず基本的なプログラミングの知識が必要になります。大部分の人にとって，これはかなりハードルが高いでしょう。「変数 x と y のスピアマン順位相関係数は『cor(x, y, method='spearman')』で算出できます」といわれても，「ニホンゴデオネガイシマス」といいたくなる人は多いはずです。

　その点，SPSS のような市販ソフトでは，画面上にある分析メニューから「相関」を選んで設定画面で「Spearman」にチェックを入れるというような形式ですから，プログラミングの知識はとくに必要とされません。ただ，最初にも述べたように，これらのソフトは非常に高価です。そのため，大学のコンピューター室でしかデータ分析ができないというようなことになったりするわけです。

　しかし，ここ数年，そうした状況が変わりつつあります。無料の統計解析ツールの中に，SPSS のように気軽に操作可能なものが多数登場してきたのです。その代表格が JASP[*10] と Jamovi[*11] です。この 2 つはどちらも SPSS のようなメニュー選択式の統計ソフトで，分析の設定も設定画面から行います。

　この 2 つのユニークな点は，設定画面で分析対象の変数や分析方法の設定を変更したり，データを修正したりすると，それがリアルタイムに結果の表やグラフに反映されるという点です。とくに，データの入力ミスなどを発見したときは，データを修正すれば結果も自動的に更新されるので，間違ってデータ修正前の分析結果を印刷してしまったといったミスも防げます。

　この 2 つは見た目や基本設計は非常によく似ていますが，JASP が**ベイズ統計**に重点をおいているのに対し，Jamovi は**従来型**の統計手法を中心とした設計になっているという点が異なります。

　どちらも現時点では英語版しかありませんが，メニューも設定項目もコンパクトに整理されているので，初めてでもそれほど迷わずに使用できるでしょう。操作を覚えるのに時間をとられずに済むぶん，統計解析の方に集中できますので，統計解析の入門用ツールとしては最適ではないかと思います。

---

*10　http://jasp-stats.org
*11　http://jamovi.org

引用文献

Barnard, G. A. (1945). A New Test for 2×2 Tables. *Nature*, *156*, 177. https://doi.org/10.1038/156177a0

Cohen, J. (1988). *Statistical Power Analysis for the Behavioral Sciences* (2nd ed.). Hillsdale, NJ: Lawrence Erlbaum Associates, Publishers.

Heckert, N. A., & Filiben, J. J. (2012). NIST/SEMATECH e-Handbook ofStatistical Methods; Chapter 1: Exploratory Data Analysis. Retrieved from http://www.itl.nist.gov/div898/handbook/

Mehta, C. R., & Senchaudhrui, P. (2003). Conditional versus Unconditional Exact Tests for Comparing Two Binomials. Retrieved from https://www.statsols.com/hubfs/Resources_/Comparing-Two-Binomials.pdf

岡田謙介(2018). ベイズファクターによる心理学的仮説・モデルの評価　心理学評論, 61, 101-115. https://doi.org/10.24602/sjpr.61.1_101

岡本安晴(2009). データ分析のための統計学入門―統計学の考え方　おうふう

大塚雄作・鈴木規夫・山田文康(1985). マイコンと探索的データ解析　心理学評論, 28, 374-391.

Tomczak, M., & Tomczak. E. (2014). The need to report effect size estimates revisited: An overview of some recommended measures of effect size. *Trends in Sport Sciences*, *21*, 19-25.

豊田秀樹(2015). 基礎からのベイズ統計学―ハミルトニアンモンテカルロ法による実践的入門　朝倉書店

渡辺 洋・大塚雄作・鈴木規夫・山田文康(1984). 行動科学データ解析のための探索的方法　行動計量学, 12, 59-80.

山田剛史(1999). 単一事例実験データの分析方法としてのランダマイゼーション検定　行動分析学研究, 13, 44-58. https://doi.org/10.24456/jjba.13.1_44

山田剛史(2000). 単一事例実験データへの統計的検定の適用：ランダマイゼーション検定とC統計　行動分析学研究, 14, 87-98. https://doi.org/10.24456/jjba.14.2_87

付表1. 標準正規分布表（片側確率）

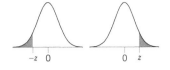

z	0.00	0.01	0.02	0.03	0.04	0.05	0.06	0.07	0.08	0.09
0.0	0.500	0.496	0.492	0.488	0.484	0.480	0.476	0.472	0.468	0.464
0.1	0.460	0.456	0.452	0.448	0.444	0.440	0.436	0.433	0.429	0.425
0.2	0.421	0.417	0.413	0.409	0.405	0.401	0.397	0.394	0.390	0.386
0.3	0.382	0.378	0.375	0.371	0.367	0.363	0.359	0.356	0.352	0.348
0.4	0.345	0.341	0.337	0.334	0.330	0.326	0.323	0.319	0.316	0.312
0.5	0.309	0.305	0.302	0.298	0.295	0.291	0.288	0.284	0.281	0.278
0.6	0.274	0.271	0.268	0.264	0.261	0.258	0.255	0.251	0.248	0.245
0.7	0.242	0.239	0.236	0.233	0.230	0.227	0.224	0.221	0.218	0.215
0.8	0.212	0.209	0.206	0.203	0.201	0.198	0.195	0.192	0.189	0.187
0.9	0.184	0.181	0.179	0.176	0.174	0.171	0.169	0.166	0.164	0.161
1.0	0.159	0.156	0.154	0.152	0.149	0.147	0.145	0.142	0.140	0.138
1.1	0.136	0.134	0.131	0.129	0.127	0.125	0.123	0.121	0.119	0.117
1.2	0.115	0.113	0.111	0.109	0.108	0.106	0.104	0.102	0.100	0.099
1.3	0.097	0.095	0.093	0.092	0.090	0.089	0.087	0.085	0.084	0.082
1.4	0.081	0.079	0.078	0.076	0.075	0.074	0.072	0.071	0.069	0.068
1.5	0.067	0.066	0.064	0.063	0.062	0.061	0.059	0.058	0.057	0.056
1.6	0.055	0.054	0.053	0.052	0.051	0.050	0.049	0.048	0.047	0.046
1.7	0.045	0.044	0.043	0.042	0.041	0.040	0.039	0.038	0.038	0.037
1.8	0.036	0.035	0.034	0.034	0.033	0.032	0.031	0.031	0.030	0.029
1.9	0.029	0.028	0.027	0.027	0.026	0.026	0.025	0.024	0.024	0.023
2.0	0.023	0.022	0.022	0.021	0.021	0.020	0.020	0.019	0.019	0.018
2.1	0.0179	0.0174	0.0170	0.0166	0.0162	0.0158	0.0154	0.0150	0.0146	0.0143
2.2	0.0139	0.0136	0.0132	0.0129	0.0126	0.0122	0.0119	0.0116	0.0113	0.0110
2.3	0.0107	0.0104	0.0102	0.0099	0.0096	0.0094	0.0091	0.0089	0.0087	0.0084
2.4	0.0082	0.0080	0.0078	0.0076	0.0073	0.0071	0.0070	0.0068	0.0066	0.0064
2.5	0.0062	0.0060	0.0059	0.0057	0.0055	0.0054	0.0052	0.0051	0.0049	0.0048
2.6	0.0047	0.0045	0.0044	0.0043	0.0042	0.0040	0.0039	0.0038	0.0037	0.0036
2.7	0.0035	0.0034	0.0033	0.0032	0.0031	0.0030	0.0029	0.0028	0.0027	0.0026
2.8	0.0026	0.0025	0.0024	0.0023	0.0023	0.0022	0.0021	0.0021	0.0020	0.0019
2.9	0.0019	0.0018	0.0018	0.0017	0.0016	0.0016	0.0015	0.0015	0.0014	0.0014
3.0	0.0014	0.0013	0.0013	0.0012	0.0012	0.0011	0.0011	0.0011	0.0010	0.0010

表の見方
例えば，$z=1.96$における上側確率は，「1.9」の行と「0.06」の列が交差する位置にある値（0.025）を参照する。両側確率は，その値を2倍することで求められる。

付表2. スチューデントの t の臨界値（両側確率）

	両側確率		
	.05	0.025	0.016
自由度	5%	5%/2	5%/3
1	12.706	25.452	38.188
2	4.303	6.205	7.649
3	3.182	4.177	4.857
4	2.776	3.495	3.961
5	2.571	3.163	3.534
6	2.447	2.969	3.287
7	2.365	2.841	3.128
8	2.306	2.752	3.016
9	2.262	2.685	2.933
10	2.228	2.634	2.870
11	2.201	2.593	2.820
12	2.179	2.560	2.779
13	2.160	2.533	2.746
14	2.145	2.510	2.718
15	2.131	2.490	2.694
16	2.120	2.473	2.673
17	2.110	2.458	2.655
18	2.101	2.445	2.639
19	2.093	2.433	2.625
20	2.086	2.423	2.613
∞	1.960	2.241	2.394

付表3. 上側確率5%の F の臨界値

誤差の自由度	主効果の自由度（自由度1）			
	1	2	3	4
1	161.448	199.500	215.707	224.583
2	18.513	19.000	19.164	19.247
3	10.128	9.552	9.277	9.117
4	7.709	6.944	6.591	6.388
5	6.608	5.786	5.409	5.192
6	5.987	5.143	4.757	4.534
7	5.591	4.737	4.347	4.120
8	5.318	4.459	4.066	3.838
9	5.117	4.256	3.863	3.633
10	4.965	4.103	3.708	3.478
11	4.844	3.982	3.587	3.357
12	4.747	3.885	3.490	3.259
13	4.667	3.806	3.411	3.179
14	4.600	3.739	3.344	3.112
15	4.543	3.682	3.287	3.056
16	4.494	3.634	3.239	3.007
17	4.451	3.592	3.197	2.965
18	4.414	3.555	3.160	2.928
19	4.381	3.522	3.127	2.895
20	4.351	3.493	3.098	2.866
∞	3.841	2.996	2.605	2.372

付表4. 上側確率5%の χ^2 の臨界値

自由度	1	2	3	4	5	6	7	8	9	10
χ^2	3.841	5.991	7.815	9.488	11.070	12.592	14.067	15.507	16.919	18.307
自由度	11	12	13	14	15	16	17	18	19	20
χ^2	19.675	21.026	22.362	23.685	24.996	26.296	27.587	28.869	30.144	31.410

付表5. 上側確率5%のスチューデント化された範囲qの臨界値

誤差の自由度	2	3	4	5	6
			水準数k		
5	3.635	4.602	5.218	5.673	6.033
6	3.460	4.339	4.896	5.305	5.628
7	3.344	4.165	4.681	5.060	5.359
8	3.261	4.041	4.529	4.886	5.167
9	3.199	3.948	4.415	4.755	5.024
10	3.151	3.877	4.327	4.654	4.912
11	3.113	3.820	4.256	4.574	4.823
12	3.081	3.773	4.199	4.508	4.750
13	3.055	3.734	4.151	4.453	4.690
14	3.033	3.701	4.111	4.407	4.639
15	3.014	3.673	4.076	4.367	4.595
16	2.998	3.649	4.046	4.333	4.557
17	2.984	3.628	4.020	4.303	4.524
18	2.971	3.609	3.997	4.276	4.494
19	2.960	3.593	3.977	4.253	4.468
20	2.950	3.578	3.958	4.232	4.445
∞	2.772	3.314	3.633	3.858	4.030

付表6. 両側確率5%のWの臨界値

標本サイズ	W
5	–
6	0
7	2
8	3
9	5
10	8
11	10
12	13
13	17
14	21
15	25
16	29
17	34
18	40
19	46
20	52

※この値と同値以下の場合に有意

付表7. 両側確率5%のマン=ホイットニーのUの臨界値

※表の値と同値以下の場合に有意

標本サイズ1

標本サイズ2	4	5	6	7	8	9	10	11	12	13	14	15	16	17	18	19	20
2	–	–	–	–	0	0	0	0	1	1	1	1	1	2	2	2	2
3	–	0	1	1	2	2	3	3	4	4	5	5	6	6	7	7	8
4	0	1	2	3	4	4	5	6	7	8	9	10	11	11	12	13	14
5		2	3	5	6	7	8	9	11	12	13	14	15	17	18	19	20
6			5	6	8	10	11	13	14	16	17	19	21	22	24	25	27
7				8	10	12	14	16	18	20	22	24	26	28	30	32	34
8					13	15	17	19	22	24	26	29	31	34	36	38	41
9						17	20	23	26	28	31	34	37	39	42	45	48
10							23	26	29	33	36	39	42	45	48	52	55
11								30	33	37	40	44	47	51	55	58	62
12									37	41	45	49	53	57	61	65	69
13										45	50	54	59	63	67	72	76
14											55	59	64	69	74	78	83
15												64	70	75	80	85	90
16													75	81	86	92	98
17														87	93	99	105
18															99	106	112
19																113	119
20																	127

第1章

【問題1-1】最頻値：「45点」または「40点以上50点未満」など

　わかること：10人のうち，点数が45点（または40点以上50点未満）であった者が最多である。

【問題1-2】中央値：55　四分位数：第1：45，第2：55，第3：80

四分位範囲：35

　わかること：得点順で見たときにちょうど中間にあたる点は55（点）である。また，学生の半分は45点から80点の間の点数である。

【問題1-3】平均値：60　標準偏差：21.9

　平均値と標準偏差からわかること：10人の得点の（大きさ）を総合した場合の中心は60点であり，また得点の大部分はその前後21.9点の範囲（38.1点〜81.9点）に収まっている。

【問題1-4,1-5】各学生の成績の標準得点および学力偏差値は次の通り。

学生	A	B	C	D	E
得点	70	95	45	45	90
標準得点	0.46	1.60	−0.68	−0.68	1.37
学力偏差値	54.6	66.0	43.2	43.2	63.7

学生	F	G	H	I	J
得点	40	50	80	25	60
標準得点	−0.91	−0.46	0.91	−1.60	0.00
学力偏差値	40.9	45.4	59.1	34.0	50.0

第2章

【問題1-1】0.75

【問題1-2】0.70

【問題1-3】ウ

【問題2-1】0.12

【問題2-2】理科の好き嫌いと性別の間に連関は弱い

第3章

【問題1-1】他者許容度 $= 0.65 \times$ 自己受容度 $+ 8.2$

【問題1-2】重相関係数：0.75，決定係数：0.56

【問題1-3】ア

第4章

【問題1-1】平均値：2人，分散：1.8，標準偏差：1.34

【問題1-2】0.180（18.0%）

【問題2】成績上位者の確率：0.206（20.6%），上位者の人数：41200人

第5章

【問題1】オ

【問題2-1】母平均の推定値：0，母分散の推定値：318.5

【問題2-2】7.98

【問題2-3】−22.15〜22.15

【問題3】母比率の推定値：0.3（30%），95%信頼区間：0.255（25.5%）〜0.345（34.5%）

第6章

【問題1】正　**【問題2】**誤　**【問題3】**誤
【問題4】誤　**【問題5】**誤　**【問題6】**誤
【問題7】誤　**【問題8】**誤　**【問題9】**誤
【問題10】正

第7章

【問題1】有意な差がある（$t(10) = 2.26$, $p < .05$, $d = 0.68$）

【問題2】有意な差がある（$t(6) = 3.06$, $p < .05$, $d = 1.16$）

【問題3】有意な差はない（$t(10) = 1.53$, $n.s.$, $d = 0.88$）

第8章

【問題1】有意な差がある

分散分析：課題条件の主効果が有意（$F(2, 9) = 19.89$, $p < .05$, $\eta^2 = 0.82$）

多重比較：通常と上下左右反転，左右反転と上下左右反転の間で差が有意

効果量：通常−左右反転：$d = 1.50$，通常−上下左右反転：$d = 4.50$，左右反転−上下左右反転：$d = 2.78$

【問題2】有意な差がある

分散分析：「おもちゃ」の主効果と「おもちゃ×タイプ」の交互作用が有意

◉ タイプの主効果：$F(1, 12) = 0.67$, $n.s.$, $\eta_p^2 = 0.05$

◉ おもちゃの主効果：$F(1, 12) = 10.67$, $p < .05$, $\eta_p^2 = 0.47$

◉ タイプ × おもちゃの交互作用：$F(1, 12) = 24.00$, $p < .05$, $\eta_p^2 = 0.67$

事後検定：車好きにおけるおもちゃの単純主効果（車好き・おもちゃA−車好き・おもちゃB）のみ有意差なし。残りはすべて差が有意。

効果量：

◉ 車好き・おもちゃA − 車好き・おもちゃB：$d = 1.10$

◉ 電車好き・おもちゃA − 電車好き・おもちゃB：$d = 3.40$

◉ 車好き・おもちゃA − 電車好き・おもちゃA：$d = 2.86$

◉ 車好き・おもちゃB − 電車好き・おもち

ゃB：$d = 2.04$

第9章

【問題1】有意な差がある（$W = 1$, $n = 7$, $p < .05$, $r = 0.77$）

【問題2】有意な差はない（$U = 9$, $n_1 = n_2 = 6$, $n.s.$, $r = 0.42$）

【問題3】クラスカル＝ウォリス検定：有意な差がある（$\chi^2(2, N = 12) = 8.77$, $p < .05$, $\eta^2 = 0.75$）

多重比較：いずれのグループ間にも有意差なし（通常−左右反転：$r = 0.22$，通常−上下左右反転：$r = 0.29$，左右反転−上下左右反転：$r = 0.29$）

第10章

【問題1】χ^2検定：有意な差がある（$\chi^2(2, N = 120) = 6.95$, $p < .05$, $w = 0.24$）

事後検定：グーが有意に少ない（グー：$h = 0.24$，チョキ：$h = 0.05$，パー：$h = 0.17$）

【問題2】有意な差はない（$p = 0.14$, $n.s.$, $\varphi = 0.46$）

【問題3】χ^2検定：有意な差はない（$\chi^2(2, N = 180) = 6.45$, $p < .05$, $w = 0.19$）

残差分析：Bクラスで有意に合格者が少なく，Cクラスで有意に合格者が多い

【問題4】有意な変化がある（$\chi^2(1, N = 200) = 25.19$, $p < .05$, $g = 0.22$）

索引

著者紹介

芝田　征司
相模女子大学人間社会学部人間心理学科　教授(2016 年 4 月〜現在)。博士(心理学)。
専門は環境心理学。日本環境心理学会会長（2019 年 4 月〜），日本環境心理学会編集委員長 (2013 年〜2019 年 3 月)，人間・環境学会 (MERA) 副会長 (2014 年 4 月〜2017 年 3 月) などを歴任。

NDC 140　　271 p　　21cm

公認心理師ベーシック講座　心理学統計法

2021 年 1 月 26 日　第 1 刷発行

著　者　　芝田征司
発行者　　鈴木章一
発行所　　株式会社　講談社
　　　　　〒112-8001　東京都文京区音羽 2-12-21
　　　　　　　販　売　(03) 5395-4415
　　　　　　　業　務　(03) 5395-3615
編　集　　株式会社　講談社サイエンティフィク
　　　　　代表　堀越俊一
　　　　　〒162-0825 東京都新宿区神楽坂 2-14　ノービィビル
　　　　　　　編　集　(03) 3235-3701
本文データ制作　株式会社双文社印刷
カバー・表紙印刷　豊国印刷株式会社
本文印刷・製本　株式会社講談社

落丁本・乱丁本は，購入書店名を明記のうえ，講談社業務宛にお送り下さい．送料小社負担にてお取り替えします．なお，この本の内容についてのお問い合わせは講談社サイエンティフィク宛にお願いいたします．定価はカバーに表示してあります．

© Seiji Shibata, 2021

Printed in Japan

ISBN 978-4-06-517485-2